호텔 가기 전에 꼭 알아야 할 필수 상식 101

호텔

사용설명서

박종모 지음

이비락

호텔 가기 전에 꼭 알아야 할 필수 상식 101
호텔사용설명서

초판 1쇄 인쇄 2017년 1월 6일
초판 3쇄 발행 2019년 4월 25일

지은이 박종모

펴낸이 강기원
펴낸곳 도서출판 이비컴

편 집 박진실, 김수미
표 지 김수미
마케팅 박선왜

주 소 서울시 동대문구 천호대로81길 23 수하우스 201호
전 화 02)2254-0658 **팩스** 02-2254-0634
메 일 bookbee@naver.com
출판등록 2002년 4월 2일 제6-0596호
ISBN 978-89-6245-130-6 13320

ⓒ 박종모, 2017

책 값은 뒤표지에 있습니다.
파본이나 잘못 인쇄된 책은 구입하신 서점에서 교환해드립니다.

「이 도서의 국립중앙도서관 출판예정도서목록(CIP)은 서지정보유통지원시스템 홈페이지 (http://seoji.nl.go.kr)와 국가자료공동목록시스템(http://www.nl.go.kr/kolisnet)에서 이용하실 수 있습니다.(CIP제어번호: CIP2016031638)」

프롤로그

　내가 호텔을 처음으로 접하게 된 것은 초등학교 입학 전 어느 여름이었다. 명동에서 양복점을 하시던 이모부님을 뵈러 어머니의 손을 잡고 지금의 더 플라자 호텔을 지났던 기억이 아직도 생생하다. 서울 변두리 촌 동네에 살던 코흘리개 아이에게 하늘 높이 뻗은 22층의 으리으리한 건물은 웅장함과 신기함 그 자체였다. 아련한 추억 속의 장소였던 그 호텔이 몇십 년 뒤 코흘리개의 직장이 되었다.

　어렸을 적 부유하지는 않았지만 여름이 되면 부모님과 함께 여름휴가를 보냈다. 당시만 해도 콘도나 호텔을 이용하는 사람들은 주변에 흔치 않았다. 콘도나 호텔이란 개념 자체가 일반 서민들에게는 익숙지 않아 다른 세상의 사람들이 이용하는 곳이라고 생각했다.

　최근엔 가족들과 휴가를 갈 때 가장 먼저 확인하는 것이 호텔이다. 그만큼 호텔은 점차 우리에게 위압감을 주었던 그때의 그곳이 아닌 편안하고 친숙한 곳으로 인식되고 있다. 지금 두 아이를 키우고 있는 나도 휴가철이면 가끔 호텔을 이용한다. 휴가를 떠날 때면 이제는 아이들이 먼저 휴가지의 어떤 호텔에 숙박할지를 물어온다. 불과 30년 사이 호텔은 코흘리개 아이가 처음으로 마주한 덩치 크고 으리으리한 건물이 아닌 누구나 마음만 먹으면 일 년에 몇 번이라도 호사를 부릴 만큼 제법 친숙한 공간이 된 것이다.

최근 들어 내 직업을 부러워하는 사람들이 많다. 서비스 직종이라는 특성을 이해하지 못하고 그저 화려한 겉모습만을 보고 호텔리어라는 직업이 자유롭고 폼나는 직업이라는 생각 때문인지도 모르겠다. 한때 대중적인 인기를 끌었던 드라마 중에 한류 스타였던 배용준이 출연한 《호텔리어》라는 드라마의 영향으로 일반인들에게 호텔리어라는 직업이 부러움의 대상이 되기도 한 적이 있다. 그래서인지 호텔리어라고 하면 왠지 남들과는 다른 세상을 살고 있는 사람으로 인식되곤 한다. 간혹 내 지인들은 호텔에 근무하면 매일 비싸고 근사한 호텔 레스토랑에서 식사하는 줄로 오해한다. 가족들조차도 그렇게 생각할 정도니 가히 호텔리어는 일반인들에게 꿈의 직장이 되어버렸다. 그래서일까 호텔 관련 학과는 여전히 높은 성적을 거둬야 들어갈 수 있을 정도로 젊은 층에도 인기가 높은 학과가 되었다. 이렇듯 공부하는 학생들까지 관심을 가지고 있는 호텔과 호텔리어에 대해서 일반인들은 얼마나 많이 알고 있을까?

사실 이 책의 출발점은 호텔에 근무하는 호텔리어들조차도 잘 모르고 있거나 부담스러운 호텔 이용법을 어떻게 하면 일반인들에게

좀 더 쉽고 편리하게 그 문턱을 낮춰 흥미롭게 알려줄까 하는 오랜 고민에서 시작되었다. 최근 관광산업 육성정책으로 한국에서는 그 어느 때보다도 호텔에 대한 사회적인 관심과 이용이 빈번해졌으며 일반 서민들도 차츰 호텔에 대해 많은 관심을 끌게 되었다.

나는 이 책이 호텔리어를 꿈꾸는 이들에겐 호텔에 대해 아주 기본적인 것들을 배울 수 있는 입문서가 되기를 바라며, 호텔리어로서 지금까지 현장에서 배우고 익힌 지식을 예비 고객들에게 호텔이 대중들에게 정말 편리하고 친근한 공간임을 알려줌으로써 누구나 경제적으로 이용할 수 있기를 소망할 뿐이다.

아무쪼록 20여 년간 호텔리어로서 살아온 나의 현장경험이 이 책을 읽게 될 독자분들과 호텔리어를 꿈꾸는 후배들에게 조금이나마 도움 되었으면 한다.

차례

프롤로그 003

1장 | 호텔 이해하기

1-01 호텔에 대한 기본 상식 012
- ♦ 우리나라 최초의 호텔은? 012
- ♦ 호텔리어의 직급과 호칭 이해하기 015
- ♦ 호텔 등급은 어떻게 나눌까? 018
- ♦ 글로벌 브랜드 호텔의 종류 021
- ♦ 브랜드별 Grade 이해하기 026
- ♦ 객실 베드타입의 종류 030
- ♦ 호텔의 비수기와 성수기 032
- ♦ 알아두면 편리한 호텔 용어들 034
- ♦ 호텔(객실)에 투자되는 비용은 얼마나 될까? 039
- ♦ 어린이도 요금을 내야 하나? 042
- ♦ 체크인 할 때 왜 카드 개런티를 할까? 043
- ♦ 현장 담당자가 총지배인의 권한을 045
- ♦ 팁은 반드시 줘야 하나? 046
- ♦ 호텔의 다양한 사회적 활동들 050

1-02 새로운 트렌드의 등장 054
- ♦ 호텔 예약 시스템의 변화 055
- ♦ 새로운 호텔 이용층의 등장 056
- ♦ 새로운 관광객의 등장 058
- ♦ 분양형 호텔이란? 060
- ♦ 온라인 여행사의 성장 061

1-03 호텔에서 지켜야 할 에티켓들 063
- ♦ 객실 065
- ♦ 레스토랑 066
- ♦ 기타 068

2장 | 호텔 두 배 즐기기

2-01 나만의 호텔 즐기기 — 070
- 객실 패키지 상품을 이용하라 — 070
- 클럽라운지를 즐겨라 Club Lounge, Executive Floor Lounge — 074
- 명절은 호텔에서 – 설, 추석에 호텔 이용하기 — 075
- 호텔은 또 다른 미술관이다 — 077
- 호텔 무료 셔틀버스 활용하기 — 089
- 호텔 베이커리 이용하기 — 090
- 실속파라면 해피아워를 이용하라 — 091
- 발렛파킹 서비스 valet Parking service 받기 — 094
- 믿고 가는 NCSI 상위등급 호텔 — 095

2-02 호텔의 여러 가지 서비스들 — 097
- 모닝콜 서비스 Morning Call Service — 098
- 짐 보관 서비스 Luggage Storage Services — 099
- 짐 운반 서비스 Porterage Service — 100
- 픽업 센딩 서비스 Pick up Sending Service — 100
- 환전 서비스 Money Exchange Service — 101
- 현금 대여 서비스 Cash advance or Paid out — 101
- 발렛파킹 서비스 Valet Parking Service — 102
- 드라이 클리닝 세탁 서비스 Laundry Service — 103
- 다림질 서비스 Pressing Service — 104
- 우산 대여 서비스 Umbrella Rental Service — 104
- 룸 서비스 Room Service — 105
- 셔틀버스 서비스 Shuttle Bus Service — 105
- 무료 음료 제공 서비스 Welcome Drink Service — 106
- 출근 택시 서비스 Morning taxi Service — 106
- 모바일 렌탈 서비스 Mobile Rental Service — 107
- 펫 프렌들리 서비스 Pet friendly Service — 108
- 자녀 돌봄 서비스 Baby Sitter — 108
- 익스프레스 체크인 서비스 Express check in, check out — 109

◆ 페이징 서비스 Paging Service	110
◆ 컨시어지 서비스 Concierge Service	111
◆ 무료 인터넷 서비스 Free Internt Service	111
◆ 턴다운 서비스 Turn Down Service	112
◆ 우편물 배송 서비스 Courier Service	113
◆ 휠체어 서비스 Wheelchair Rental Service	113
◆ 집사 서비스 Butler Service	113

3장 | 실속 있는 호텔 사용법

3-01 객실 예약의 테크닉 — 120

◆ 온라인 업체 OTA:Online Travel Agency 활용하기	120
◆ 소셜커머스 시장의 3총사	126
◆ Last Minute 당일 예약 사이트 땡처리 예약 활용하기	127
◆ 기업체라면 연간 계약을 활용하라	132
◆ 직원 디스카운트 제도	134
◆ 필요 서비스만 제공하는 호텔 이용하기	135
◆ 리워드 프로그램에 가입하면 좋은 점	139
◆ 호텔 멤버십 가입의 유리한 점	142
◆ 일요일을 공략하라	145
◆ 호텔리어와 친구되기	147
◆ 호텔 가격 비교 사이트 Meta Search Engine 를 활용하라	149
◆ 온라인 여행사 OTA 는 모두 동일한 요금이다	152
◆ 스마트 폰 안에 답이 있다	154
◆ 신규 오픈 호텔 활용하기	156
◆ 객실 장기계약의 유리한 점	158
◆ 단골이 되라 – 한 호텔 집중 공략하기	160

3-02 객실 업그레이드 받기 — 164

◆ 호텔 측에 용기 있게 요청하라	165
◆ 주중에 이용하는 호텔의 이점	168

- ◆ 기념일에 호텔 방문하기   169
- ◆ 가장 늦게 체크인하라   171

4장 | 객실 이용 시 주의할 것들

4-01 예약 시 주의사항   177
- ◆ 싼 게 비지떡, 저렴한 상품은 꼼꼼하게 확인하라   177
- ◆ 호텔 이용 후기를 꼼꼼히 챙겨라   180
- ◆ 예약을 취소할 땐 반드시 미리 알려라   183
- ◆ 세금 및 봉사료 포함 여부를 확인하라   185
- ◆ 대중교통과의 연계성을 확인하라   187
- ◆ 취소 수수료가 있는지 확인하라   188

4-02 체크인, 투숙 시 주의사항   191
- ◆ 호텔 이용 시 일회용품은 별도로 사야 하나?   191
- ◆ 비즈니스호텔은 주차장 규모를 확인하고 예약하라   193
- ◆ DND Do Not Disturb 버튼 함부로 누르지 마라   195
- ◆ 금연룸인지 흡연룸인지를 체크하라   197

4-03 자주 발생하는 컴플레인   200
- ◆ 호텔에서 발생하는 컴플레인의 종류   202
- ◆ 호텔에서 발생하는 컴플레인의 사례   202
- ◆ 블랙컨슈머의 등장   206

5장 | 호텔리어가 알려주는 그들만의 팁

5-01 객실편   210
- ◆ Early check in & Late check out 시 비용은?   210
- ◆ 투숙 중 호텔의 집기나 시설을 훼손했다면   214

- ◆ 투숙 중 다치거나 병이 났을 때 … 217
- ◆ 호텔에 맡긴 물건이 손상되었을 때 … 219
- ◆ 청소년도 호텔에 투숙할 수 있나요? … 220
- ◆ 같은 날인데 왜 다른 요금이 적용되나요? … 222
- ◆ 객실에서 제 물건이 사라졌어요 … 224
- ◆ 객실 안전금고 Safety Box 비밀번호를 잊었어요 … 226
- ◆ 객실 어메니티 가져가도 될까요? … 228
- ◆ 반려동물과 함께 투숙할 수 있을까요? … 232
- ◆ 호텔에서 흡연할 수 있나요? … 235
- ◆ 전망에 따라 추가 비용이 드나요? … 237
- ◆ 호텔 객실 이름은 왜 다르나요? … 238
- ◆ 고객 습득물은 어떻게 처리하나요? … 239
- ◆ 3인 이상의 가족 투숙은 어떤 객실을 써야 하나요? … 242
- ◆ 제 캐리어 비번을 잊어 도저히 열 수가 없어요 … 245
- ◆ 호텔이 선호하는 예약 방식은? … 247

5-02 레스토랑편 … 250

- ◆ 호텔 레스토랑이 비싼 이유 … 250
- ◆ 직영인지 외주 업체인지를 확인하라 … 252
- ◆ 와인 활용하기 … 254
- ◆ 업장에서의 코키지 차지 Corkage Charge … 255
- ◆ 호텔 뷔페 이용의 팁 … 257

부록 | 다양한 컨셉트의 호텔들

- ◆ 한국의 특색 있는 호텔들 … 262
- ◆ 해외의 특색 있는 호텔들 … 269

에필로그 … 274

1장

호텔 이해하기

호텔에 대한
기본 상식

◆ 우리나라 최초의 호텔은? ◆

　　　　　　　　　우리나라 호텔의 역사는 얼마나 되었을까? 100년 전 우리나라에도 지금의 호텔과 같은 곳이 있었을까? 우리나라 호텔의 효시를 추측한다면 아마도 사람들은 대부분 먼 옛날의 주막(?)을 연상할지도 모르겠다. TV에서 사극을 볼 때 나오던 옛날 주막의 모습은 지금의 호텔과 비슷한 역할을 해왔다. 지금과 같은 호텔의 형태를 갖춘 한국 최초의 호텔은 어디였을까? 사람들에게 한국 최초의 호텔을 물으면 흔히 서울 소공동에 위치한 웨스틴조선호텔을 꼽는 사람들이 많다. 아마도 사적 제157호로 지정된 환구단원구단, 하늘에 제사를 지내던 곳이 자리했던 곳에 있어서와 비교적 TV 등 매스컴에 자주 등장하는 호텔 중 하나이기 때문일 수도 있겠다.

　　몇 년 전 웨스틴조선호텔은 개관 100주년을 맞이하였다. 매스컴을 통해서 보도될 정도로 웨스틴조선호텔의 역사는 오래된 것이 분

현재의 조선호텔 모습
사진 제공 : 웨스틴조선호텔

명하다. 그러나 예상과 달리 한국 최초의 호텔은 서울이 아닌 인천에 있었으며 웨스틴조선호텔이 아닌 대불호텔이란 것을 아는 사람은 그리 많지 않다.

한국 최초의 호텔인 인천 대불호텔은 1888년에 세워졌다. 그렇다면 왜 최초의 호텔인 대불호텔은 서울이 아닌 인천에 세워졌을까? 조선은 개항이란 정치 경제적 조건에 맞춰 무역 활동을 진행하였다. 당시 외국에서 조선의 한양, 즉 지금의 서울로 가기 위해서는 인천을 거쳐야만 했다. 또한 인천에는 수많은 외국인이 인천항을 통해 활발한 무역을 진행하였다. 이러한 연유로 인천에 외국인들이 머무를 수 있는 거처가 필요했고 그렇게 호텔을 오픈하게 된 것이다. 그 후 경인선 철도가 연결되면서부터 인천에 입항한 외국인들은 인천보다는 서울을 찾게 되었고 자연스럽게 대불호텔은 그 역할을 다하고 그 자리를 서울에 넘겨주게 되었다.

인천의 대불호텔
점선표시 안의 건물

서울 정동의 손탁호텔
출처 : 독립기념관

　서울에는 1902년에 최초의 서양식 구조를 가진 호텔이 오픈하였는데, 바로 손탁호텔이다. 서울 중구 정동에 위치한 손탁호텔은 서양식 2층 구조로 당시 외국인들의 숙소 및 사교장으로 활용되기도 하였다. 그리고 1914년 10월 한국 최초의 근대식 호텔인 조선호텔이 지금의 중구 소공동 위치에 개관하였다. 조선호텔은 당시 조선 시대의 건축물에는 없었던 욕실, 대형 레스토랑과 같은 시설들이 있었으며 조선 정부와 외국인들의 사교장 역할을 하기도 하였다. 이러한 민간외교의 역할을 하던 조선호텔은 8.15 광복 이후 한때 미군사령부나 대통령의 집무실로 이용되기도 하였다.

♦ 호텔리어의 직급과 호칭 이해하기 ♦

일반인들은 호텔이라는 생소한 직업에 대해 이해도가 낮은 편이다. 그러다 보니 호텔에 근무하는 직원들의 호칭에 대해 혼선을 일으키는 경우도 많이 볼 수가 있다.

옛 어르신들은 호텔에 근무하는 직원을 부를 때 특히 남자직원들을 가리켜 보이boy라고 부르던 때가 있었다. 그만큼 호텔에 대한 이해가 부족한 것에 기인했을 것이다. 내가 신입 시절 선배들이 자주 하던 이야기 중 하나가 바로 호칭에 대한 이야기였다. 그중에서도 고객들에게 가장 듣기 싫어하는 호칭 중 하나가 "○○ boy"라는 호칭이었다고 한다.

요즘에는 방송의 힘에 의해 호텔리어hotelier라는 직업 자체가 대중들에게 많이 익숙해져 그 호칭도 일반화되었다. 호텔에서 나를 부르는 호칭은 통일되어 있다. 예를 들어 호텔에서 직원들이 나를 부를 때는 '총지배인'이란 호칭을 사용한다. 이렇듯 일반 기업과 달리 호텔에서는 타 업종과 다른 직급, 다른 호칭을 사용한다. 첫 직장이었던 H호텔, 그리고 모 그룹사의 P호텔에 근무할 때는 자회사가 단순히 호텔사업만을 하는 기업이 아니기 때문에 그룹 내에서는 지배인이란 표현보다는 일반 사무직에서 사용하는 ○○과장, ○○부장 등

일반적인 호텔의 직급체계

일반적인 호텔 직급체계	총지배인	General Manager
	부총지배인	Assistant General Manager
	이사	Director of Division
	부장	Assistant Division Head
	차장	Department head
	과장	Manager
	대리	Assistant Manager
	계장, 주임 또는 캡틴	Team Leader
	사원	Rank&file
호텔 주방 내 직급체계	총주방장	Executive Chef
	부총주방장	Executive Sous Chef
	단위주방장	Sous chef
	수석조리장	Chef de partie
	부조리장	Demi Chef
	1급 조리사	1st Cook
	2급 조리사	2nd Cook
	3급 조리사	3rd Cook
	보조 조리사	Cook Helper & Apprentice
레스토랑 내 직급체계	식음료 부장	F&B Director
	식당 지배인	Restaurant Manager
	부지배인	Assistant Manager
	캡틴	Captain
	웨이터	Waiter, Waitress
	보조 웨이터	Assistant Waite, Assistant Waitress
객실팀 직급체계	매니저	Manager
	슈퍼바이저	Supervisor
	클럭	Clerk
	어텐던트	Attendant

직급과 세일즈팀장 등의 호칭을 사용했다.

　이렇듯 조직마다 그 조직에 맞는 호칭은 다양하다. 호텔에도 엄연히 직급과 직책에 따른 호칭이 존재한다. 일반 회사와 다른 조직인 호텔 직원의 호칭을 부를 때 괜히 아는 척하다가 상대방에게 거부감을 줄 수가 있으므로 통상적으로 사용하는 호칭을 사용하는 것이 바람직하다. 바로 '지배인'이라는 호칭이다. 호텔리어들에게는 현장 및 나이, 성별을 무시하고 통상적으로 부르기에 무리가 없는 호칭이 '지배인'이고 상대방이 듣기에도 무난하다. 호칭은 부서별 또는 직급별로 다양하게 불리고 있다. 호텔에 방문할 일이 있다면 좌측의 직급체계를 참고하여 호칭을 적극적으로 활용하길 권한다.

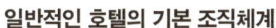

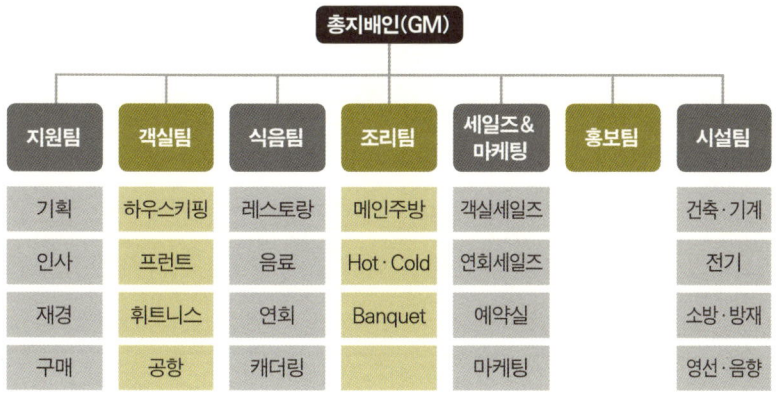

♦ 호텔 등급은 어떻게 나눌까? ♦

호텔에는 공식적인 등급이 존재한다. 이 등급에 따라 고객들은 자신이 원하는 호텔의 수준을 쉽게 판단하여 호텔을 이용할 때 참고할 수 있다.

일부 호텔에서는 등급이 곧 매출과 직결된다고 생각하여 좋은 등급을 받기 위해 시설과 서비스 등에 많은 자금과 노력을 투자하기도 한다. 이는 등급이 곧 호텔의 우열을 좌지우지 함은 물론, 등급에 따라 고객들의 선호도가 매출로 직결되기 때문이다. 그러나 등급이 높다고 해서 모두 좋은 호텔이라고 평가할 수 있는 것은 아니다. 개중에는 무궁화 숫자가 많은 호텔보다 오히려 무궁화 숫자가 적은 호텔이 더 친절한 서비스를 제공하는 경우도 많기 때문이다.

우리나라는 2015년 호텔등급표시를 기존의 한국을 상징하던 무궁화에서 세계적으로 통용되고 있는 별 문양star rating으로 변경했다. 이는 지난 수십 년간 사용하던 무궁화 문양이 국내용이라는 의견과 함께, 늘어나고 있는 방한 외국인들도 쉽게 이해할 수 있도록 국제적으로 통용되고 있는 별 문양으로 변경을 진행하였다. 그리고 등급의 평가기관도 2016년부터 기존 호텔협회에서 한국관광공사로 변경하였다. 이는 보다 객관적이고 체계적으로 호텔의 등급을 평가할 수 있기 위한 조치로 보고 있다. 더불어 평가 방법도 개선하여 그동안 사전에 평가 진행일자 등을 호텔에 오픈하여 심사하였던 등급평가를 암행방식으로 변경하여 호텔에서는 언제 자신들의 호텔이 평가를 받았는지를 알 수 없도록 하였다. 또한 한번 심사를 받았다고

기존의
무궁화 등급표시

새롭게 변경된
'별' 등급표시 디자인
사진제공: 한국관광공사

등급이 평생 유지되는 것이 아니라 법적으로 3년에 한번씩 다시 등급심사를 받게 하여 호텔의 서비스 수준을 유지할 수 있도록 하였다. 이는 호텔 입장에서는 다소 번거롭고 부담스럽지만 고객 입장에서는 호텔들이 기존 등급을 유지하기 위해 지속적인 고객 서비스 및 시설 개선을 하기 때문에 좀 더 양질의 서비스를 받을 수 있다.

그렇다면 한국 내 호텔 등급은 어떠한 기준에 의해 정해질까? 예를 들어, 특급 호텔기존의 특1급호텔의 경우 기본적으로는 그에 걸맞는 시설을 갖추고 있어야 한다. 3개 이상의 다양한 레스토랑과 연회행사 및 세미나를 진행할 수 있는 대형 연회장, 고객의 편의를 위한 휘트니스장, 비즈니스센터, 주차시설, 수영장 등의 부대시설과 일정 규모의 로비 공간을 구비하여야 하며 객실 내의 가구와 제공되는 어메니티, 그리고 조, 중, 석식이 가능한 레스토랑의 서비스 수준 등이 기준에 맞게 준비되어 제공되고 있는가 등 다양한 항목을 평가 받게 된다. 우리는 뉴스를 통해 새롭게 아랍에미리트 두바이 등에 6성급, 7성급 호텔이 오픈하였다는 관련 소식을 접할 때가 있다. 그러나 이러한 뉴스는 나나 일반 고객들을 조금 어리둥절하게 만든다. 과연 6성급 또는 7성급이라는 호텔들이 존재하는 걸까?

등급별 호텔 서비스 기준 정의 (한국관광공사 인용)

구분	호텔 등급 이미지	내용
1성급 호텔	☆	고객이 수면과 청결유지에 문제가 없도록 깨끗한 객실과 욕실을 갖추고 있는 조식이 가능한 안전한 호텔
2성급 호텔	☆☆	고객이 수면과 청결유지에 문제가 없도록 깨끗한 객실과 욕실을 갖추며 식사를 해결할 수 있는 최소한 F&B 부대시설을 갖추어 운영되는 안전한 호텔
3성급 호텔	☆☆☆	청결한 시설과 서비스를 제공하는 호텔로서 고객이 수면과 청결유지에 문제가 없도록 깨끗한 객실과 욕실을 갖추고 다양하게 식사를 해결할 수 있는 1개 이상(직영·임대 포함)의 레스토랑을 운영하며 로비, 라운지 및 고객이 안락한 휴식을 취할 수 있는 부대시설을 갖추어 고객이 편안하고 안전하게 이용할 수 있는 호텔
4성급 호텔	☆☆☆☆	고급 수준의 시설과 서비스를 제공하는 호텔로서 고객에게 맞춤 서비스를 제공. 호텔로비는 품격 있고, 객실에는 품위 있는 가구와 우수한 품질의 침구와 편의용품이 완비됨. 비즈니스센터, 고급 메뉴와 서비스를 제공하는 2개 이상(직영·임대 포함)의 레스토랑, 연회장, 국제회의장을 갖추고 12시간 이상 룸서비스가 가능하며 휘트니스센터 등 부대시설과 편의시설을 갖춤
5성급 호텔	☆☆☆☆☆	최상급 수준의 시설과 서비스를 제공하는 호텔로서 고객에게 최고의 맞춤서비스를 제공. 호텔로비는 품격 있고 객실에는 품위 있는 가구와 뛰어난 품질의 침구와 편의용품이 완비됨. 비즈니스센터, 고급 메뉴와 최상의 서비스를 제공하는 3개 이상(직영·임대 포함)의 레스토랑, 대형 연회장, 국제회의장을 갖추고 24시간 룸서비스가 가능하며 휘트니스센터 등 부대시설과 편의시설을 갖춤

한국의 콘래드 힐튼호텔과 광화문의 포시즌호텔도 자신들의 호텔을 홍보하기 위해 때때로 '6성급'라는 용어를 사용하여 홍보하기도 한다. 결론적으로 말하면 이들 호텔들도 사실은 모두 특급의 5성급 호텔이다. 신규 오픈하는 특급 호텔들은 자신의 호텔을 다른 호텔들과 차별화하기 위해 이와 같은 방법으로 홍보를 하기도 하는데 전세계적으로 현재까지 인정하는 공식적인 최고 등급은 5성급 호텔 뿐이다.

◆ 글로벌 브랜드 호텔의 종류 ◆

호텔들은 왜 Global Brand Hotel에 열광할까? 이는 각 브랜드별로 인지도 차이는 있겠지만 자국 내의 자체 독립 브랜드보다는 세계적으로 잘 알려진 Global Brand Hotel이 마케팅에 도움이 되기 때문이다.

최근에 오픈하는 한국의 많은 호텔들 역시 저마다 해외 브랜드를 달기에 급급한 이유도 여기에 있다. 또 방한하는 외국인들이 늘고 있는 한국시장에서 수많은 호텔들과 경쟁을 하기 위해서는 무엇보다 외국인들에게 잘 알려진 브랜드 호텔이 홍보하기 쉽고 판매하기도 쉬울 뿐더러 브랜드가 곧 파워라 생각하기 때문이기도 하다. 호텔을 이용하는 고객들은 그 브랜드가 가지고 있는 신뢰감을 통해 객실 혹은 호텔의 업장을 선택한다. 물론 브랜드를 달지 않은 로컬호텔의 경우 한두 번 이용해 본 후 서비스나 시설이 마음에 들면 굳이 브랜드 호텔을 이용하지 않더라도 지속적으로 그 호텔을 이용한다. 그러나 신규 호텔들은 마케팅의 약점을 극복하기 위해 세계적으로 잘 알려진 브랜드를 도입하여 영업을 전개하기도 한다.

다음은 해외 체인 호텔들이 사용하는 주요 브랜드 호텔들을 소개하고자 한다. 호텔의 브랜드를 이해하면 호텔 이용이 좀 더 편리하고 친숙하게 느껴질 것이다.

메리어트 인터내셔날 메리어트 인터내셔날은 리츠칼튼을 포함한 다양한 브랜드를 소유하고 있다. 한국에서는 기존에 잘 알려진 리츠칼튼, (구)르네상스, 메리어트 등의 호텔이 있으며 최근에는 오토그래프 컬렉션이라는 럭셔리 브랜드가 더 플라자호텔과 계약을 하여 한국에 런칭되기도 하였다. 이중 JW메리어트와 리츠칼튼은 5성급으로 이미 한국의 강남과 동대문지역에 오픈하여 메리어트 인터내셔날의 럭셔리 브랜드로 자리매김하고 있다.

메리어트 인터내셔널

2016년에는 스타우드를 136억 달러에 인수하여 세계 최대의 호텔그룹으로 올라섰으며 두 회사의 합병이 마무리되어 전세계 100여 개국에 100만 개 이상의 객실과 다양한 브랜드를 소유하게 되었다.

스타우드호텔 그룹 스타우드 하면 일반인들은 낯설겠지만 웨스틴호텔과 쉐라톤호텔 하면 독자들에게도 익숙할 정도로 세계적으로 잘 알려져 있는 친숙한 호텔 브랜드이다. 이들 두 호텔의 브랜드는 스타우드의 대표적인 럭셔리 브랜드 호텔이다. 스타우드호텔 그룹 내에는 이 밖에도 기존의 두 호텔보다 상위 럭셔리 호텔인 세인트 레지스, W호텔, 럭셔리 컬렉션 등의 호텔 브랜드들도 있다.

한국에는 최근 들어 럭셔리 브랜드보다 하위개념인 비즈니스호텔급의 Midscale 브랜드 호텔들이 속속 오픈하고 있다. 대표적인 호텔로는 알로프트와 포포인츠 by 쉐라톤호텔이 있으며 이미 2015년부터 서울 강남과 강북의 명동에 오픈하여 영업을 개시하고 있다.

Starwoodhotels

윈덤호텔 그룹 최근에 한국에서 가장 많이 오픈한 호텔 중 하나가 윈덤호텔 그룹의 라마다호텔이다. 윈덤호텔 그룹은 전세계 70개국에 7,700개 이상의 자체 브랜드를 운영하고 있는 글로벌 그룹이다. 한국에는 현재 17개의 윈덤계열 브랜드 호텔을 운영하고 있으며 서울 및 각 지방에 속속 오픈을 준비하고 있다. 또한 제주도에 상위 등급의 하워드존슨호텔도 오픈을 앞두고 있다.

이 밖에도 윈덤의 중저가 브랜드인 '라마다 앙코르' '데이즈 인'까지 오픈하고 있어 향후 한국에서도 다양한 윈덤계열의 호텔들을 경험할 수 있을 것이다. 그러나 대부분의 호텔들은 본사에서 직접 운영을 해주는 매니지먼트 형태가 아닌 라마다 브랜드만을 빌려 사용하는 프랜차이즈 방식으로 운영하고 있다. 호텔들은 윈덤 본사에 브랜드 fee^{수수료}만을 지불하며 독자적인 호텔경영을 하고 있는 것이다. 윈덤호텔 그룹의 가장 럭셔리 호텔 브랜드는 윈덤 그랜드, 윈덤 호텔 앤 리조트이다. 이들 두 호텔 브랜드는 아직까지 우리나라에는 오픈되지 않았다.

WYNDHAM
Hotel Group

IHG 다른 호텔들의 공격적인 한국 오픈 정책과는 대조적으로 아직까지 인터컨티넨탈호텔 그룹^{IHG} 계열의 호텔들은 한국에 본격적으로 진출하고 있지 않은 편이다. 그러나 IH Group은 한국 외에도 100여 개국 이상에서 65만개 이상의 객실을 보유하고 있는 세계 최대 호텔그룹 중 하나이다. 서브 브랜드는 총 7개로 인터컨티넨탈, 크라운프라자, 인디고, 홀리데이인, 홀리데이인 익스프레스, 스테이 브리지, 캔들우드 스위트가 있다. 한국에는 이미 강남의 그랜드 인터컨티넨탈을 시작으로 2014년에 송도 홀리데이인과 2015년에 홀리데이인 익스프레스를 을지로에 신규 호텔로 오픈하여 영업을 확대하고 있다.

IHG(인터컨티넨탈호텔 그룹)

하얏트 그룹 하얏트 그룹은 몇 개의 브랜드만을 한국에 런칭하여 운영하고 있다. 국내에 오픈한 호텔로는 파크하얏트와 남산과 인천의 그랜드 하얏트, 제주의 하얏트호텔이 대표적이다. 현재는 전세계 500개의 하얏트 브랜드 호텔을 운영하고 있으며 최근 럭셔리 브랜드인 스타우드호텔 그룹을 인수하려다 실패하였다. 비즈니스 급으로는 하얏트 캐주얼 스타일인 하얏트 플레이스가 오픈을 준비하고 있다.

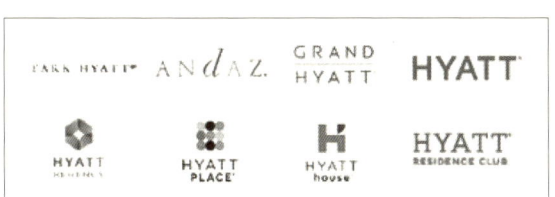

Hyatt Group

힐튼 월드와이드 힐튼 월드와이드는 현재 미국을 비롯한 전세계에 13개 브랜드를 가지고 4,600개 이상의 호텔과 리조트를 운영하고 있는 글로벌 호텔그룹이다. 그 중에서도 콘래드 힐튼과 월도프 아스토리아는 대표적인 럭셔리 브랜드이다.

최초의 창업자인 콘래드 힐튼은 1919년 우연한 기회에 텍사스의 한 작은 호텔을 인수하게 되면서 세계적인 기업으로 회사를 성장시켰다. 한국에는 서울의 콘래드호텔, 밀레니엄 힐튼과 경주 힐튼, 남해 힐튼, 그리고 부산 기장에 오픈한 부산 힐튼이 있다.

Hilton Worldwide

◆ **브랜드별 그레이드**Grade **이해하기** ◆

모처럼 계획하여 떠나는 여행지에서의 호텔 선정은 여행의 꽃이라고 해야 할 정도로 중요하다. 비싼 돈을 지불하고 선택한 호텔이 기대 이하 수준의 서비스와 시설을 제공하였다면 어떨까?

집을 떠나 외지에서 머무는 동안 숙박을 하게 되는 호텔은 여행객들에게 집처럼 안전함과 즐거움을 주는 곳인 만큼 신중하게 선택해야 한다. 그렇다면 수많은 호텔 브랜드 중 과연 어떤 호텔을 선택하여야 할까? 이러한 고민은 여행객들이라면 한번쯤은 해 보았을 것이다. 일반인들은 물론 호텔리어인 나조차도 각각의 브랜드를 가지고 있는 체인 호텔의 호텔별 등급을 이해하기란 여간 힘든 일이 아니다. 내가 예약한 호텔의 수준과 객실요금이 동급 호텔들의 객실요금에 비해 터무니 없이 비싸다면 아무리 즐거운 여행이라 하더라도 썩 유쾌한 기분이 들지는 않을 것이다.

고객들은 좀 더 저렴한 가격에 좀 더 좋은 호텔에 투숙하기를 원한다. 브랜드별 호텔 수준을 이해하면 향후 계획할 여행지에서 어떤 호텔을 선정해야 할지를 쉽게 결정할 수가 있다. 그러나 아직까지 세계적으로 통일된 호텔 브랜드별 등급 기준이 마련되지 않아 각 브랜드 호텔들이 자신들만의 기준으로 정해놓은 자체 호텔 등급을 절대적으로 맹신할 필요는 없다. 호텔 선정은 전적으로 고객의 호텔이용 목적과 판단에 의해 결정되어야 한다.

브랜드 호텔의 체인 스케일 Chain Scale 은 최상의 브랜드인 럭셔리 호텔과 체인 호텔의 대표적인 브랜드인 Upscale 브랜드 호텔, 그리고 일반인들이 가장 이용하기 편한 Midscale 브랜드 호텔로 나눌 수가 있다. 이 밖에도 하위 브랜드인 이코노미 Economy 급 버젯개념의 호텔들도 다소 존재한다. 최근 한국에 오픈하는 호텔들은 대부분 최상의 럭셔리 브랜드 호텔보다는 하위의 브랜드 개념의 호텔들이 증가하고 있는 추세이다. 럭셔리 호텔은 각 체인 호텔 최상의 브랜드 호텔로 서비스가 개런티 된 만큼 고객이 지불해야 할 호텔의 가격도 만만치 않다. 각 브랜드별 구분은 다음과 같다. 이 구분은 단순히 각 호텔그룹에서 자신들의 브랜드 레벨을 구분한 것이라 동일한 브랜드 스케일에 속해 있다고 해도 호텔의 시설, 서비스 수준이 동일하지 않을 수도 있다. 다만 참고사항으로 삼는 것이 좋다.

럭셔리 호텔 브랜드

메리어트계열	JW 메리어트, 리츠칼튼, 불가리
스타우드계열	럭셔리 컬렉션 스타우드호텔 & 리조트, 세인트 레지스 호텔(St. Regis)
아코르계열	소피텔
IHG계열	인터컨티넨탈
하얏트계열	파크 하얏트, 안다즈, 그랜드 하얏트
힐튼계열	월도프아스토리아, 콘래드
윈덤계열	윈덤 그랜드, 윈덤 호텔 앤 리조트, 하워드 존슨

Upscale 브랜드호텔은 각 체인 호텔 브랜드 중 대표적인 호텔로 일반인들에게 가장 많이 알려진 호텔들이 속한다.

메리어트계열	메리어트, 메리어트 익그젝티브, 르네상스
스타우드계열	웨스틴, 쉐라톤. 르 메르디앙(Le Meridien)
아코르계열	풀만
IHG계열	크라운 프라자, 호텔 인디고
하얏트계열	하얏트, 하얏트 리전시
힐튼계열	힐튼
윈덤계열	라마다

Midscale 브랜드 호텔은 일반인들이 투숙하기에 가장 부담이 없는 적합한 호텔을 뜻한다. 상대적으로 Upscale 브랜드 호텔보다 시설면에서나 가격, 서비스면에서 축소된 호텔을 의미한다.

메리어트계열	코트야드 by 메리어트, 레지던스 인 by 메리어트
스타우드계열	트리플 폴리오, 알로프트. 포포인트 by 쉐라톤
아코르계열	노보텔, 머큐어, 아다지오
IHG계열	홀리데이 인
하얏트계열	하얏트 플레이스
힐튼계열	더블트리, 가든인
윈덤계열	앙코르, 데이즈인

 이처럼 많은 해외 브랜드 호텔들이 한국에 진출한 반면 호텔 역사가 100년이 된 한국 호텔의 경우 토종 호텔 브랜드가 그리 많이 존재하지 않는다. 대표적인 한국의 토종 브랜드는 대부분 대기업에서 운영하고 있으며 그나마 럭셔리 브랜드인 신라호텔, 롯데호텔, 더 플라자 호텔, 그리고 하위의 비즈니스 개념의 롯데 시티, 신라스테이 정도를 들 수 있다.
 이제라도 세계적인 글로벌 브랜드에 밀리고 있는 호텔산업에서 한국의 토종 호텔 브랜드를 육성하는 것은 매우 다행스러운 일이다. 향후 한국시장에서는 해외 브랜드와 한국 토종 브랜드와의 치열한 격돌이 예상된다.

◆ 객실 베드타입의 종류 ◆

체크인 후 객실로 들어섰을 때 가장 관심을 갖는 것 중 한 곳이 있다면 바로 말끔히 정리되어 있는 베드일 것이다. 사람마다 취향이 다르겠지만 보통 TV드라마 등에서 보면 주인공이 호텔 객실에 들어선 순간 가장 먼저 가방을 팽개치고 몸을 던져 침대로 다이빙 하는 장면이 나올 때가 있다. 마치 침대가 객실 안의 작은 수영장처럼 느껴질 정도로 말이다.

호텔 객실에서 베드가 차지하는 비중은 매우 크다. 그래서 호텔들은 고객의 만족도를 돕고 최상의 숙면을 취할 수 있도록 브랜드에 걸맞는 침대를 구비하고 심지어 특별 제작까지 하고 있다. 그러나 모든 호텔들이 최상의 침대를 제공하는 것은 아니다. 침대로 다이빙을 하는 순간 꽝하는 소리와 함께 침대가 출렁거렸다면 어떨까? 침대의 안락함만큼이나 중요한 것이 객실에 비치된 베드타입이다.

나는 여행지의 호텔을 이용할 때 객실에 들어서자마자 가장 먼저 침대의 쿠션을 확인해 본다. 그리고 침대 사이즈가 얼마인가를 확인해 본다. 출장과 같은 혼자만의 여행이라면 베드타입에 그다지 신경 쓰는 편은 아니지만 가족을 동반한 여행일 경우 상황은 달라진다. 베드타입에 따라 그날의 숙면여부가 판가름나기 때문이다. 그렇다면 호텔의 침대는 어떤 타입으로 구성이 되어 있을까?

호텔들의 침대타입을 한번 알아보자. 보통 호텔들은 싱글, 더블, 트윈, 트리플타입으로 구성한다. 이 밖에도 최근 늘고 있는 가족여행을 위해 객실 베드가 4개로 셋팅된 쿼드quad객실도 있다. 이들 베드타입을 숙지하고 사전예약을 한다면 현지에서 벌어지는 호텔에서의 룸 체인지 등의 번거로움을 피할 수가 있다.

싱글베드 가장 기본적인 베드타입이다. 객실에 1인용 작은 베드 하나 셋팅된다. 싱글베드의 경우 호텔마다 차이는 있으나 보통은 가로 160cm×세로 200cm가 통상적인 사이즈이다.

더블베드 1인 혹은 2인 사용가능 베드가 한 객실에 1개 셋팅되어 있으나 싱글베드보다는 베드 사이즈가 크므로 보통 1인이나 2인까지 투숙이 가능하다. 베드 사이즈는 보통 가로 180~200cm×세로 200cm가 보통이다.

트윈베드 객실에 싱글베드 가로110~120cm×세로 200cm 베드가 2개 들어가 있는 객실을 말한다. 보통의 경우 2인이 숙박 가능하다. 주로 기업체 인센티브 행사나 외국의 여행객들이 경비절감 차원에서 트윈베드를 사용하는 것이 일반적이다.

트리플베드 객실에 3명이 숙박할 수 있게 베드가 3개 셋팅되어 있다. 사이즈는 보통 가로110~120cm×세로 200cm인 동일한 베드 3개가 셋팅되는 객실도 있지만 2개의 베드가 들어간 트윈 객실에 엑스트라 베드(보조침대)를 넣어 3개의 베드를 만드는 것이 보통이다. 주로 가족단위 여행객이나 친구들과 같은 다수의 고객이 투숙을 원할경우 제공한다. 호텔마다 차이가 있으나 엑스트라 요금이 붙어 일반 객실보다 약간 비싸다. 특급 호텔의 경우 적게는 4~6만 원의 별도 추가 요금이 붙는다.

이밖에 4개의 베드가 설치된 쿼드룸 Quad room도 있다. 동일한 싱글 베드를 4개 설치하여 4인이 투숙할 수 있다.

◆ 호텔의 비수기와 성수기 ◆

장사하는 사람들에게는 소위 '대목'이라는 것이 있다. 대목이라 하면 설이나 추석 등 명절을 앞두고 경기(景氣)가 가장 활발한 시기를 말하는데, 이러한 대목에 장사를 제대로 해야 한 해를 편히 지낼 수 있다. 비오는 날엔 우산장수가 대목을 맞는다. 설과 추석이면 재래시장이 대목을 맞는다. 이렇듯 장사에도 들고 남이 심하다.

2월이면 어김없이 찾아오는 졸업식. 유난히 이때만 되면 꽃값이 비싸다. 모든 초중고, 대학교 심지어 대학원, 유치원까지 졸업식으로 분주하다. 바로 이 때가 꽃 장수들의 대목시즌인 것이다.

매서운 바람이 몰아치는 겨울, 따끈한 어묵 국물에 어묵을 하나 입에 물면 아무리 추운 겨울바람이 불어와도 든든해진다. 어묵은 우리에게 겨울 한철 따뜻한 국물만큼이나 온화한 정을 담아주고 봄이 오기 시작하면 조용히 자취를 감춘다. 이들에게는 겨울 한철이 장사를 해서 돈을 벌어야 하는 대목인 것이다.

그렇다면 호텔에는 어떤 대목이 있을까?

호텔에도 일반인들이 대목이라고 하는 성수기와 비수기가 존재한다. 대목격인 성수기에 매출을 올리지 못하면 호텔의 1년 농사를 망칠 수가 있다.

얼마 전 러시아에서 근무를 마치고 한국 본사로 돌아온 L Hotel 마케팅 상무인 선배와 차 한잔을 하다가 러시아 호텔들의 영업에 대해 이야기 들어 볼 기회가 있었다. 러시아는 추운 겨울이 6개월 이상 지속되기 때문에 1년 12개월 중 영업을 제대로 할 수 있는 날은 불과 6개월 남짓이라고 한다. 따라서 성수기인 6개월 간의 호텔 요금은 다른 나라 호텔리어들이 상상을 할 수 없을 만큼 높은 객실료를 받는다고 한다. 이들은 성수기 6개월 동안 영업을 통해 비수기에 발생한 손해를 극복해야 한다.

2년 전 가족들과 말레이시아로 여름휴가를 다녀온 적이 있었다. 남들 다 가는 7, 8월은 왠지 북적거릴 것 같아 조용한 시기를 택한 것이 바로 9월 추석이 끝난 첫 주차였다. 현명한 선택이었을까?

여름시즌이 끝난 비수기 때 다녀온 여행이었지만 기대 이상의 만족을 얻은 여행이 되었다. 여행가격 할인은 물론 추가 호텔 객실 업그레이드, 우리가족만의 단독 비치 제공 등 그야말로 저렴한 가격에 황제투어를 다녀올 수 있었다. 이처럼 호텔도 성수기와 비수기를 제대로 알고 이용하면 적은 비용에 큰 만족을 얻을 수가 있다.

그렇다면 우리나라 호텔의 성수기와 비수기는 언제일까?

모스크바에 있는 호텔과는 다르지만 한국에도 나름의 비수기와 성수기가 존재한다. 의외로 한국 호텔의 비수기와 성수기를 이해하는 방법은 간단하다.

성수기란 사람이 활동하기 편한 계절을 생각하면 된다. 날씨가 좋고 비나 눈이 적게 오고 마치 야외에서 나를 부르는 듯한 기분을 느낀다면 호텔도 성수기인 셈이다. 반대로 비수기는 춥거나 덥고 활동하기 불편한 계절을 생각하면 된다. 물론 중간 중간 바캉스 기간과 연말연시 같은 특별히 예외인 날도 있다.

비수기는 보통 여름 7~8월과 겨울 11월 중순부터 1, 2, 3월까지를 일컫는다. 비수기를 제외한 활동하기 편한 4, 5, 6월과 9, 10, 11월 초까지 약 6개월 간은 호텔로서 매출을 올릴 수 있는 성수기이다. 특히 5월과 10월은 1년 중 가장 극성수기에 속한다.

이들 성수기 때는 그야말로 객실 및 연회장 등을 예약하기 힘들 정도로 고객들이 넘쳐나지만 비수기인 동절기와 하절기에는 이용 고객이 줄어 영업에 어려움을 겪는다. 만일 저렴한 호텔요금에 제대로 된 호텔 서비스를 원한다면 비수기를 적극적으로 이용해보라. 이 시기에는 여행사 및 기업체의 단체물량을 픽업하기 위해 저가 요금을 제시하기도 하며 기업체 직원들을 대상으로 한 프로모션 요금을 제공하기도 한다.

◆ 알아두면 편리한 호텔 용어들 ◆

워크인 고객 Walk in Guest　사전에 호텔을 예약하지 않고 당일 호텔로 직접 찾아와 이용하는 고객을 말한다. 보통 객실을 이용하는 경우 당일 호텔에서 책정된 요금이 적용되기 때문에 다소 요금을 비싸게 지불할 수가 있다.

랙 레이트 Rack Rate 호텔에서 자체적으로 책정된 일반공표 요금을 말한다. 모든 객실에는 기본 Rack Rate가 설정되어 있으며 객실 상품은 Rack Rate를 기준으로 하여 할인요금을 책정한다. 그러나 현장에서 고객에게 제공되는 요금은 별도의 특별요금으로 제공된다.

슬립아웃 Sleep Out 객실을 예약하였으나 객실을 사용하지 않은, 즉 객실에서 취침을 하지 않은 경우를 말한다.

베이비 베드 Baby bed 영유아용 침대로 주로 1~3살 미만의 유아용 베드를 말한다. 호텔별로 일정 수량이 준비되어 있어 사전 요청 시 무료로 객실 내 셋팅이 가능하다.

베이비시터 Babysitter 호텔에 투숙중인 고객들에게 제공되는 서비스로 고객의 자녀를 잠시 돌봐주는 서비스이다. 서비스가 가능한 호텔과 그렇지 않은 호텔이 있으며 요금은 호텔별로 상이하나 주로 시간당 요금이 부과된다.

커넥팅 룸 Connecting room 두 개의 객실 중간에 문을 사이에 두고 연결된 룸을 말한다. 필요에 따라 중간 문을 오픈하여 두 개의 객실을 하나로 판매 가능하다. 주로 가족단위의 고객들이 이용한다.

클럽라운지 Club Lounge, Executive Floor Lounge   EFL 혹은 귀빈층이라고도 한다. 일반층과 차별화를 꾀해서, 방문하는 고객에게 차별화된 서비스를 제공한다. 클럽라운지에는 전담 직원이 상주하며 다양한 서비스를 고객에게 제공한다.

레이오버 lay over   얼마 전 중국 출장 때의 일이다. 성도공항에서 지방으로 이동 중 국내선 비행기를 탑승해 환승해야만 하는 상황이라 아침 일찍 호텔에서 나와 공항으로 이동했다. 공교롭게도 그날 기상상황이 좋지 않아 공항에서 4시간 이상을 대기 후 간신히 비행기에 탑승할 수가 있었다. 비행기로 2시간을 가야 하는 거리라 아침부터 부산을 떨고 오후 늦게야 되어서 겨우 비행기에 탑승했다. 비행기는 순조롭게 비행하여 2시간만에 지방 공항에 착륙을 하는듯 했다. 승객들은 오랜 기다림과 피곤에 지쳐 잠을 자다가 착륙을 알리는듯한 중국어 방송이 흘러나오자 모두 잠에서 깨어 부산히 자리를 정리하였다.

잠시 후 비행기는 무사히 공항에 도착하였다. 그런데 뭔가 이상한 느낌이 들었다. 왠지 상당히 낯익은 공항의 모습이 아니던가. 게이트를 지나는 도중 내내 이상한 느낌을 지울 수 없었다. 게이트를 빠져나와 보니 아연실색 놀랄 수밖에. 바로 2시간 전 이륙했던 성도공항에 다시 도착한 것이다. 너무 늦은 시간에 마지막 편까지 기상악화로 비행을 할 수 없어 하는 수 없이 항공사에서 제공하는 호텔에 1박 투숙을 하였다.

이렇듯 레이오버는 기상악화 및 항공기 결함 등으로 비행을 할 수 없을 경우를 말하며 야간일 경우 항공사는 고객에게 숙박 및 식사를 제공하여야 한다. 아직 Lay over 시스템이 정착되지 않은 중국의 1박 제공 호텔은 한국의 모텔보다도 못한 시설이라 밤새 불편한 잠을 자고 다음 날 다시 새벽안개를 가르며 성도공항으로 이동하여 목적지에 도착하였던 기억이 있다.

우리나라 대부분의 항공사에서도 결항과 기상악화 등으로 연간 수십 건의 레이오버가 발생하며 대부분 특급 호텔과 계약을 맺고 고객들을 투숙시킨다. 혹시 해외 여행 중 현지공항에서 기체 결함이나 그외의 문제로인해 레이오버가 발생했다면 당황하거나 짜증을 내며 무료한 시간을 보내지 말고 잠시 답답한 공항을 벗어나 현지 시내관광을 해보는 것도 시간을 유익하게 쓰는 좋은 방법이다.

하우스 키핑 House Keeping 객실의 관리를 말한다. 일반적인 호텔 내에서의 업무로는 호텔 내 고객의 객실 청소, 공용구역 관리, 객실 내 비품 관리 및 정비 비품 셋팅 등을 관리한다.

메이크 업 Make up 룸메이드가 객실 내 청소 및 정비를 하는 것을 말한다. 정비가 완료된 객실을 Make up Room이라고 한다.

어메니티 Amenity 호텔에서 고객들에게 무료로 제공하는 서비스 항목 중 특히 객실 내에 셋팅해 놓는 각종 비품 종류 등을 말한다.

오버부킹 Over Booking 호텔에서 가지고 있는 일정 보유 객실 혹은 타입 이상의 예약을 받아 초과하는 경우를 말한다.

턴어웨이 Turn away 예약된 고객에게 약속된 객실을 제공하지 못하고 다른 호텔로 유도하는 것을 턴어웨이라고 한다. 다른 호텔에서 투숙에 소요된 비용은 턴어웨이시킨 호텔에서 모두 지불한다.

컨시어지 concierge 고객의 개인비서 역할을 말한다. 호텔에 투숙중인 고객이 요청 시 항공, 대중교통 및 관광지, 레스토랑 안내, 쇼핑지 설명 등 고객에게 다양한 정보를 전달해준다.

벨맨 Bellman 호텔 내에서 고객의 체크인과 체크아웃을 도와주는 역할을 한다. 프런트에 체크인 혹은 체크아웃을 마친 고객의 짐의 운반을 도와주는 역할을 한다.

도어맨 Doorman 호텔을 찾아오는 고객을 최전방인 호텔입구에서 맞이해주는 일을 담당하는 직원을 말한다. 호텔로 진입하는 차량의 문을 열어주거나 발렛을 요청하는 고객의 차량 주차를 대행하는 업무 및 호텔로 진입하는 고객을 위해 현관 문을 열어주는 서비스 등 다양한 업무를 수행한다.

컴프 Complimentary Complimentary의 약자로 comp라고도 한다. 호텔에서 고객에게 제공하는 무료 객실 혹은 기타의 무료 서비스를 말한다. 최근에는 객실 이외에 무료음료, 조식, 휘트니스 사용 등이 제공되고 있다.

가동률 Occupancy 호텔에서 사용되는 용어 중 특히 객실에 관련된 용어로 판매되는 객실투숙률 혹은 객실의 판매율을 말한다. 호텔들은 일별, 주간별, 월별 가동률을 높이기 위해 다양한 객실상품을 구성한다.

엑스트라 베드 Extra bed 객실 내에 셋팅된 베드가 아닌 고객의 요청에 의해 이동할 수 있는 베드로 손님의 요청에 의해 객실 내에 추가 셋팅을 해준다. 베드 사이즈는 가로 90cm×세로 180cm가 보통 크기이다. 추가 시에는 비용이 청구된다.

◆ 호텔(객실)에 투자되는 비용은 얼마나 될까 ◆

평소 친하게 지내던 A호텔의 총지배인과 차를 같이할 기회가 있었다. 최근 호텔업계의 상황과 영업현황 및 객실당 투자되는 비용, 그리고 늘어나는 호텔로 인해 객실 과잉 공급에 따른 매출 감소에 대해 이야기를 나누었다. 요즘처럼 호텔들이 우후죽순 늘어나는 상황에서는 호텔에 투자되는 비용의 많고 적음에 따라 호텔의 영업매출이 좌우된다. 따라서 신규 호텔을 오픈할 때에는 최소한의 투자와 최대한의 매출을 목표로 사업계획서를 작성한다. 그러나 이러한 계획은 이론일 뿐 현실에서는 그리 간단한 문제가 아니다. 자고 일어나면 하나씩 오픈하는 호텔들과 신규로 오픈하는 호텔들은 과연 영업이익이 날까? 신규 호텔들의 홍수 속에서 고객들은 다양한 호텔을 선택할 권리를 가지고 있으며 호텔의 서비스와 함께 어느 호텔이 많은 투자를 했느냐를 판단할 수 있는 시설에 따라 투숙을 결정함으로 투자비는 쉽게 넘길 부분은 아니다. 제살을 깎는 경쟁으로 인해 호텔사업이 불과 몇 년 전과 같은 황금알을 낳는 시대는 이미 지났다. 이러한 추세를 미리 간파한 몇몇 대기업에서는 자신들만의 노하우를 살려 정형화된 모델을 개발하여 최소비용을 들인 호텔들을 오픈하고 있는 추세이다.

과연 호텔에 투자되는 비용은 얼마나 될까? 또 객실에 투자되는 비용은 실제로 얼마나 될까?

우리가 아는 것 이상으로 호텔에 투자되는 비용은 상상을 초월할 정도로 많다. 신규 투자를 하는 호텔들은 토지를 매입하는 비용을 포함하면 땅값이 비싼 곳일수록 투자 비용은 더욱 증가한다. 기존 호텔건물을 리뉴얼하는 경우는 그나마 토지매입비가 추가로 들지 않아 실질적으로 객실 및 업장에만 집중 투자를 하면 된다. 그러나 최근에 오픈하는 신규 비즈니스호텔들은 토지를 매입하여 신규 호텔을 짓는 기존의 형태가 아닌 상업용 건물을 임대하여 리뉴얼 작업을 하기 때문에 토지매입 비용은 들지 않지만 건물에 대한 임대료라는 추가 비용이 발생한다.

호텔과 같은 구조를 가진 아파트의 투자비를 보자.

지역적 차이는 있겠지만 서울 수도권의 평당 아파트 분양가는 이미 2,000~3,000만 원을 훨씬 넘기고 있다. 호텔 역시 만만치 않은 투자비용이 드는데, 좀 더 멋지고 럭셔리한 객실을 만들다보면 그만큼 과투자라는 비용적인 부담감이 따를 수밖에 없다. 호텔의 경우 10평 전후의 객실에 투자되는 돈은 웬만한 고급 아파트에 투자되는 비용을 훌쩍 넘긴다. 얼핏 보기에는 별거 아닌 호텔 내의 시설과 물건들도 실상 알고 보면 상당한 값이 나가는 고가의 물건들이 많다.

최근 리뉴얼을 진행한 특급 호텔을 기준으로 비용을 알아보자.

중구에 위치한 A호텔은 리뉴얼 공사를 통해 호텔을 재오픈하였다. 기본골격만 남기고 전체 객실 및 업장을 리뉴얼하였으며 총 공사비만 해도 800억 가량이 들었다.

400실 규모의 객실을 감안한다면 한 객실당 2억 원 이상의 비용이 소요된 셈이다. 물론 객실 외에도 레스토랑 및 공용구역을 함께 공사하여 순수 객실 비용은 이보다도 적겠지만 객실에 투자된 비용은 이처럼 실당 상당한 비용이 들어간다. 또 중구에 오픈한 다른 비즈니스호텔의 경우를 보더라도 토지비, 건축비, 부대비, 제세공과비용, 금융비용을 합하여 평당 투자비용은 대략 1,300만 원, 객실당 1억 2천 300만 원의 비용이 든다. 한 예로 회현동에 오픈한 G호텔은 총 투자비가 총 1,800억원이 들었다. 이는 객실이 600실인 규모를 감안한다면 한 객실당 3억 원 가까운 투자비가 투입된 셈이다.

이처럼 호텔의 투자비용은 호텔의 위치, 규모, 부대업장의 유무, 토지매입여부 등에 따라 차이가 발생한다. 흔히 호텔비용이 비싸다고 컴플레인하는 고객이 있다면 다시 한번 호텔에 투자되는 비용을 생각해주길 바란다. 그만큼 객실에 투자되는 비용 또한 고객의 요구에 맞춰 시설을 갖추기 위해서는 많은 비용이 들 수밖에 없다. 그리고 신규 오픈 후에도 매년 정기적인 소프트 터치^{부분 투자}와 주기적인 재투자를 진행해야 한다.

호텔사업 자체만을 본다면 화려한 산업이지만 투자되는 비용 대비해서는 실속이 없는 산업일 수도 있다. 고객분들은 하룻밤 이용하고 나가는 호텔가격이 왜이리 비싸냐고 따져 물을 수도 있겠지만 실제로 주기적으로 호텔에 투자되는 비용을 알게 된다면 투숙객들은 즐거운 마음으로 호텔을 이용할 수 있지 않을까?

♦ 어린이도 요금을 내야 하나? ♦

어린이를 동반한 고객이 호텔을 이용할 때 자주 묻는 질문 중 하나가 바로 어린이 조식요금일 것이다. 고객들 중에는 동반 자녀가 미취학 아동이라 생각하여 호텔 조식업장에서 요금을 부과하지 않는다고 생각하고 무심코 조식을 먹었는데 비용이 청구되어 난처한 표정으로 지배인과 실랑이를 하였던 경험이 있을 것이다.

기본적으로 약간의 차이는 있지만 대부분의 호텔 레스토랑에서는 보통 0세부터 3~4세 미만의 유아는 별도의 추가 요금을 지불하지 않아도 된다. 그러나 4세부터 초등학교 6학년인 13세까지는 어린이 요금을 추가로 지불하여야 한다. 물론 13세 이상의 자녀는 성인 요금을 지불해야 한다.

서울시내의 특급 호텔인 롯데호텔과 웨스틴호텔, 플라자호텔, 힐튼호텔의 경우 조식장에서 부모를 동반한 3~4세까지는 무료로 식사를 할 수가 있지만 4세 이상부터는 추가 요금을 청구한다. 조식뿐만 아니라 뷔페식당의 경우도 마찬가지이다.

대부분의 특급 호텔들은 4세 이상부터 비용을 청구한다. 또한 객실에서는 3세 미만일 경우 사전에 호텔 측에 베이비 베드 Baby Crib를 요청하면 체크인 전 미리 객실에 셋팅을 해준다. 물론 별도 비용은 내지 않아도 된다.

호텔별로 각 업장 및 객실에 대한 유아 및 어린이 추가 지불비용에 대한 규정이 다르므로 조식을 계획한 고객이라면 한번쯤 호텔에 전화를 하여 비용청구 여부를 사전에 확인하는 것이 좋다. 혹시라도 호텔에서 휴가를 즐기기로 계획을 세웠다면 자신의 자녀 나이와 호텔에서의 비용청구 여부 등을 사전에 확인하여 비용을 염두해 두는 것도 현명한 호텔 이용 방법이다.

◆ 체크인할 때 왜 카드 개런티를 할까? ◆

출장갈 때 개인적으로 가장 부담스럽고 기분이 찝찝할 때가 있다. 바로 호텔 체크인시 프런트에서 내 개인 신용카드를 가승인 따는 일이다. 물론 말 그대로 가짜 승인이라 비용이 실제로 청구되지는 않는다. 그러나 기분이 썩 좋지는 않다. 이는 한국의 호텔에서도 상황은 마찬가지이다. 미리 송금을 한 경우에도 프런트에서는 체크인 시 어김 없이 카드 가승인을 위해 개인 신용카드를 요청한다.

그렇다면 어째서 호텔들은 고객의 신용카드를 담보로 가승인을 신청하는 것일까?

호텔은 내부인뿐만 아니라 외부인까지도 언제나 누구의 제재도 없이 이용할 수 있는 곳이다. 이렇듯 호텔이라는 특성상 누구나 쉽게 접근을 할 수가 있다는 것은 다시 말해 누구나 쉽게 나갈 수도 있다는 곳이 된다. 요즘 잘나가는 식당을 가보면 음식을 시키자마자 계산을 요구하는 식당을 종종 볼 수가 있다.

손님 입장에서는 기분이 좀 나쁠 수 있지만 반대로 업주 입장에서 생각하면 너무 많은 손님들의 이동을 통제할 수가 없고 음식을 먹고도 그냥 도망가는 손님을 잡을 수가 없기 때문에 계산을 먼저 요구한다고 한다.

호텔의 상황은 일반 작은 가게와는 비교할 수 없지만 입출입이 자유로운 호텔의 특성상 객실요금이나 업장을 이용한 비용에 대해 지불하지 않고 그대로 체크아웃을 할 수가 있는 상황이 가끔씩 발생한다. 이러한 업무적인 손실을 막기 위해 호텔은 체크인 시 고객에게 카드 개런티를 요청한다. 카드 개런티를 한다고 해서 바로 돈을 지불하는 것은 아니다. 가승인담보은 고객이 체크아웃 시 취소시키며 고객에게는 아무런 불이익이 없다. 가승인 금액은 적게는 전체 매출의 100~150% 정도의 가승인을 고객에게 요청하거나 많게는 전체 사용예상 금액의 2배 이상의 액수를 요청하는 것이 보통이다. 담보는 현금을 요청하거나 고객이 현금이 없을 경우에는 고객의 신용카드를 담보로 요청한다. 호텔 체크인 시 무작정 직원에게 가승인과 관련하여 화를 내거나 항의하기보다는 이러한 호텔 시스템을 알고 이해할 수 있는 것도 호텔 이용의 에티켓이다.

◆ 현장 담당자가 총지배인의 권한을 ◆

　　　　　　　　　　　호텔에서는 현장 담당자가 총지배인의 권한을 갖고 있다는 것이 틀린 말은 아니다. 지인들은 나를 부를 때 박총 혹은 농담으로 박대표라고 놀려댄다. 호텔의 구조를 잘 알지 못하고 호칭 및 호텔 내에서의 권한, 직급 등을 이해하지 못하기 때문에 호텔에서는 무조건 총지배인이 대표라고 생각을 하는 것이다. 호텔 조직만을 놓고 본다면 호텔 내에서는 총지배인이 가장 많은 권한을 행사한다. 그래서 일부 호텔에서는 대표와 총지배인을 구별하지 않고 전문 호텔리어가 대표와 총지배인을 겸직하는 경우가 많다. 그러나 실제 호텔현장에서는 총지배인보다 보다 많은 권한을 많이 가지고 있는 실세가 존재한다. 믿기 어렵겠지만 바로 현장에서 근무하는 직원들이 총지배인보다 더 많은 권한을 가지고 있다.

　　호텔에 근무하다 보면 고객들로부터 상상하지도 못하는 각종 컴플레인이 발생한다. 시설적인 문제에 대한 컴플레인, 고객응대에 대한 불만족, 서비스가 개인적으로 마음에 들지 않는다는 컴플레인 등 그 종류는 상상을 초월한다. 이럴 때마다 고객들은 높은 사람 나오라고 현장의 직원들을 닦달하곤 한다. 그러나 고객이 찾는 높은 사람은 바로 고객 앞에 서 있는 현장직원이다. 호텔은 다른 업종과 달리 24시간 365일 쉼 없이 돌아가는 유기적인 조직이다. 그러다 보니 각 파트의 근무 인원과 인 차지하는 책임요원이 요소 요소에 배치되어 움직이고 있다. 새벽 1시에 컴플레인 하여 높은 사람^{대표나 총지배인}을 부른다고 그들이 나올 수는 없다. 동네 모텔이나 여관에서는 시설이나 서비스가 마음에 들지 않는다고 주인을 나오라고 큰소리 치면 백 사이드에서 눈을 비비고 나오는 경우는 볼 수 있다. 그러나 호텔은 나름의 룰에 의해서 유기적으로 직원들이 교대근무를 하고 운영되는 시스템을 가진 조직이다. 새벽에 아무리 큰소리로 고함을 친다한들 사장이나 총지배인이 나오는 일은 거의 없다. 오히려 당신의 앞에서 묵묵히 고객의 불만을 경청하고 있는 직원에게 컴플레인을 설명하고 해결해달라고 요청하는 편이 문제를 해결하는데 더 빠르고 현명한 방법이다. 큰 조직을 이끄는 호텔들은 야간에 당직 지배인을 두고 고객을 응대한다. 아울러 작은 조직을 가진 호텔에서도 당직 지배인과 같은 책임자를 두고 운영한다.

지금 여러분 앞에 있는 직원이야말로 당신의 문제를 제대로 해결해 줄 수 있는 호텔의 대표이자 총지배인이다.

♦ 팁은 반드시 줘야 하나? ♦

20년 전 난생 처음으로 발리로 해외 여행을 갔을 때를 생각하면 오랜 시간이 지난 지금도 혼자서 웃음을 짓곤 한다. 여행문화나 호텔문화도 모르던 그저 혈기왕성한 28살의 청년이 인생의 가장 아름다운 여행을 즐겼다고 생각해보자. 그때는 지금처럼 일반인들이 해외 여행이나 호텔이용이 빈번하지 않았던 시대였다.

당시에는 일반인들이 호텔 수영장을 이용할 수 있는 기회가 적었기 때문에 객실 내에 비치된 대형 수건을 가지고 야외 풀장을 이용하는 줄만 알고 있었다. 야외 풀장에서 흰색 수건을 이용하던 손님 중 대부분은 동양 국적의 한국인과 일본인 투숙객들이었다. 수건의 색깔만으로도 동양과 서양 국적을 파악할 수 있었다. 동양 고객은 흰색의 수건을, 미국 등 서양 국적의 고객은 수영장에서 제공하는 파란색 수건을 사용하였다. 가이드는 첫날 관광을 마치고 친절하게 야외 수영장 이용시의 수칙 등을 알려주기도 하였다. 물론 객실에 팁으로 1달러를 놓아두는 것도 잊지 않고 가르쳐 주었다.

그 후로 의례 호텔을 이용할 때면 기본으로 팁을 주는 줄로만 알았다. 그러나 최근 한국의 호텔에는 팁 문화가 사라졌다. 특히 최근 한국을 방문한 고객들 중 일본인과 중국인들은 호텔에 팁을 거의 주지 않는다. 그렇다면 팁은 반드시 주어야 하는 것인가?

결론적으로 팁은 주지 않아도 된다. 팁은 고객의 마음일 뿐이다. 그러나 한편으로는 서비스에 대한 에티켓이기도 하다. 보통의 호텔에서는 봉사료^{서비스 차지(팁)}라는 항목으로 10%의 요금을 부과한다. 이미 고객은 팁을 포함된 요금을 지불한 셈이다. 고객은 10%의 봉사료를 호텔에 지불하고 나오기 때문에 별도로 팁을 주지 않아도 된다. 즉 영수증^{bill}에 팁^{봉사료}이 포함된 경우는 주지 않아도 된다. 호텔에서 봉사료를 받는다는 의미는 그 외의 대가^{代價}, 즉 팁을 받지 않는다는 뜻이다. 다시 말해 봉사료를 받는 호텔에서는 팁을 받으면 안되는 것이다.

나는 팁을 주고 안주고의 문제는 금전의 문제가 아닌 고객이 호텔로부터 받은 서비스에 대한 고마움의 표현이라고 생각한다. 이 문제는 개개인이 판단해야 될 문제가 아닐까 생각한다.

　한국과 달리 비슷한 문화권인 일본, 중국은 야박할 정도로 팁 문화에 인색하다. 그러나 미국 등 서양의 일부 국가는 팁 문화가 정착되어 서비스를 제공받는 곳이면 의례 팁을 주는 것이 기본 상식으로 되어있다. 식당이나 호텔, 미용실 등을 이용할 때 조차도 지불비용의 일정 금액을 팁으로 주게 되어있다.

　팁은 서비스에 대한 에티켓이다. 따라서 국가와 인종을 떠나 고객의 마음에 따라 달라질 수 있다. 해외 여행 시 혹은 호텔이용 시 국적별 팁 문화를 익힌다면 현지에서 좀 더 편안한 여행을 할 수 있을 것이다. 다음은 해외 여행시 호텔이나 현지 관광지, 레스토랑 등을 이용할 때의 팁 문화이다.

일본　아시아에서 대표적으로 No Tip 문화가 강한 나라이다. 특별한 경우를 제하고는 팁을 주는 일이 드물다. 서비스가 다른 나라에 비해 조금은 지나치다 싶을 정도로 생활화 되어 있는 나라이지만 개인적으로는 남에게 선뜻 팁 주기를 꺼린다. 그러나 팁을 줄 경우에는 작은 봉투에 정성을 담아 주는 경우도 있다. 나도 주니어 시절 일본 고객으로부터 팁을 받아 본 경험이 있다.

중국　중국은 일본과 더불어 대표적인 No Tip 문화권 국가이다. 최근 해외 여행이 일반인들에게 조금씩 개방되고 있어 팁 문화도 변화하고 있다. 그러나 아직까지 중국 인구의 5%만이 여권을 소지하고 있을 정도로 해외 여행이 자유롭지 못하다. 이러한 이유로 해외 여행

지나 국내에서의 중국인들의 팁 문화는 인색하다.

인도　인도는 아시아에 속하는 나라이면서도 서양의 식민지를 오랫동안 겪은 나라이다. 외모는 동양인의 외모이나 생각과 문화는 오히려 서양에 가깝다고 볼 수 있다. 인도를 여행할 때 다른 동양문화권과는 달리 팁을 요구하는 경우를 흔히 볼 수가 있다. 호텔 및 일반식당의 웨이터, 관광안내 가이드, 심지어 택시를 탔을 때 택시운전사들에게 팁을 주는 것이 일반적이다.

미국　미국은 팁 문화가 발달한 대표적인 나라이다. 모든 서비스에 팁을 주는 것이 일상화된 나라이다. 미국의 드라마나 영화를 보더라도 식당의 웨이터나 웨이트리스에게 팁을 주는 장면을 자주 볼 수가 있을 것이다. 심지어 영수증에 ○○%라는 팁 지불 코너가 있을 정도이다. 일반 레스토랑에 가더라도 보통 10~20% 정도의 팁을 주어야 한다. 그들의 기본 급여는 상대적으로 적다. 따라서 고객으로부터 받은 팁을 통해 급여를 충당한다. 이러한 이유로 웨이터는 팁을 받기 위해 서비스에 충실할 수밖에 없다.

프랑스　프랑스는 세계 제일의 관광대국이란 이미지가 강해서 왠지 팁 문화도 발달되었다고 생각할지도 모른다. 그러나 정작 프랑스에서는 팁에 대한 거부감이 없다. 미국이나 다른 서양국가들처럼 서비스에 대한 팁을 꼭 주지 않아도 된다. 단지 개인이 판단해서 서비스에 대한 고마움으로 주면 되고 안줘도 팁을 별도로 요구하지 않는다.

네덜란드 풍차의 나라 네덜란드에서는 기본적으로 팁을 내지 않아도 된다. 팁 문화가 존재하지 않아 의례 팁을 받지 않는 것이 보편화되어 있다. 호텔에서의 팁은 금전적 가치가 아닌 서비스에 대한 감사함의 표시이다.

◆ 호텔의 다양한 사회적 활동들 ◆

최근 들어 이슈가 되고 있는 단어 가운데 하나가 '사회적 가치' 혹은 '사회적 기업'이라는 말이다. 사회적 가치, 혹은 사회적 기업이란 어떤 것인가? 또 사회적 가치를 실현하기 위해 기업들은 어떤 일을 하고 있는 것인가?

사전적 의미로 사회적 가치란, "평균적인 생산 조건에서 상품 생산에 소요되는 노동시간에 따라 규정되는 상품의 가치를 말한다." 즉, 단어 그대로 사회적으로 가치가 있다는 뜻이다. 개인적으로 가치가 있는 것이 아니라 공통의 다수, 내가 아닌 다른 사람들에게도 가치가 있다는 뜻이다. 우리가 평상시 호흡하는 무한의 자원인 공기를 예로 들어 생각해보자.

공기는 무한한 가치를 가지고 있지만 남녀노소, 잘사는 사람이나 못사는 사람이나, 한국인이나 미국인이나 국적, 종교, 인종, 지위고하에 상관없이 누구나 비용을 지불하지 않고 공평하게 그 가치를 제공한다.

태양 혹은 태양광 이야기를 해보자.

어두운 밤 불빛이 들어오지 않는 골목을 걷는다면 얼마나 무섭고 어두울까? 사회적으로 소외된 장소 혹은 공공의 혜택이 가지 못하는 곳에 무한한 태양의 밝은 빛을 비출 수 있게 한다면 얼마나 좋을까?

어두운 밤길을 환하게 밝혀 안심하게 사람들을 귀가할 수 있게 무한의 가치를 가지고 있는 태양을 이용한 '태양과 LED 안심가로등'을 설치하면 모든 사람들이 혜택을 입을 것이다. 바로 태양, 태양광은 빛을 생산함으로써 무한한 가치를 가지고 있다.

사회적 기업의 사회사업 예로 H그룹사의 "Happy Sunshine" 캠페인을 들 수 있다. 해당 회사는 2001년부터 "Happy Sunshine" 캠페인을 통해 전국의 취약 복지기관에 태양발전 설비를 지원해오고 있다. 이렇듯 한 기업은 태양이라는 무한의 자원을 통해 사회적 가치를 실현하고 있다. 사회적 가치를 실현하는 일은 기업이 아닌 개인들도 할 수가 있다. 내가 아는 유명한 호텔리어 중에 현재 나고야 웨스틴호텔에 근무하는 Mr. Choi라는 분은 다양한 언어에 재능을 가지고 있다. 또한 호텔이라는 특수직종에 근무하는 이유도 있지만 세계 여러 곳을 다니며 수많은 외국인과의 교류를 통해 많은 지식을 습득하였다. 그는 자신이 가진 무한한 가치인 언어적 재능을 남들에게 기부하여 사회적 가치를 실현하고 있다. 자신이 가지고 있는 언어적 재능을 통해 충분히 돈을 벌 수 있지만 그 능력을 어린이를 위한 무료 번역사업에 쓰고 있다.

그렇다면 호텔에서는 어떻게 사회적 기업으로 가치를 창출하고 있을까?

한가지 예로 우리가 호텔에서 한번 쓰고 버린 비누를 보자. 모든 고객이 1박 혹은 2박 일정으로 투숙을 해도 객실 안에 비치된 비누는 매일 룸메이드에 의해 교체된다. 단지 고객이 손 한번 씻기 위해 사용한 비누도 다음 날이면 어김 없이 새 것으로 교체된다. 300실 규모의 객실을 보유한 호텔을 예로 들어 보자. 하루 300개의 비누가 새롭게 교체된다. 한 달이면 9,000개 이상의 쓰다만 비누가 교체되며 버려진다.

비누라는 단순 재화는 단순히 씻는 비누 이상의 가치를 가지고 있다. 우리가 무제한으로 호흡하는 공기나 이로움을 주는 태양처럼 그 가치는 무한하다. 호텔에서 나오는 이러한 무한의 재화를 활용하여 사회에 기여한다면 어떨까?

이러한 발상에서 시작된 것이 바로 '비누 옮김 캠페인'이다. 비누 옮김 캠페인은 고객이 한번 쓰고 버린 헌 비누를 수거하여 직원들이 새롭게 포장해 비누가 필요한 낙후된 지역에 기부하는 행사이다. 이는 기부라는 행사뿐만 아니라 버려진 비누로 인해 환경이 오염되는 것을 막을 수 있는 환경보호도 겸할 수 있다.

2010년 처음으로 시작된 비누 옮김 행사는 점차 사회적 가치를 실현하고자 하는 많은 호텔들이 참여하고 있다. 또한 메리어트호텔은 공익단체인 '아름다운가게'와 함께 행사를 진행했다. 아름다운가게에 호텔 직원들이 평소 사용하지 않는 개인 물건을 기증하고 판매된 수익금을 우리 사회의 소외된 이웃들에게 전달함으로써 사회적 가치를 실천한다. 그 외에 많은 호텔들이 고객이 사용하고 남은 헌 타올을 각종 사회기관에 기부하고 있다. 이렇게 호텔에서 고객이 사용한 여러 가지 물품들은 다시 고객의 품으로 돌아가 지역의 발전에 기여한다.

  오늘 사용한 객실이 단순히 하루의 편안함이 아닌 지역의 발전에 기여함을 함께 느끼게 해준다면 호텔은 더욱 많은 사회적 사업을 실천할 수가 있다.

새로운 트렌드의 등장

호텔 이용법 1-02

현명한 고객은 자신이 필요로 하는 서비스만을 저렴한 가격에 제공받는다. 한국의 호텔들은 기존의 특급 호텔 위주로 성장을 해왔고, 대부분의 호텔들이 이름도 낯선 '버틀러 서비스Butler Service'에 준하는 풀 서비스를 제공하여 왔다. 그러다 보니 영업의 대상도 자연히 돈 있는 상위 고객을 대상으로 진행하여 왔다. 호텔은 어떻게 하면 고객의 지갑에서 보다 많은 지출을 끄집어 낼까에만 관심을 두고 실제 필요치 않은 많은 서비스를 포함시켜 제공하고 그것을 객실요금에 포함시켜 왔다. 지금도 웬만한 특급 호텔들의 숙박비와 식사요금은 각각 최소 10만 원 이상을 넘고 있다. 이러한 가격은 한국의 경제 수준을 감안한다면 상당히 부담스러운 가격이 아닐 수 없다. 그러나 언제부터인가 한국에는 가격과 시설에 있어 비교적 캐주얼한 '비즈니스호텔'들이 속속 오픈하기 시작하였다. 롯데그룹의 씨티호텔, 신라호텔의 신라스테이 등 기존 특급을 지

> **버틀러 서비스란?**
> 일명 집사 서비스, 사소한 모든 일들을 도맡아 주는 서비스로 호텔 직원이 1대1로 고객을 전담하여 서비스를 제공하여 준다.

향하던 호텔들이 저렴한 비즈니스호텔들을 대거 오픈하며 거품을 없애기 시작한 것이다. 이러한 트렌드는 2012년부터 불기 시작하여 2014~2016년까지 정점을 찍고, 이같은 분위기에 힘입어 국내 1위의 여행사인 하나투어와 모두투어도 새로운 신규 사업의 일환으로 호텔을 오픈하여 운영 중에 있다. 덕분에 호텔을 이용하려던 고객들은 불필요한 서비스를 과감하게 줄인 심플한 서비스와 저렴한 가격에 호텔을 이용할 수 있게 되었다. 다음은 최근 호텔의 변화를 가져오는 주요 트렌드들을 소개한다.

♦ 호텔 예약 시스템의 변화 ♦

불과 수년 전만 해도 지금과 같은 다양한 호텔 예약 시스템은 존재하지 않았다. 회사나 집에서 호텔을 예약하기 위해서는 두꺼운 전화번호부 책에서 원하는 호텔을 검색하거나 114에 전화를 걸어 호텔 정보를 얻는 것이 유일한 수단이었다. 그러나 지금은 휴대폰이나 노트북을 켜기만 하면 수많은 온

호텔 예약을 위한
주요 온라인 업체들

라인 예약업체OTA:Online Travel Agency에서 자신이 원하는 호텔 예약을 도와준다. 심지어 고객의 취향에 맞는 현재 위치한 지역의 호텔을 분석까지 해준다. 예약 시스템은 이미 기존의 off line에서 on line 시스템으로 바뀌어가고 있다. 이러한 온라인 업체를 현명하게 이용하면 다양한 포인트 등의 부수적인 혜택을 받을 수가 있다.

국내의 대표적인 온라인 업체로는 호텔엔조이, 인터파크 등이며, 해외의 대표적인 온라인 업체로는 부킹닷컴, 익스피디아, 프라이스라인, 호텔스닷컴, 트립아고, 라쿠텐, 자란 등이 있다.

◆ 새로운 호텔 이용층의 등장 ◆

우리나라 사람치고 축구경기를 싫어하는 사람은 거의 없다. 일부 여성층이나 스포츠를 싫어하는 사람을 제외한 대부분의 사람들이 축구경기를 즐긴다. 나뿐만 아니라 많은 직장인들이 한국팀과 외국팀의 빅매치가 있는 날에는 퇴근 후 동료들과 회사 주변 맥주집에서 삼삼오오 모여 함께 축구경기를 관람하곤 한다. 그만큼 한국인의 축구 사랑은 남다르다.

지난 2006년 독일월드컵 경기 당시 한국은 유난히 새벽에 경기가 많았다. 한국전 게임이 있는 날이면 새벽에 진행되는 게임을 보기 위해 시민들이 시청광장에 모여들기 시작해 밤을 지새우곤 했다. 광적인 열기의 시청광장은 밤샘 경기 내내 응원의 함성이 터져 나왔다. 물론 나도 응원하는 사람들과 섞여 호텔직원들과 함께 새벽까지 근무를 서야만 했다.

어느덧 10년이란 시간이 지난 지금 당시 시청광장에서 응원을 펼쳤던 사람들은 광장이 훤히 내려다 보이는 호텔객실에서 친구들과 자유롭게 호텔을 이용할 수 있는 나이가 되었다. 그들은 친구들과 호텔에서 생일파티나 특별한 이벤트를 갖기도 하고 가족들과 호텔 레스토랑을 이용하기도 한다. 이렇듯 호텔을 이용하는 연령층은 50대에서 40대, 40대에서 30대까지 그 이용층이 넓어졌으며 최근에는 20대도 점차 늘고 있는 추세이다. 호텔을 이용하고 있는 연령대와 이용목적을 보면 40~50대의 경우 비즈니스 목적으로 업장 및 객실을 이용하였으나 최근에는 호텔을 이용하는 연령대가 30대로 점차 바뀌고 있다. 30대의 경우 주말에 가족과 휴식을 취할 목적으로 온라인을 이용한 예약이 많다. 20대의 경우는 친구나 연인과 특별 이벤트를 위하여 투숙하는 경우가 대부분이다.

아래 자료는 최근 3개년간의 국내 온라인 업체의 자료를 참고로 작성한 호텔이용고객 연령분포도이다. 2010년도부터 내국인의 호텔

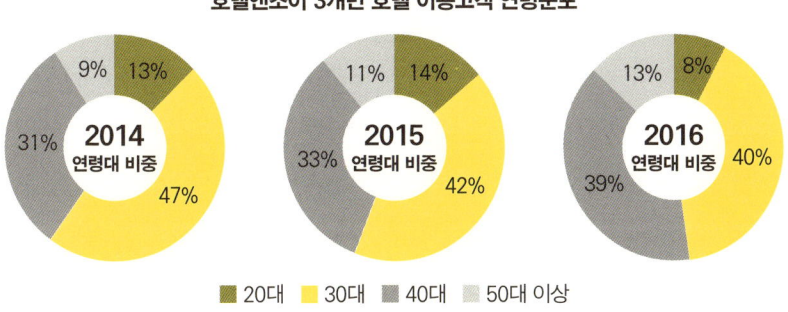

이용이 증가하였으며, 특히 2014년도부터는 기존 호텔이용고객이 40대 연령대와 더불어 30대의 연령고객이 40% 이상 차지하고 있다.

◆ 새로운 관광객의 등장 ◆

"중국인들이 몰려온다." "중국의 큰 손을 잡아라!" 어느 일간지 타이틀 기사 제목들이다. 지금 세계에는 '요우커遊客'란 신조어가 생겨나고 이들을 유치하기 위한 경쟁이 치열하다. 13.5억의 인구를 가진 신흥경제대국 중국을 온 세계가 주목하고 있다. 세계의 공장에서 이제는 세계 경제주역인 세계의 지갑으로 성장한 중국인들. 그만큼 세계는 중국인 관광객을 유치하기에 총력을 기울이고 있고 이러한 노력은 민관이 따로 일 수가 없다.

몇 해 전 법무부는 메르스MERS(중동호흡기증후군)의 여파로 줄어든 관광객을 유치하기 위하여 중국 등 5개국의 단체관광객들에게 비자발급 수수료 면제 조치를 한시적이지만 2016년 말까지 연장했었다. 내가 몸 담고 있었던 대부분의 호텔들도 새롭게 리뉴얼을 하고 나서 호텔의 주요 공략층을 기존의 일본과 중국시장에서 유럽과 미국 등의 서양 기업체나 대사관을 주 공략 거래처로 정하고 영업을 진행하였다. 그러나 최근에는 중국시장이 확대됨과 동시에 한국과의 무역이 날로 증가하여 이제는 중국을 따로 겨냥하여 영업할 정도로 그 비중을 점차 확대하고 있다.

그런데 지금의 상황은 어떠한가?

> **요우커 : 遊客**
> 관광객을 통칭하는 중국어로, 일반적으로 중국인들은 뤼커(旅客, 여행객)라고 한다.

서울의 특급 호텔들은 앞다퉈 중국 고객을 모시기에 혈안이 되어 있다. 각 호텔의 간판에는 영어나 일본어 대신 중국어로 표기된 엄청난 크기의 환영 현수막을 걸어놓을 정도이다.

한국 최고를 자처하는 신라호텔의 대표까지도 중국으로 직접 출장 다니며 중국의 메이저 여행사들과 비즈니스 협상을 시도할 정도로 중국의 파워는 실로 두렵기까지 하다. 한국은 2015년 6월부터 시작된 메르스 사태로 인해 여행업뿐만 아닌 경제 전반적인 손해를 보고 주춤하고 있을 당시 세계의 모든 국가들은 신흥 부국인 중국의 지갑을 열기 위해 갖가지 정책을 쏟아내기 시작하였다.

이러한 추세는 과연 언제까지 이어질 것인가? 특별한 정치적 이슈만 없다면 중국인들의 방한 추세는 몇 년간 더 지속될 것이다. 친구의 나라로 한국을 생각하는 중국인들은 한국으로의 발길을 지속할 것이다. 중국 온라인 여행사인 C-Trip에서 분석한 중국인들의 해외 여행 패턴을 자료를 보면 국가 선호도에서 한국은 세계 3위, 수도 선호도에서는 서울이 4위의 선호 관광지로 뽑힐 정도로 인기가 높다. 이러한 이유로 중국인들의 한국 방문은 지속될 것으로 보이나, 최근 북한의 미사일 발사와 수차례의 핵실험 등으로 대두되는 북한의 제재방안 및 국내 사드(THAAD Terminal High Altitude Area Defense, 고고도 미사일 방어체계) 배치를 둘러싸고 한국과 중국은 심한 외교적 갈등을 빚고 있다. 이로인해 한국에 대한 여행금지 및 한국기업에 대한 중국으로의 수출제재 등 무역보복이 이어지고 있는 불안한 상황이다.

지금이라도 한국 서비스산업은 중국을 대체할 다양한 해외시장을 꾸준히 개척하여 앞으로 다가올 미래를 준비해야 할 것이다.

♦ 분양형 호텔이란? ♦

지난 100년 동안 한국의 호텔산업은 많은 발전을 거듭해왔다. 그리고 세계적인 외국계 브랜드 호텔들의 상륙과 더불어 자생력을 갖춘 한국의 토종호텔들이 생겨났다. 해외 브랜드 호텔들은 서울에서만 현재 20개 이상이 특급 호텔로 영업을 진행하고 있다. 이들은 대체로 대기업들의 접객 장소로 이용되어 왔으며 대기업에서도 자기 그룹의 상징적인 곳인 호텔부문에 과감한 투자를 아끼지 않았다. 그러나 최근에는 정부의 관광산업 활성화 정책으로 많은 호텔들이 인허가를 받아 속속 오픈을 하고 있다. 이러한 호텔들은 대기업에서 투자하고 직접 운영하는 호텔들과 달리 건물을 분양하고 운영은 전문 호텔운영사에게 맡겨 운영을 대행해주는 시스템이다. 호텔 운영사는 호텔을 운영해서 나온 수익금의 일부를 분양자들에게 분배해준다. 이러한 시스템의 호텔들을 '분양형 호텔'이라고 한다.

심심치 않게 매스컴을 통해 전국 각지에 짓고 있는 분양형 호텔 광고를 볼 기회가 있었을 것이다. 이러한 분양형 호텔들은 분양자들에게 연간 10~15% 이상의 수익금을 확정 지급한다는 광고를 약속하지만 실제로는 영업환경에 따라 약속한 수익률을 제대로 맞춰주지 못하는 경우도 발생할 수가 있다. 현재 시중금리가 저금리인 점을 가만하더라도 10% 이상의 확정수익을 제시한다면 소비자는 광고 내용을 다시 한번 확인할 필요가 있다. 그리고 분양형 호텔을 운영하는 운영사가 믿을 수 있는 영업력을 가지고 있는 회사인지도 파악하는 편이 좋다. 노후를 위해 분양형 호텔에 투자한다면 다시 한 번 그 내용을 꼼꼼히 체크해 보고 안전하게 투자해야 한다.

◆ 온라인 여행사의 성장 ◆

시장은 언제나 변화하고, 생물처럼 쉼 없이 움직이며 성장한다. 호텔 역시도 이 원리에 의해 쉼 없이 살아 움직이며 성장하고 있다. 그중에서도 호텔의 매출을 차지하고 있는 여러 거래처는 들고 남을 반복하곤 한다. 이는 국내의 경제 상황이나 정치상황 혹은 세계 경제상황, 심지어 세계의 기후와 국제 정세에 따라 거래처는 큰 폭의 움직임을 반복하기도 한다.

2012년 초까지만 해도 한국 호텔의 매출에 크게 기여했던 시장은 인바운드 여행사, 즉 오프라인 여행사와 기업체 물량이 주를 이루었다. 그러나 2013년 이후부터 이러한 시장은 기업체와 인바운드 여행사(오프라인 여행사) 물량이 점차 감소되고 상대적으로 이용이 편리한 온라인 시스템의 여행사를 이용하는 시장으로 재편되기 시작하였다. 기존의 고객들은 좀 더 편하고 빠른 그리고 다양한 포인트가 쌓이는 온라인 여행사 시장으로 이동하게 된 것이다. 해외여행이나 투숙을 위해 호텔을 예약한 경험이 있다면 누구나 한번쯤은 온라인 여행사를 통해 예약을 진행해 보았을 것이다.

이러한 추세는 특별한 이변이 없는 한 지속될 것이며, 고객들은 앞으로 자신에게 더 유리한 조건을 제시하는 온라인 여행사 선택을 심각하게 고민해야 할 것이다.

5개년 온라인 여행사 Potion 추이

	기업체	인바운드	온라인	기타
2012	15	48	33	4
2013	22	23	49	6
2014	25	18	52	5
2015	25	5	69	1
2016	17	6	75	2

호텔 이용법
1-03

호텔에서 지켜야 할 에티켓들

호텔은 하루에도 다양한 국적의 수많은 고객들이 이용한다. 단순히 숙박을 하는 고객에서부터 레스토랑에 식사를 하러 오는 고객, 연회에 참석하기 위해 방문한 고객, 심지어 베이커리로 빵을 사러 오는 고객, 휘트니스로 운동하러 오는 고객까지 참으로 다양한 고객들이 호텔 시설을 이용한다.

이렇듯 다양한 사람과 국적의 고객들이 저마다 목적을 갖고 호텔이라는 공동공간 내에서 짧은 시간동안 머문다면 어떠한 일들이 벌어질까? 우리가 살고 있는 아파트에도 소음이나 주차, 그밖의 여러 가지 민원들이 발생하여 이웃간의 눈살을 찌푸리게 한다.

2016년도 한 여행사에서 조사한 호텔 내 인식조사에서 호텔을 이용하는 꼴불견 1위 고객에 대한 자료를 본 적이 있다. 과연 호텔을 이용하는 고객들 중에 가장 꼴불견 1위로 뽑은 고객은 어떤 유형의 고객일까?

바로 "호텔에서 큰소리로 시끄럽게 소란을 피우며 떠드는 사람"

을 호텔 투숙객 꼴불견 1위로 선정하였다. 호텔은 개인만 이용하는 시설이 아니다. 객실은 개인의 프라이버시가 보장되는 자신만의 공간이지만 그 밖의 시설은 호텔을 이용하는 다수의 고객이 사용하는 공공시설이다. 고객은 항상 이러한 것을 잊지 말아야 하며 기본적인 고객으로서의 에티켓을 지킬 의무가 있다.

주니어 시절 영업차 해외 출장을 자주 다니며 느꼈던 점이다. 가령, 일본 출장을 다닐 때마다 매번 느끼는 점은 일본인들은 남을 대할 때 언제 보아도 예의 바르고 친절하며 교과서적인 행동을 한다는 점이다. 집단성이 나타나면 다른 성격으로 변할지도 모르겠지만 개인적으로 그들은 항상 타인을 배려하고 남에게 폐를 끼치는 행동은 하지 않는다. 오히려 하지 않는게 아니라 싫어한다고 봐야 되지 않을까?

출장을 마치고 한국으로 돌아오면 공항에서부터 일본과 다른 우리 국민들의 행동을 발견할 수가 있다. 특히 남들과 같이 사용하는 공공시설에서의 예절은 너무나 큰 차이가 있다. 그나마 지금은 예전보다 많이 나아졌다고는 하나 아직 일본이란 나라를 따라잡기에는 갈 길이 멀구나 하는 생각을 들게 한다.

출퇴근 시간의 지하철을 보자.

우리는 자주 지하철이나 버스 그 밖의 공공장소에서 큰소리로 전화를 받거나 고함을 지르는 사람들을 보게 된다. 누구도 그 사람의 사생활에 관심이 없다. 그러나 전화를 하는 사람은 자신의 가정사부터 시작해 친구관계 직장상사와 싸운 일까지 심지어 아침밥은 무얼 먹었나까지 시시콜콜한 내용을 큰소리로 상대방과 통화를 한다.

1988년 서울올림픽 이후 처음으로 해외 여행 자유화가 되었을 때 많은 외국인들이 해외 여행을 하는 한국인들을 보고 예의와 질서를 지키지 못하는 민족이라고 연일 방송과 신문에 '어글리 코리아'라는 창피한 보도를 내보낸 적이 있었다. 수십 년이 지난 지금도 그 옛날의 '어글리 코리아'를 떠올리게 하는 일부 몰지각한 사람들이 있다. 이제는 좀 더 세련된 에티켓으로 모든 사람이 편하게 휴식을 줄 수 있도록 하는 배려가 필요한 시대이다. 다음은 호텔에서 기본적으로 지켜야 할 에티켓들이다. 이를 숙지하여 보다 편리한 호텔이용을 즐기길 바라는 마음에서 정리를 해보았다.

◆ 객실 ◆

- 체크인, 체크아웃 시간을 엄수한다.
- 객실용 슬리퍼를 로비나 공공장소까지 신고 돌아다니지 않는다.
- 객실 내 물건을 가져가지 않는다.
- 로비나 식당 등 공공장소에서 큰소리로 말하지 않는다.
- 클럽라운지는 방문객의 목적에 맞게 활용하라. (조식 또는 티타임)
- 객실 내에서의 취사행위를 하지 않는다.
- 욕실 이용 시 샤워커튼은 안쪽으로 넣어 사용한다.
- 수건으로 신발이나 구두를 닦지 않는다.
- 커피포트에 라면을 끓여 먹지 않는다.
- 객실투숙 시 인원을 초과해서 투숙하지 않는다.

◆ **레스토랑** ◆

    요즘은 생활수준이 높아진 탓인지 가족들의 생활패턴도 트랜디해져가는 느낌이 든다. 내가 처음 호텔에 입사하여 근무할 당시만 해도 호텔 레스토랑의 대부분의 고객은 비즈니스를 위하여 주말보다는 주중 이용을 선호하는 편이었다. 또한 호텔 레스토랑을 이용하는 고객들은 내국인 중심보다는 한국과의 비즈니스를 위해 방문한 외국인 바이어를 접대하는 기업체 손님들이 주를 이루었다.

    지금은 오히려 주중보다 주말이 더 분주하며 이용 국적도 외국인이 아닌 내국인으로 바뀌었다. 내국인들은 모이기 편한 주말을 택하여 가족단위 행사나 단체행사를 주말에 진행한다. 그러나 호텔 이용 빈도는 예전에 비해 증가하였으나 아직까지 호텔을 이용하는 일반인들의 에티켓 수준은 다른 나라에 비해 개선해야 할 점들이 많다. 다음은 레스토랑에 근무하는 현장직원들이 고객들에게서 느끼는 사항들이다. 이러한 사례들은 먼 나라의 일이 아닌 우리의 현실이다.

인격을 존중 하지 않는 고객   호텔 내 레스토랑 직원들이 가장 싫어하는 유형은 단연 인격을 무시하는 고객이다. 서비스를 제공하는 호텔 직원도 사람이다. 먼저 상대를 존중해주면 보다 더 나은 서비스를 되돌려 받을 수 있다.

레스토랑에서는 최소한의 기본 복장을 갖추자   레스토랑에 객실 슬리퍼를 신고 다니거나 가운만 걸치고 돌아다니는 행위는 다른 방문객에게도 불쾌감을 안겨준다. 또한 정장까지는 아니더라도 요즘 대세인 국민 유니폼인 등산복 혹은 트레이닝복도 삼가는게 좋다. 이는 다른 사람에 대한 배려다.

식사 예절을 지키자 큰소리를 내며 대화를 하는 행위와 특히 뷔페 식당에서 음식을 과하게 가져와 남기거나 몰래 싸가지고 가는 행위는 삼가하자.

어린 아이를 방치하는 고객 식사를 하러 호텔에 와서 자녀를 레스토랑에 방치하는 고객, 혹은 아이들이 떠들고 장난쳐도 내 자식은 괜찮다며 이를 제지하지 않는 고객은 호텔에 온 것이 아닌 자신의 자녀를 데리고 마치 키즈카페에 온 듯한 행동을 한다.

무단으로 주류를 반입하는 고객 레스토랑 정책상 주류 반입은 허용되지 않는다. 단, Corkage Charge 음료반입 요금를 지불하면 이용할 수는 있다. 만일 고객이 몰래 주류를 가져와 물잔에 따라 마신다면 그것은 호텔에서 지켜야 할 에티켓이 아니다.

예약을 하지 않은 고객 예약은 했는데 누구 이름인지 모르는 고객, 특히 주말이나 이벤트 날 등 레스토랑이 바쁜 날 예약도 없이 방문하여 자리를 요구하는 고객이다. 예약은 반드시 필요하며, 방문해서 자리가 없으면 서로에게 낭패이다.

No show를 내는 고객 확인 전화를 해도 받지 않거나 연락이 되면 깜박 했다고 당일에서야 취소하는 고객이다. 호텔은 그러한 고객으로 인해 영업에 지장을 받지만 반대로 방문하고 싶어도 이런 고객들로 인해 만석일 경우 다른 고객이 고스란히 피해를 본다.

감사의 인사는 기본 호텔 내 레스토랑을 이용할 때는 레스토랑 직원으로부터 서비스를 받았으면 고맙다는 인사를 하라. 그러면 인사를 받는 직원의 기분도 좋아지고 당신의 기분도 함께 좋아질 것이다.

◆ **기타** ◆

- 반려동물을 몰래 데리고 숙박하지 않는다.
- 옷을 벗고 공공구역을 다니지 않는다.
- 엘리베이터 등 좁은 공간에서는 정숙을 요한다.
- 밤늦게 일행 등과 객실 문을 열어두고 고성방가는 금지
- 부당한 요구를 하는 고객, 즉 무조건 내 말이 맞고 내가 하라는 대로 해달라는 것은 실례이다.
- 호텔 물품을 가져가는 행위. 호텔에 구비된 물품들은 호텔의 자산이다. 호텔은 일정액의 비용을 지불하고 구매를 한다. 디자인이 예쁘다고 샘플로 슬쩍 주머니에 넣어가지고 가는 행위는 절도행위이다.
- 서비스를 제공하는 직원에게 욕설을 하는 행위

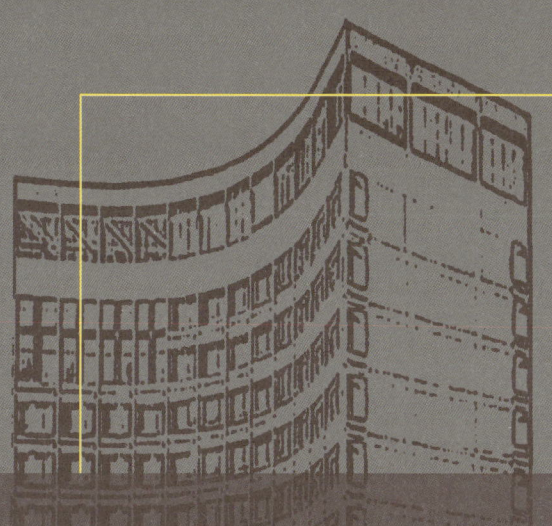

2장

호텔 두 배 즐기기

나만의
호텔 즐기기

◆ 객실 패키지 상품을 이용하라 ◆

고객 입장에서 다른 사람과 동일한 비용을 지불하고 두 배의 혜택을 받았다면 좋은 기분을 느끼지 않을 고객은 아마 없을 것이다. 이러한 심리를 이용하여 쇼핑몰에서는 고객유치를 위해 하나를 사면 하나를 덤으로 주는 1+1 상품이나 50% 할인 행사를 하는 상품을 준비한다.

그렇다면 호텔을 이용할 때 두 배의 기쁨을 얻는 방법은 없을까? 호텔을 이용할 때 호텔의 구조를 조금만 이해하고 관심을 갖는다면 남들과 같은 비용을 지불하고도 두 배의 기쁨을 얻을 수 있다. 불과 20년 전만 해도 지금처럼 해외 여행이나 호텔이용이 보편화 되지는 않았다.

정부는 1980년대부터 한국의 무역경제규모가 점차 커지고 국제무역수지가 흑자로 전환하면서 국민들의 해외 여행을 점진적으로 개방하였다. 그리고 1988년 서울올림픽 이후 한국의 여행시장은 급속히 성장하였으며 1989년 1월 1일자로 국민들의 해외 여행을 전면 개방하였다. 그러나 당시만 해도 지금과 같은 개별여행이 어려웠던 시절이라 모든 여행 상품은 항공+호텔+관광을 하나로 묶은 패키지 상품이 대세였다.

지금은 어떠한가?

물론 요즘 여행 트렌드는 개별여행이 대세이다. 언어에 제약을 받지 않는 젊은 층의 해외 여행이 늘면서 혼자서 몇 개국 정도의 국가를 자유롭게 배낭여행으로 다닐 수 있을 정도로 개별여행이 보편화되었다. 이들은 단지 필요한 항공편이나 현지교통, 호텔과 같은 필수적인 요소만을 구매한다. 그러나 자유로운 배낭여행과 달리 일정한 지역을 편하게 관광하기를 원하는 여행자라면 오히려 여행사에서 제공하는 패키지 상품을 이용하는 편이 훨씬 경제적일 수가 있다. 패키지 상품은 시기만 잘 이용하면 항공요금에 호텔 및 식사는 기본이고 관광까지 포함한 상품을 저렴한 가격으로 제공받을 수 있기 때문이다. 맥도널드나 롯데리아 등의 패스트푸드점에서 햄버거와 콜라 등 단품으로 주문하는 것보다 오히려 컴바인되어 있는 세트메뉴를 구입하는 것이 전체적인 요금면에서 더 경제적인 것과 같은 이치로 보면 된다.

호텔 상품도 마찬가지이다. 기본 객실만을 단순하게 이용하는 것이 아니라 객실과 조식, 객실과 부대시설을 포함한 상품을 이용한다면 가장 저렴한 요금에 기대 이상의 혜택을 볼 수가 있다 호텔들은 시즌에 따라 객실요금에 호텔의 부대시설을 자유롭게 이용할 수 있는 상품을 추가로 제공한다. 이러한 상품은 오히려 호텔 입장에서는 개별부대업장을 별도로 판매할 경우, 보다 저렴하게 판매하기 때문에 호텔에서는 판매를 하더라도 정작 큰 이익은 보질 못한다. 그러나 고객을 좀 더 유치하기 위한 차원에서는 쇼핑몰처럼 일정한 손해를 보더라도 상품을 구성할 수밖에 없다. 고객의 입장에서 보면 오히려 부대업장의 여러 가지 혜택들이 들어간 패키지 상품을 구입하는게 득이 될 수 있다.

2015년 6월 한국을 강타한 메르스 사태의 여파로 관광업계는 물론 한국경제는 심각한 타격을 받았다. 가격이 좀처럼 내려가지 않는 디럭스 호텔들조차 앞을 다투어 경쟁이라도 하듯 저렴한 패키지 상품을 내 놓았다. 패키지는 호텔이 가지고 있는 여러 가지의 시설과 제공되는 다양한 특전 Benefit 을 합하여 가장 저렴한 가격에 고객들에게 제공한다.

호텔에서의 패키지 상품은 말 그대로 이것저것 묶어준다는 뜻으로 정작 호텔에서는 별로 이문 없는 장사를 하는 셈이다. 호텔의 각 부서는 자신들의 부서에서 제공할 수 있는 가장 저렴한 요금을 산정하여 상품을 구성한다. 그중 가장 기본으로 제공되는 것이 객실이다. 일반 객실과 디럭스 객실, 추가 스위트 객실까지 각각의 타입별로 객실을 제공한다. 그리고 객실에 추가되는 항목은 조식이다. 일반 판매 가격보다 할인된 가격을 제공하며 패키지 요금에 포함시켜 놓는다. 패키지의 경우 2인 조식이 기본 구성이지만 실제로 고객이 지불하는 요금은 1인 요금에 불과하다. 나머지 1인 요금은 호텔에서 무료나 다름없는 가격에 제공한다.

서울의 경우 그랜드 하얏트호텔, 워커힐호텔 등은 호텔 내에 별도로 가지고 있는 부대시설인 수영장 및 사우나를 객실에 포함하여 판매한다. 물론 비용은 패키지 상품에 포함되어 있어 내부적인 비용처리를 할 뿐 고객들에게는 무료로 제공한다. 이처럼 호텔들의 패키지 상품은 개별적으로 예약하여 이용하는 비용보다 훨씬 더 저렴하다.

그렇다면 과연 호텔들은 남는 게 있을까?

실제로 별로 남는 것은 없다. 그럼에도 호텔의 수준을 높이고 충성고객들을 유치하기 위한 방법으로 여러 가지 패키지 상품을 진행할 수밖에 없다. 자주 이용하던 호텔이 있다면 패키지를 확인해 보라. 호텔 홈페이지를 들어가 보면 1년 365일 다양한 이벤트를 건 패키지 상품들이 시시때때로 올라온다.

최대 성수기인 여름 바캉스시즌과 연말연시를 제외하고는 대부분이 저렴한 가격일 것이다. 물론 부산과 경주, 제주 등의 지방 호텔들은 벚꽃시즌, 바캉스시즌이라는 성수기가 뚜렷해 매우 핫한 이 시기에 패키지 상품을 이용하면 요금이 비싸기 때문에 무조건 패키지 상품을 이용하다가는 오히려 가격적으로 손해를 볼 수가 있다.

무작정 필요 없는 상품까지 추가된 패키지 상품을 이용하기보다는 자신이 원하는 상품이 무엇인가, 그리고 추가된 혜택이 무엇인지를 꼼꼼히 분석하여 시즌에 맞춰 호텔 패키지를 이용한다면 보다 저렴하고 실속 있는 호텔을 이용할 수 있다.

♦ 클럽라운지를 즐겨라 Club Lounge, Executive Floor Lounge ♦

호텔에는 일반층과 구별되는 비즈니스 고객을 위한 클럽층 혹은 이그젝티브 층이라고 불리는 별도의 층이 있다. 클럽층에는 클럽라운지^{이그젝티브 라운지}라는 전용고객을 위한 별도의 라운지를 운영한다. 이곳에서는 비즈니스 고객 및 레저 고객을 위한 여러 가지 부가 서비스를 제공한다.

일반층은 고객이 원할 경우를 제외하고는 객실 외의 서비스는 제공되지 않는다. 그러나 클럽층에서는 상시 직원이 상주하며 객실뿐만 아니라 조식, 해피아워 서비스 등 호텔에서 제공할 수 있는 다양한 부가 서비스가 제공된다. 이 밖에도 레이트 체크아웃, 관광지 예약, 통역 업무, 비즈니스 업무 및 간단한 다과, 드링크 제공, 휘트니스와 수영장 등을 무료로 이용할 수 있다. 비용은 일반층 객실 이용 요금보다 적게는 1인당 5만 원 이상의 추가 비용을 지불해야 한다. 호텔에서는 매출을 올릴 수 있어 고객들에게 클럽층 사용을 적극 권장한다. 체크인 시 프런트 직원으로부터 클럽층으로 권유를 한번쯤은 받아보았을 것이다.

고객들은 추가로 내야 하는 비용이 부담스러워 이용을 꺼리기도 하지만 실제로 포함된 클럽층 혜택의 비용을 계산해보면 오히려 본인이 호텔에 지불해야 할 비용 이상의 혜택을 받는다는 것을 알 수가 있다. 호텔을 이용할 기회가 있다면 한번쯤 클럽층을 이용해보기를 권한다. 참고로 클럽라운지는 모든 호텔들이 운영하는 것은 아니다.

◆ 명절은 호텔에서 (설, 추석에 호텔 이용하기) ◆

어린 시절 1년 중 가장 좋아하는 날이 언제냐고 물으면 나는 "생일날이요."라고 대답을 하곤 했다. 그리고 연이어 "추석과 설날이요!"라고 대답을 했다. 지금도 똑같은 질문을 어린이들에게 하면 아마 많은 어린이들이 나와 같은 대답을 할 것이다.

생일엔 내가 세상의 주인이 된 듯 나를 위해 가족들과 친구들이 선물을 준비해 준다. 생일만큼은 이런 저런 사고를 쳐도 부모님이 너그러이 용서를 해주신다. 그리고 명절인 추석과 설에는 친척들로부터 선물과 세뱃돈을 덤으로 받는다. 1년 중 부수입이 생기는 몇 안 되는 날 중 하나이다.

성인들에게 1년 중 가장 즐겁고 설레는 날이 언제냐고 물으면 대부분 연휴라고 대답하지 않을까. 그러나 정작 일부 성인들에게는 우리 민족 최대의 명절인 설과 추석은 가장 기피하고 싶은 날 중 하나가 되었다. 명절음식을 준비하는 주부도 아닌데 무슨 말이냐고 반문할 수도 있다. 시댁에서 하루 종일 송편을 빚고 명절음식을 장만하는 주부들과 어머니들에게 듣던 명절 증후군. 사실 호텔리어들에게도 명절 증후군이 있다.

모든 사람들은 1년 중 가장 큰 한국의 명절인 추석과 설을 기다리며 긴 연휴가 시작되길 기다리지만 호텔의 영업 일선에서 근무하며 전체업장의 매출을 책임져야 하는 입장에서는 이 두 날이 가장 부담이 되고 날짜가 다가오면 다가올수록 두려움이 생기기도 한다.

보통 명절 때는 대부분 가족들과 함께 시간을 보낸다. 핵가족화가 된 요즘에는 명절에 가족여행을 떠나는 경우도 늘었지만 아직까지는 집에서 오랜만에 일가친척들과 만나 이런 저런 이야기 꽃을 피운다. 이날 만큼은 우리나라 대부분의 회사, 쇼핑센터, 레스토랑 심지어 관광지조차 휴무에 들어가기 때문에 한국의 명절에는 외국에서 찾아오는 모든 비즈니스가 올 스톱이 된다. 상시 찾아오던 외국관광객과 비즈니스 목적의 투숙객도 적어지고 따라서 그만큼 호텔 이용률이나 업장 이용률이 떨어질 수밖에 없다. 내국인도 긴 연휴를 이용하여 해외로 빠져나가기 때문에 모든 비즈니스와 내국인의 투숙률은 현저히 줄어든다.

호텔은 기본적으로 객실과 레스토랑으로 나뉘어 영업을 한다. 객실은 상황이 그렇다 치더라도 업장, 즉 레스토랑은 하루에 한 명의 고객도 방문하지 않는 업장이 발생하여 자율적인 영업시간 단축 및 일시 영업중단을 할 수밖에 없다. 따라서 호텔에서는 한 명의 고객이라도 더 유치를 하려고 호텔 간 치열한 경쟁을 시작한다. 다른 날과 비교하여 이 기간에 호텔에서 제시하는 객실가격 및 추가로 제공되는 혜택benefit을 비교해보라. 당신이 얼마 전 호텔을 이용할 때보다 더욱 할인된 믿기지 않는 가격을 보고 눈을 의심할지 모른다.

가령, 시청의 P호텔은 설연휴 기간에 특별 패키지를 선보인다. 디럭스 객실에 2인 조식포함, 밀납인형을 전시한 그레뱅 뮤지엄 입장권을 포함하였으며 서울시에서 운영하고 있는 시청 스케이트장 및 덕수궁 입장권 2매를 무료로 포함하여 제공한다.

한남동에 위치한 H호텔은 설연휴 기간에 '복(福)패키지'를 제공한다. 남산을 조망할 수 있는 객실과 함께 2인 조식권, 제이제이 몽키 인형, 윷놀이 세트, 남산골 한옥마을행 셔틀버스를 탑승할 수 있는 패키지를 제공한다. 남들이 찾지 않는 날, 호텔을 이용한다면 분명 그에 따른 충분한 혜택을 받게 될 것이다.

◆ 호텔은 또 다른 미술관이다 ◆

호텔에 처음 들어서는 순간 대부분의 고객은 호텔의 웅장함에 한번 압도된다. 그리고 호텔 정면에 설치된 조형물과 미술작품에 압도되어 주눅이 들기도 한다.

왠지 비쌀 것 같고 유명한 작가의 작품 같다고만 생각하지 실제로 미술품에 관심을 갖고 작품에 다가가 감상하는 사람은 그리 많지가 않다. 로비의 정중앙 벽면을 장식하고 있는 이러한 그림과 대형 조형물과 조각상들은 존재 자체만으로도 고객들에게 위압감을 주지만 정작 이 미술품들이 어마어마한 가치를 가지고 있는 호텔 속의 숨겨진 보물이라는 것을 제대로 아는 이는 드물다.

만약 미술에 관심을 갖고 있는 독자라면 내일이라도 당장 시간을 내서 가까운 호텔을 방문해 보길 권한다. 당신은 호텔 로비를 지나가는 것만으로도 웬만한 유명 미술관에서나 볼 수 있는 고가의 예술작품들을 무료로 감상할 수 있다. 이렇게 호텔에는 다양한 미술작품들이 호텔의 구석 구석을 차지하고 고객들을 맞이한다.

최근 들어 유행하는 문화마케팅이 이제는 호텔 내 깊숙한 곳까지 자리하고 있다. 호텔은 문화마케팅을 통해 호텔만이 가지고 있는 고급스러움을 자연스럽게 고객들에게 표현할 수 있다. 이것은 단순히 가격으로만 환산할 수 없는 그들의 이미지를 더욱 차별화 할 수가 있다. 지금 보고 있는 로비의 미술품들은 현재의 가치로만 환산해도 그 가격은 수억 원에서 수십억 원에 이른다.

시청에 위치한 더 플라자 호텔 로비를 지나다 보면 중앙 벽면을 장식한 조각물을 볼 수가 있다.(우측 상단) 작은 나무를 하나 하나 수작업 하여 만든 조각물은 얼핏 보기에 단순한 미술작품으로 보일지 모르지만 자세히 작가명을 찾아보면 한국 조형미술의 대가인 차종례 작가의 작품임을 보고 놀라지 않을 수 없다.

《드러내기 드러나기 Expose exposed》라는 제목의 이 작품은 나무를 소재로 하여 자연의 따뜻함을 작품에 불어넣어 자연적 재료를 통해 무수히 많은 두드림과 쪼아림 과정을 통해 나무가 지닌 아름다움을 표현하고 있다. 이 밖에도 로비에는 다양한 컨셉트의 전시물을 설치하고 있어 고객들에게 볼거리를 제공하고 있다.

소공동에 위치한 웨스틴조선호텔 로비에는 한국을 대표하는 한국 추상미술의 제1세대 작가인 김환기 화백의 그림《메아리》시리즈(1965) 두 점이 중앙 엘리베이터 양쪽으로 전시되어 있다.(우측 하단) 이 작품은 현재 시가로만 계산해도 한 작품당 수십 억이 넘는 고가의 그림들이다. 김환기 화백의 작품 중 일부는 지난해 홍콩경매시, 한 작품이 47억 원에 낙찰되기도 하였다. 이 두 작품은 세계 유명전시회가 있을 경우 일시 외부에 렌탈을 해주기도 하여 일반인들이 호텔을 방문한다고 상시 작품을 감상할 수 있는 것은 아니다. 또

더 플라자 호텔
1층 로비(우측)
차종례 씨 작품
〈드러내기 드러나기
(Expose exposed)〉

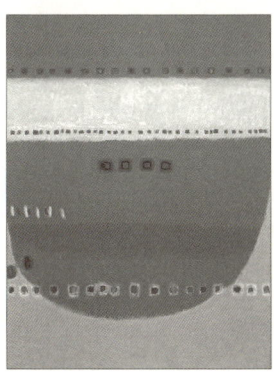 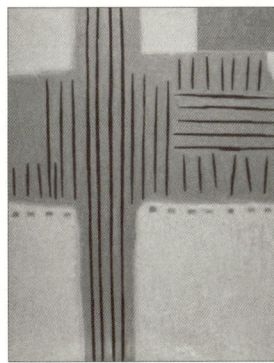

소공동 웨스틴조선호텔
김환기 작
〈메아리-3〉
〈메아리-9〉
캔퍼스유화 유채 1965

한 회전문을 열고 호텔의 로비를 들어서자마자 중앙에는 대형 조형물이 놓여져 있다. 일반 고객들이 보기에는 좁은 로비에 커다란 브론즈 조형물을 답답하게 설치해 놓았을까 하는 생각이 들 수 있을 정도로 규모가 있는 작품이다. 이 브론즈 작품은 외부의 커다란 브

2장 : 호텔 두 배 즐기기 079

론즈 형태들이 안에 있는 하나의 형태를 둥글게 감싸고 있는 모습을 보여주고 있는 대형 작품이다. 무심코 지나쳐 버릴듯한 육중한 몸집의 조형물은 영국을 대표하는 근대 조각의 선구자인 헨리무어의 작품 〈Figure in a Shelter, 1985〉이다.

남산 그랜드 하얏트호텔 로비 프런트 뒤쪽에는 대형 폭포 그림들이 걸려 있다. 이 그림들은 1993년에 호텔 리뉴얼을 마치고 오픈할 당시 프랑스의 갤러리 드몽드에 특별히 주문해 제작한 작품이다. 또한 지하 1층에 위치한 더 파리스 비Bar 입구에는 양 모양을 한 동상이 놓여져 있다. 나도 이 작품을 알기 전까지만 해도 그냥 흔하디 흔한 일반 동상으로 생각하고 손으로 작품을 만질 정도로 예술적 가치가 없어 보였다. 아마도 호텔을 방문한 일반인들도 무심코 지나쳤을 것이다. 그러나 이 〈Mouton Transhumant〉라는 작품은 프랑스의 유명한 부부작가의 작품이다. '프랑수아 자비에 라란'은 양을 소재로 한 여러 가지 작품들을 남겼다. 그랜드 하얏트 호텔을 방문할 일이 있다면 지하 1층을 꼭 방문하여 감상해 보길 권한다.

소공동 롯데호텔에는 호텔 내부뿐만 아니라 외부에까지 다양한 예술품들이 자리하고 있다. 특히 호텔신관과 면세점 입구 쪽에는 러시아의 대문호인 '알렉산드르 세르게예비치 푸쉬킨' 동상이 세워져 있다. 푸시킨은 러시아를 대표하는 시인이자 소설가이다. 이 동상은 2013년 한국과 러시아 간의 문화교류를 위해 러시아 작가동맹이 한국에 기증하여 건립되었다. 그리고 호텔 1층 로비를 돌다 보면 로비 끝에 자리잡은 라운지 옆 박물관을 마주하게 된다. 박물관에는 호텔의 역사를 볼 수 있는 여러 전시물들이 있는데, 그 중 가장 눈에 띠

웨스틴조선호텔 로비
헨리무어의
〈Figure in a Shelter〉
(1898~1986)

Francois Xavier
Lalanne(1927~2008)
Mouton Transhumant

는 것이 금거북선이다. 1988년 6월 신관개관과 더불어 롯데호텔 1번 가에 거북선 광장을 조성하고 순금 30kg 약 8천 돈으로 금거북선을 제작하였다. 이는 1988년 서울올림픽 개최 당시 한국을 방문한 외국인들에게 한국의 전통과 역사를 홍보하기 위해 제작된 것이다.

 2015년 10월에 오픈한 광화문 포시즌호텔은 국내 중견작가의 작품으로 꾸며놓았다. 로비 중앙홀 벽면에는 김종구 작가의 초대형 쇳가루 산수화 작품이 있다. 포시즌을 방문한 고객이라면 로비를 가득

롯데호텔 본관 앞
〈푸쉬킨 동상〉
(러시아 작가동맹 작가: 니꼴라이 꾸즈네쪼프 – 무롬스키)
— 매경신문

채운 Steel Power Painting을 볼 수가 있다.

　1971년에 개관한 호텔현대경포대를 리뉴얼한 씨마크호텔^{2015년}은 전통과 현대적 품격을 갖춘 강원도 최고의 호텔이다. 아름다운 동해바다와 마주하고 있는 씨마크호텔은 세계적인 건축가 리처드 마이어가 설계하였으며 최고의 시설을 갖춘 국내 최초의 럭스티지 Luxury+Prestige 호텔이다.

롯데호텔
〈금거북선〉
1988년. 순금 30kg으로 제작

포시즌스 호텔 로비
김종구 작
〈물, 바위, 소나무, 대나무, 달〉

호텔 메인 로비에 가면 독일의 조명 디자인계의 거장, 빛의 연금술사라고 불리는 조명예술가 잉고 마우너 Ingo Maurer가 제작한 〈골든 리본 Golden Ribbon〉을 볼 수가 있다. 이 작품은 씨마크호텔 오픈에 맞춰 바람에 날리는 리본의 형태를 형상화하여 두 겹의 판 양면을 도장 후 손으로 일일이 금박을 입혀 제작하였다.

일반인들에게 제주 그랜드호텔로 더 잘 알려진 메종 글래드 제주 호텔의 로비에는 세계적인 비디오 아티스트 백남준의 작품이 전시 되어 있다. 또한 김기창 화백의 판화작품과 박수근 화백의 작품 등 시즌별 여러 유명 작가의 작품을 교체 전시하고 있다. 이 밖에도 제주에 위치한 해비치 호텔앤 리조트 로비에는 한국의 대표적인 추상화의 큰 별로 불리던 고 이두식 화백의 그림이 있다. 그의 작품 〈축제〉는 발랄한 색채와 즉흥적이고 자유로운 붓질로 축제란 명제에 상응하는 해방 이미지를 보여준다. 그의 작품은 강한 빨강, 노랑, 파랑 주로 화려한 색들을 거침없이 사용하였다. 특히 한자와 함께 뒤섞인 추상화들은 국내외에서 많은 사람들의 관심과 탄성을 자아냈다.

아름다운 제주의 호텔 중 빼놓을 수 없는 곳이 제주신라호텔이다. 시설뿐만 아니라 다양한 미술작품과 조각품이 많은 호텔이기도 하다. 중문에 위치한 제주신라호텔은 타 호텔과 달리 호텔의 이곳 저곳 구석구석까지 많은 미술 작품들을 셋팅을 하였다. 1시간 정도의 시간을 가지고 호텔투어를 하면 마치 웬만한 대형 미술관에서 관람을 하고 나온듯한 기분을 느낄 수 있을 것이다. 그 중에도 단연 돋보이는 작품은 악기를 소재로 한 아르망의 작품 〈무희 bayadera〉이다. 이 작품은 1984년 작품으로 작가의 동양적 사상이 잘 표현되어 있으며 현대사회에서 생산된 폴리에스터 합성수지 등의 일용품을 이용하여 작품을 만들었다. 벽면에 설치된 그림 외에도 제주신라호텔에는 대표적인 초현실주의 화가인 살바도르 달리 Salvador Dali 의 스페이스 비너스가 전시되어 있다. 스스로를 "편집광적·비판적 방법"이라고 부른 그의 창작수법은 이상하고 비합리적인 환각을 객관적 사실적으로 표현하고자 했다.

아름다운 제주의 켄싱턴 제주 호텔에는 중국의 유명한 작가를 비롯한 200여 편의 미술작품들이 전시되어 있다. 그 중에서도 투숙객

씨마크호텔
〈Golden Ribbon. Ingo Maurer〉
(1932~)

해비치호텔 1층
이두식
〈축제〉
캔버스에 유채, 91 x 116.8 cm
(50), 1998

들을 사로잡는 작품은 중국 최고의 도예가인 주러껑 선생(朱樂耕 Zhu Legeng)의 작품이다. 그의 작품은 제주 켄싱턴 호텔의 아뜨리움과 2층 로비에 설치되어 있으며 그 중 〈만개한 생명〉이란 작품은 세라믹 소재로 구워낸 도자기를 촘촘히 붙여 넣은 도자예술 작품으로 주러껑 선생의 웅장한 작품 세계를 엿볼 수 있다.

이 작품은 멀리서 보면 하나의 작품처럼 보이지만 가까이서 보면 하나하나 직접 빚어 구운 입체 타일 형태로 구성되어 있는 작품이며, 지금까지 제작한 작품 중 규모가 가장 크며 작가의 예술관을 가장 완벽하게 표현한 작품이다. 주러껑 선생은 '앞으로 이런 작품은 더 이상 할 수 없을 것이다' 라고 말했다. 이밖에도 로비 2층에는 대작 〈하늘과 물의 이미지〉가 켄싱턴 제주 호텔을 장식하고 있다. 제주도에는 수많은 미술관에 여러 작품들이 산재되어 있지만 켄싱턴 제주호텔을 빼고 관람을 한다면 제대로 된 미술관 투어를 했다고 말할 수가 없다. 제주를 방문할 기회가 있다면 꼭 켄싱턴 제주호텔의 갤러리 투어를 관람해 보길 권한다.

이 밖에도 2016년도 트립어드바이저 국내 1위를 차지한 국내 브랜드의 신신호텔 현관에 가면 일상적인 소재에서 감성의 현존, 그리고 근원까지 찾아내는 작품의 세계를 가지고 있는 한국의 젊은 조각가 유재흥의 〈풍경 그리기〉 작품이 전시되어 있다.

서울에서 그리 멀지 않은 곳인 경기도 화성의 아름다운 국도를 달리다 보면 작은 숲속에 위치한 롤링힐스 호텔을 접하게 된다. 이곳에 가면 도심 속의 아름다운 작은 정원에 들어온 느낌을 받는다.

단조롭지만 아기자기한 호텔 정원은 바쁘게 돌아가고 있는 삶의

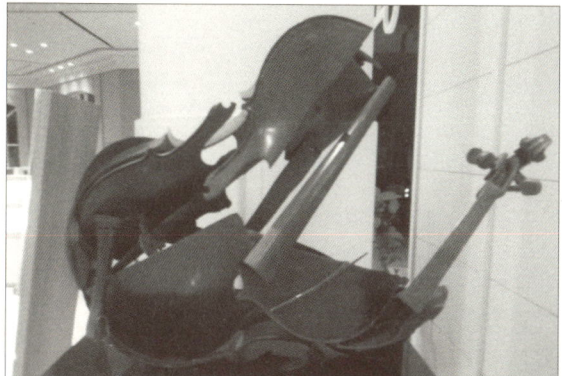

제주신라호텔
아르망의 〈무희〉

제주신라호텔
살바도르 달리
〈스페이스 비너스〉

시계바늘을 잠시 멈추게 해준다. 그리고 산책로 끝자락 입구를 통해 로비에 들어서면 한쪽 면에는 서도호 작가의 〈스크린〉이 벽면에 설치되어 있다. 이 작품은 인종과 남녀노소를 가리지 않는 수만 개의 플라스틱 인형을 촘촘히 연결하여 만든 작품이다. 무더운 여름 풀벌레 소리가 잔잔히 들려오는 산속의 작은 집 롤링힐스에서 서도호 작가의 〈스크린〉을 감상하며 여름을 나는 것도 좋은 피서방법이다.

이렇듯 최근의 호텔들은 객실과 레스토랑만 운영하는 것이 아니

롤링힐스호텔
서도호 〈스크린〉

라 저마다의 로비 혹은 기타의 공간을 활용하여 다양한 미술작품으로 채우고 고객을 맞이하고 있다. 호텔을 자주 방문하는 고객들이 그저 스쳐 지나가며 보는 작품들이 수억 원대를 호가하는 세계적으로 유명한 작가들의 작품이라는 사실을 알게 되면 쉽게 로비를 떠나지 못할 것이다. 혹시라도 방문한 호텔의 로비나 복도에 어떤 미술품이 걸려있다면 천천히 다가가 해당 작가와 작품명을 유심히 관찰해보라.

◆ 호텔 무료 셔틀버스 활용하기 ◆

　　　　　　　　　　신입사원 시절 출장 차 경주를 찾았을 때의 일이다. 당시만해도 지금처럼 KTX와 같은 고속전철이나 다양한 교통수단이 발달하지 않아 경주를 가려면 고속버스나 일반 기차를 타고 한참을 가야했다. 경주역에 내리면 기차 도착시간에 맞춰 투숙 호텔마다 버스가 대기하고 있어 버스를 이용하여 호텔이 있는 보문단지까지 이동할 수가 있었다. 그런데 당시만 해도 서울의 호텔에서는 무료 셔틀버스라는 것 자체가 흔치 않아 호텔까지 이동하는 셔틀버스가 다소 색다르게 느껴졌다.

　　무료 셔틀버스가 없는 호텔은 고객들이 외면할 정도로 지금은 이러한 셔틀버스가 보편화 되었고, 호텔들은 고객이 선호하는 장소를 선정하여 셔틀버스를 운행하고 있다. 호텔 무료 셔틀버스를 잘 활용하면 호텔에 투숙하면서 별도의 교통비 없이도 시내 관광 및 공항, 혹은 대중교통이 닿는 곳까지 이동할 수가 있다. 여행객에게 투숙비용 못지않게 많이 드는 교통비를 이러한 무료 셔틀버스를 이용함으로써 경비를 아낄 수가 있다. 만약 혼자가 아닌 가족단위로 이동할 경우 당신은 잘 구성된 호텔 무료 셔틀을 타고 시내 관광을 즐길 수 있으며 지불한 호텔비용보다도 더 많은 경비를 절약할 수가 있다.

　　셔틀버스의 종류는 호텔과 공항간 무료 셔틀버스와 호텔에서 시내 주요 지점을 정해놓고 무료로 셔틀을 운행하는 시티무료버스가 있다. 시티버스는 대부분 유명 관광지 등을 포함시켜 운행한다.

◆ 호텔 베이커리 이용하기 ◆

나는 유난히 빵과 밀가루 음식을 좋아한다. 아침 출근길에 호텔 앞 베이커리를 지날 때면 참새가 방앗간을 그냥 지나치지 못하듯 어느 새 발길이 베이커리로 향한다. 그리고 손에는 어김 없이 갓 구워낸 빵이 들려져 있다. 근무할 때도 시계를 보고 있다가 신선한 빵이 나올 시간에 맞춰 호텔 베이커리에 들러 간식거리를 사오기도 한다.

호텔을 이용하는 재미 중 하나가 바로 베이커리 이용하기다. 투숙고객들도 출출한 배를 채우기 위해 간식을 찾아 이리저리 헤매다 보면 어느 새 호텔에서 운영하는 베이커리를 기웃거리게 된다. 호텔 베이커리에는 일반 빵집과 달리 먹음직스럽게 치장된 갖가지 빵들이 진열되어 있다. 마치 빵의 본연의 맛보다는 아름다움을 자랑하려는 듯 진열장을 수놓고 있다. 그러나 냄새에 이끌려 다가갈 때와는 달리 조금은 비싼 빵 가격에 선뜻 구입을 못하고 가장 저렴한 빵 몇 개를 손에 쥐고 베이커리를 나온다. 나처럼 빵을 좋아하는 독자였다면 참기 어려운 상황일 것이다. 빵을 구매하지는 않더라도 호텔의 베이커리는 단지 윈도쇼핑 자체만으로도 재미를 찾을 수 있다. 호텔 방문 시에는 한번쯤 호텔에서 직접 운영하는 베이커리를 찾아가 보는 것만으로도 호텔을 재미있게 이용하는 방법이다.

시청 앞 더 플라자호텔에는 다른 호텔과는 조금 다른 프리미엄 베이커리가 있는데, 바로 프랑스의 유명 브랜드 에릭케제르 Eric Kayser 이다. 이 곳은 액체효모를 이용한 전통 수공 제빵 기술로 유명하며,

프랑스 전 대통령이었던 사르코지가 에릭케제르의 단골손님이라고 한다. 호텔 베이커리도 시간만 잘 맞춰 방문하면 여러 가지 혜택이 제공된다. 오전 7시~10시 사이에는 베이커리 이용 고객을 대상으로 샌드위치+우유나 모닝커피를 제공한다. 퇴근길 해피아워 시간에 베이커리를 방문하면 좀 더 저렴한 가격을 제공받을 수 있다.

베이커리에서 만드는 빵들은 기본적으로 당일 생산 당일 폐기가 원칙이다. 당일에 판매되지 않은 빵들은 모두 모아 푸드뱅크에 기부를 한다. 오늘 팔지 못한 빵을 내일 다시 팔 수가 없어 호텔들은 퇴근길 고객을 붙잡곤 하는데 퇴근 무렵에 재고를 저렴하게 할인하여 판매하는 모습을 흔히 볼 수 있다. 이렇듯 베이커리의 마감 시간을 잘 활용하면 내가 좋아하는 양질의 유명 브랜드 빵을 저렴한 가격에 구입할 수 있다. 오늘도 퇴근시간에 어김 없이 베이커리에 진열된 빵을 보며 무거운 발걸음을 뗀다. 그 외 제휴카드 등을 활용하면 할인도 가능하며, 호텔 직원을 활용하는 방법도 있다. 호텔에 근무하는 임직원들은 적게 20~25%까지 할인을 받는 경우가 많기 때문이다.

◆ 실속파라면 해피아워를 이용하라 ◆

얼마 전 직원들과 간단히 맥주 한잔을 위해 P호텔에 간 적이 있다. 호텔에서의 맥주값이 좀 부담되긴 하였지만 오랜만에 호텔 분위기를 느끼기 위해 장소를 물색하여 간 곳이라 나름 기대를 하고 방문하였다. 단정한 유니폼을 입은 직원들과 입구에서부터 들려오는 야외 음악 분위기가 우리를 압도했다. 주문을 받는 직원은 해피아워 시간이라며 "해피아워로 주문을 할까요?"라며 물어왔다. 난 할인 정도를 몰라 요청을 하지 않았지만 직원은 친절하게 행사에 관한 자세히 설명을 해주었다. 그러나 아무런 생각 없이 그냥 주문을 시키고 직원들과 즐거운 시간을 보냈다. 그런데 계산서에는 해피아워로 계산을 해서 영수증이 찍혀 나왔다. 손님이 없는 시간 혹은 호텔의 영업특성상 조금 일찍 혹은 조금 늦게 업장을 찾아가면 이처럼 생각지도 않은 할인을 받을 수가 있다. 영수증을 받아보는 입장에서는 그래도 비용을 아꼈다는 기분에 만족감이 더할 듯하다.

특급 호텔들은 그들의 영업정책에 맞춰 해피아워 시간을 운영하고 있다. 심지어 한국 제일의 호텔이라고 하는 그랜드 하얏트 서울 호텔 및 파크 하얏트 서울 호텔까지 다양한 형태로 해피아워를 운영하고 있다. 그랜드 하얏트 서울에서는 오후 5시 30분부터 7시까지 1+1 해피아워를 운영한다. 시즌별 특전내용은 다르지만 음료 한잔을 무료로 제공한다.

파크 하얏트 서울호텔은 더 팀버하우스에서 오후 6시부터 8시까지 2시간 동안 행사를 진행한다. 혹시라도 간단히 연말모임이나 가족행사를 원할 경우 적극적으로 이용하기를 추천한다. 물론 시원한 생맥주도 무제한 제공한다.

여의도에 있는 콘래드 서울호텔도 37바Bar에서 해피아워를 즐길 수 있다. 37바에서는 다양한 음료 및 주류 등을 할인된 가격에 즐길 수 있다. 이렇듯 호텔들은 시간대에 맞춰 나름의 영업을 진행한다.

던킨 도넛츠:
해피 수요일 기프트 팩 행사

스타벅스 해피아워

 일반 업장뿐만 아니라 베이커리에서도 해피아워를 활용할 수가 있다. 특급 호텔뿐만 아니라 최근에는 일반 패스트푸드점 혹은 스타벅스와 같은 메이저 커피숍에서도 해피아워라는 프로모션 상품을 내걸고 고객을 유인하고 있다. 나는 호텔 근처에 있는 던킨도너츠를 일주일에 한번씩 방문한다. 대부분 방문일은 주중인 수요일이다. 혼자서 시원한 음료를 시키고 직원들에게 줄 도넛츠를 구입한다. 수요일은 던킨에서 기프트 팩 행사를 진행하는 날이다. 6개 1박스를 구매 시 평상시 구매가격의 반값에 판매 행사를 진행한다. 이 밖에도 스타벅스에서도 한시적이지만 해피아워를 진행한다. 각각의 업장에서는 판매가 저조한 시간이나 요일 등을 설정하여 프로모션을 진행한다. 실속 있는 구매자라면 업장의 해피아워를 이용하길 권한다.

◆ 발렛파킹 서비스 valet Parking service 받기 ◆

급한 용무로 부득이하게 자동차를 직접 주차하지 못하고 대리 주차시키는 경우가 있었을 것이다. 특히 운전에 서툰 초보운전자나 여성고객들은 주차에 대한 트라우마가 있어 발렛서비스를 선호한다. 나도 약속 시간이 촉박할 경우에는 누군가가 대신해서 주차를 해주었으면 하는 생각이 간절하다.

TV드라마의 한 장면을 보다 보면 호텔에 들어서는 차들을 안전하게 현관으로 유도하고 고객의 자동차를 주차공간까지 이동시켜 주차를 해주는 호텔리어의 모습을 보았을 것이다. 지하주차장을 꺼려하는 여성고객들이나 바쁜 일정상 주차장까지 자동차를 이동시킬 수 없을 경우에는 발렛서비스만큼 좋은 것이 없다. 이러한 호텔 서비스는 최근에는 병원 및 일반 식당에까지 확대되고 있다.

그렇다면 호텔에서의 발렛서비스를 누구나 받을 수 있을까? 고객이 비용을 지불한다면 당연히 발렛서비스를 제공받을 수가 있다. 그러나 호텔의 발렛서비스는 그 편리성만큼이나 고객의 비용이 수반된다. 그래서 일반인들은 특별한 경우를 제외하고는 서비스 받기를 꺼려한다. 그렇다면 호텔에서 무료로 발렛서비스를 받을 수 있는 방법은 무엇일까?

호텔은 다양한 프로모션을 통해 부가서비스인 발렛서비스를 제공한다. 기본적으로는 호텔에서 발행하는 멤버십에 가입하는 것이 가장 좋다. 호텔은 휘트니스 및 호텔의 레스토랑과 같은 부대업장의 회원가입 유도를 위해 고객에게 발렛파킹과 같은 서비스를 무료로 제공하기도 한다. 호텔과 제휴된 신용카드나 식음업장 연회원권 등을 구입할 때도 발렛서비스를 무료로 받을 수 있다.

♦ 믿고 가는 NCSI 상위등급 호텔 ♦

모처럼 거금을 내고 투숙한 호텔이 기대만큼의 가치를 하지 못하였다면 어떨까? 1년 중 가장 소중한 날을 잡아 이벤트를 진행한 호텔 레스토랑이 기대 이하의 음식을 제공하였다면?

나라면 당장이라도 호텔에 컴플레인을 했을 것이다. 그러나 컴플레인보다 더 실망한 것은 모처럼만에 계획하고 진행한 행사가 호텔의 미흡한 진행으로 망쳐진 것에 대해 고객과 가족이 받은 실망감일 것이다. 그렇다면 고객이 이용하려는 호텔의 수준을 올바로 평가하여 기대 이상의 만족감을 얻을 수 있는 방법은 없을까?

호텔을 평가하는 방법에는 여러 가지 기준이 있다. 그 중에서도 우리나라에서 추천할만한 기준은 NCSI 상위의 호텔들을 이용해 보는 것이다. 그런데 NCSI National Customer Satisfaction index 란 무엇인가?

일반 고객들에게는 이런 용어자체가 낯설게 느껴질 것이다. 그러나 호텔과 같은 서비스 직종에 근무하는 사람들에게는 매년 진행되는 이러한 서비스 평가는 꽤 익숙하다.

NCSI 결과는 1년간의 평가를 거쳐 연말에 업종별 결과를 공개적으로 매스컴에 게재한다. 독자들도 연말에 게재되는 업종별 서비스 평가 순위 기사를 접해보았을 것이다. NCSI 평가는 그만큼 서비스업에서는 공신력 있는 중요한 평가이기 때문에 시즌만 다가오면 전 직원이 온 정성을 이곳에 쏟아 붓는다. 그들은 NCSI 평가 1위를 달성하기 위해 고객들에게 다양한 서비스를 지속적으로 제공하며, 연말에는 매출 달성보다도 오히려 NCSI 1위 달성에 올인할 정도로 전 부서가 초미의 관심을 가지고 좋은 점수를 받기 위해 노력한다.

2015년도의 경우 평가기간은 1년이었으며 이 기간에 우리나라의 73개의 업종, 314개 대학과 기업, 공공기관 등의 고객을 대상으로 만족도 조사를 실시하였다. 이렇듯 오랜 기간 그리고 검증된 객관적인 기관에서 세심한 부분까지 평가하여 객관적인 점수를 발표하게 되는 순위이므로 호텔들은 NCSI에 목을 매는지도 모른다. 호텔을 이용하는 고객이라면 이러한 객관적이고 수치화된 자료에 의해 평가된 상위랭크 호텔을 이용해보는 것도 좋은 방법이다. 당신이 선택한 NCSI 상위 호텔들은 당신을 실망시키지 않을 것이다.

> **NCSI란?**
> 고객이 평가한 제품 및 서비스 만족지수. 국내 최종소비자에게 판매되고 있는 제품 및 서비스 품질을 고객이 직접 사용해보고 평가한 만족수준의 정도를 모델링에 근거하여 측정, 계량한 지표이다. 측정결과는 개별기업(Company level), 산업별(Industry level), 경제부문별(Economic sector level), 그리고 국가(National level) 단위로 발표된다.

호텔의 여러 가지 서비스들

호텔에는 일반인들이 알 수 없는 다양한 서비스가 존재한다. 호텔에 근무하는 나도 국내외 여러 호텔을 다니다 보면 한번도 경험하지 못한 서비스를 접해 볼 때가 있다. 이렇듯 호텔 서비스의 종류는 국가별 지역별 계절별로 다양하다. 우리나라에도 서울과 지방 호텔 간의 서비스에도 차이가 있다. 도심의 호텔들은 단순한 객실만을 제공하는 반면, 지방의 호텔들은 그 지방의 컨셉트에 맞는 특화된 서비스를 제공하기도 한다.

세일즈 현장^{필드}에서 영업을 하며 호텔 패키지 상품을 구성할 때의 일이다. 유난히 케이크를 좋아하는 일본의 젊은 OL^{Office Lady}들을 위해 한국의 유명 영화배우가 좋아하던 피스케이크 상품을 구성한 적이 있다. 호텔 투숙고객에게 조그마한 피스케이크를 제공하는 상품이었으나 아쉽게도 새롭게 구성된 상품의 판매 결과는 기대 이하의 실망스러운 실적을 보였다. 이렇듯 호텔들은 자신들이 가지고 있는 여러 업장 및 시설을 이용하여 고객들을 위해 다양한 상품과 서비스를 제공하려 노력한다. 호텔에서 기본적으로 제공하는 몇 가지 서비스만 알아도 여행객들은 세계 어느 호텔을 이용하더라도 좀 더 여유롭고 편리한 여행을 즐길 수가 있을 것이다. 다음은 호텔의 여러 가지 서비스들을 소개하고 있으니 참고하기 바란다.

◆ 모닝콜 서비스 Morning Call Service ◆

일반 직장인이라면 누구나 아침 일찍 일어나는 것을 부담스러워 한다. 연신 울려대는 알람을 끄고 또 끄는 일을 매일 아침마다 반복하곤 한다. 이러한 아침전쟁은 가정주부에서 학생에 이르기까지 모두에게 여간 힘든 일이 아니다.

한때 사회적으로 '아침형 인간'이란 유행어가 생겨날 정도로 아침에 일찍 일어나 활동하는 사람들을 좋게 평가했다. 아침형 인간은 두뇌회전이 빠르고 집중력이 높은 엘리트로 평가되기도 하였다. 지금이야 시끄럽게 울려대는 휴대폰 알람을 끄기 바쁘지만 나도 아침 일찍 일어나 출근하는 습관 덕분에 회사에서는 아침형 인간이란 말을 듣기도 하였다. 그러나 아무리 아침 일찍 일어나는 아침형 인간이라도 출장지에서의 아침은 부담스럽다. 이럴 때 고객은 아침에 중요한 일이나 급한 용무가 있어 반드시 일어나야 할 경우 교환이나 프런트를 통해 모닝콜을 요청할 수 있다. 자신의 이름과 객실번호 원하는 시간을 미리 말하고 이튿날 아침 들려오는 전화를 받기만 하면 된다.

그 외에도 객실 침대 곁에 설치된 알람을 이용할 수도 있다. 최근에는 디지털화 되어 프런트 직원이 고객에게 전화를 하는 번거로움이 거의 사라졌지만 예전에는 손님이 요청하면 일일이 객실로 요청한 시간에 전화를 걸어 깨웠던 시절도 있었다. 내일 있을 당신의 중요한 비즈니스 회의나 여행 일정에 늦지 않기 위해서라도 객실 알람을 맞추거나 프런트 직원에게 모닝콜 서비스를 요청해보라.

◆ 짐 보관 서비스 Luggage Storage Services ◆

한번은 서울의 W호텔을 방문했을 때의 일이다. 손님과의 미팅을 위해 로비 앞에서 기다리고 있을 때 나이가 지긋하신 어느 어르신께서 내게로 와 택시를 잡아달라는 부탁을 하셨다. 조금 어리둥절한 표정을 짓고 있는 나를 본 어르신은 곧 상황을 파악하고 나서 멋쩍은 표정으로 자리를 피하셨다. 또 몇 분 뒤 20대의 젊은 외국인이 내게로 다가와 자신의 캐리어를 잠시 맡겨달라는 요청을 하였다. 그러자 옆에 있던 호텔 직원이 재빨리 고객을 안내하여 주었다.

다른 호텔에서의 어이 없는 에피소드였지만 내가 어디서든 고객들에게 호텔리어로 보여졌다는 것에 대해 그리 기분이 나쁘지만은 않았다. 외국의 젊은 투숙객처럼 고객은 호텔 어디에서나 다양한 서비스를 요청한다. 고객은 호텔투숙 중 혹은 체크아웃 전 자신의 짐을 잠시 맡겨두는 서비스를 받을 수 있다. 고객은 체크아웃 후 자신의 무거운 짐을 들고 이동하는 번거로움을 피할 수 있다. 단지 벨데스크나 컨시어지에 가서 자신의 가방을 맡기기만 하면 된다. 단, 짐을 맡긴 후에는 꼭 보관증을 받아야 한다. 최근 오픈한 비즈니스호텔들은 이러한 짐 보관 서비스를 없애고 고객이 직접 짐을 보관할 수 있도록 호텔에 짐 보관 코인박스를 설치해 놓기도 한다.

◆ **짐 운반 서비스** Porterage Service ◆

벨맨을 통해 무거운 짐을 객실이나 로비로 이동 요청할 수 있다. 최근에는 중국에서 많은 관광객들이 한국을 찾아오고 있다. 이들은 입국할 때는 비교적 가볍게 오지만 출국할 때는 많은 선물을 구매해 간다. 물론 짐은 자신이 입국할 때보다도 몇 배로 늘어난다. 호텔에서는 자신의 무거운 짐과 씨름을 할 필요가 없다. 단지 벨이나 컨시어지에 전화를 걸어 운반을 요청하기만 하면 된다.

◆ **픽업 센딩 서비스** Pick up Sending Service ◆

고객은 미리 호텔에 요청 시 호텔부터 공항 혹은 공항에서 호텔까지 전용리무진으로 픽업 혹은 센딩 서비스를 받을 수 있다. 물론 이동에 필요한 비용은 고객에게 청구

된다. 초행인 해외의 공항에서 도심 호텔까지의 이동에 있어 복잡한 교통수단을 이용해야 하거나 혹 짐이 많아 일반 리무진버스나 대중 교통을 이용하기가 불편하다면 미리 호텔에 픽업 센딩 서비스를 요청할 수 있다.

◆ 환전 서비스 Money Exchange Service ◆

해외 여행 시 사전에 현금을 환전해 가야만 현지에서 물건 및 기타 비용을 계산하기가 편리하다. 보통은 출국 전에 은행이나 환전소, 혹은 공항환전소 등에서 환전해 가지만 상황이 여의치 않을 경우 호텔에서도 환전을 할 수가 있다. 다만 일반 은행이나 환전소보다는 다소 비싼 환율을 적용 받는다. 일반적으로 당일 은행에서 공시한 환율의 5% 정도를 호텔에서 Up 하여 환전업무를 한다. 내국인도 투숙객일 경우 자신이 가지고 있는 외환에 대해서 환전 서비스를 받을 수 있다.

◆ 현금 대여 서비스 Cash advance or Paid out ◆

호텔에는 일반인들에게 익숙치 않은 숨겨진 서비스가 있다. 바로 현금 대여 서비스인 캐쉬 어드밴스 서비스 혹은 페이드 아웃 서비스이다. 원래 뜻은 신용카드를 이용한 현금 선지급 서비스이다. 호텔을 자주 이용하는 사람들도 이러한 서비스가 있는지조차 모르는 사람이 대부분일 것이다. 이 서비스는 카드를 담보로 하여 고객이 소정의 현금을 빌릴 수 있는 서비스이다. 물론 카드를 개런티 하지 않아도 현금을 빌릴 수가 있다. 신용카드를 개런티 해서 5%의 수수료를 받고 호텔에서 현금을 대체해 빌려주는 서비스이다. 특히 국내보다는 해외에서 급히 현금이 필요할 때 요긴하게 서비스를 활용할 수가 있다.

택시를 타고 호텔로 이동 시 현금이 없고 당장 카드로 지급하기 어려운 상황에 호텔에 요청하고, 소액의 현금을 대체하여 받을 수 있다. 1인당 혹은 1회 서비스를 받을 수 있는 한도가 정해져 있으며 수수료는 거의 대부분의 호텔에서 5% 정도로 비슷하다.

◆ 발렛파킹 서비스 Valet Parking Service ◆

호텔을 방문하는 고객의 차를 손님을 대신하여 주차를 해주는 서비스를 발렛파킹 서비스라고 한다. 요즘 웬만한 음식점들도 모두 이 서비스를 제공하고 있다. 그만큼 업종간 경쟁이 심화되어 이젠 발렛파킹 자체가 필수 서비스가 되었다. 발렛 서비스는 이미 오래 전부터 호텔에서 제공하는 서비스였다.

호텔 업장을 방문하는 고객을 위해서 호텔에서 제공하는 서비스의 일종으로 고객은 주차장까지 가지 않고 업장으로 직접 이동할 수 있어 편리하다. 이러한 서비스는 백화점에서도 제공하는데, 각 카드사들도 앞다투어 호텔, 백화점과 제휴한 카드를 발급하면서 무료 발렛 서비스를 제공하는 프로모션을 진행하였다. 회원의 등급에 따라 연간 무제한 발렛 서비스를 받을 수 있으며, 회당 최소비용을 제공하는 서비스를 제공하고 있다. 서울 시내 특급 호텔은 회원이 아닌 경우 발렛당 별도의 비용을 청구한다. 최근에는 발렛 서비스 전문업체가 생겨나 호텔과 백화점 혹은 식당을 대상으로 외주계약을 맺고 운영하기도 한다.

◆ 드라이 클리닝 세탁 서비스 Laundry Service ◆

출장이나 장기투숙고객에게 절대적으로 필요한 서비스이다. 객실마다 다리미와 다리미판이 준비되어 간단히 프레싱을 직접 할 수가 있는 호텔도 더러 있지만 더러워진 양복을 직접 세탁할 수가 없을 경우에는 호텔에 양복 및 기타 옷을 맡겨 세탁을 요청하면 된다. 다만 급하게 세탁을 요청할 경우에는 호텔마다 차이가 있지만 급행서비스 차지가 추가로 가산되기 때문에 맡기기 전에 미리 비용을 문의하는 편이 좋다.

◆ 다림질 서비스 Pressing Service ◆

주의해야 할 점은 프레싱 서비스와 세탁 서비스는 구분된다. 세탁 서비스를 요청할 시에는 프레싱 서비스를 함께 받을 수 있지만 단순히 프레싱 서비스만을 요청 시에는 세탁 서비스는 제공하지 않는다. 옷에 구김이 갈 경우 요청하는 편이 좋다. 비용을 아끼려면 호텔에 구비된 다리미와 다리미판을 요청하여 사용하는 것도 좋은 방법이다.

◆ 우산 대여 서비스 Umbrella Rental Service ◆

출장준비로 짐을 챙기다 보면 필요 없는 물건들까지 챙길 때가 많고 하나 둘씩 더해지는 짐 때문에 정작 챙겨야 할 물건들을 잊고 꾸릴 때가 있다. 한국 날씨와 달리 외국의 날씨는 변화무쌍하다. 우천 시를 대비해 꼭 챙겨야 할 우산을 준비하지 못하고 예기치 못했던 비를 맞게 되면 어떻게 할까?

돈이 아깝기는 해도 필요 없는 우산을 현지 편의점에서 구입해야 한다. 웬만한 수준의 호텔이라면 고객들에게 서비스 차원에서 제공하려고 우산을 준비하고 있다. 우천 시에는 벨과 컨시어지 직원들에게 우산 렌탈을 요청해 보라. 직원들은 당신을 위해 항시 우산을 준비하고 있다. 물론 별도의 비용은 들지 않지만 우산의 분실을 위해 일정한 현금을 보관용으로 요청할 수도 있다.

◆ 룸 서비스 Room Service ◆

호텔에서 조금이라도 호사스런 (?) 분위기와 편안함을 누리고 싶다면 한번 정도는 룸 서비스를 주문해보는 것도 여유로운 일이다. 룸 서비스는 호텔 객실에서 고객이 음식이나 음료를 주문하여 제공받는 서비스이다. 고객은 호텔에서 정해진 음식이나 음료를 주문할 수 있으며 호텔의 직원은 고객이 주문한 음식을 객실까지 제공한다. 단, 통상적으로 호텔 레스토랑에서 제공하는 식사보다는 10% 이상의 비용을 더 지불해야 한다. 룸 서비스가 가능한 시간은 호텔별로 상이하나 보통의 호텔에서는 24시간 운영을 하기 때문에 고객이 원하는 시간이면 언제든 가능하다.

◆ 셔틀버스 서비스 Shuttle Bus Service ◆

시내를 다니다 보면 호텔마다 로고를 크게 새기고 달리는 세련된 호텔버스를 이따끔씩 볼 수 있다. 특히 자신이 투숙하고 있는 호텔의 셔틀버스가 지나가면 왠지 친근함 마저 느끼게 된다. 이제는 호텔에서 고객을 위해 무료로 운행하는 시내 셔틀버스는 기본적인 서비스가 되었다. 외지에서 온 초행인 여행객들에게 호텔의 셔틀버스는 이동에 있어 쉽고 편리한 서비스이다. 셔틀은 호텔 주위의 관광지 및 공공교통시설을 이용할 수 있도록 지하철역이나 기차역까지 운행 스케줄을 만들어 고객들에게

편의를 제공한다. 대부분의 호텔셔틀은 무료로 이용할 수 있다. 비즈니스를 끝내고 잠시 시간적 여유가 있다면 호텔에서 제공하는 무료 셔틀버스를 이용하여 시내관광을 즐겨보길 바란다. 코스는 호텔에서 고객들이 가장 선호하는 장소를 선별하여 1시간 정도의 코스로 구성하고 있다.

◆ 무료 음료 제공 서비스 Welcome Drink Service ◆

최근에는 대부분의 호텔들이 무료 음료 서비스를 제공한다. 1일 1병의 무료 생수를 이용할 수가 있다. 객실에는 투숙 인원당 1병씩 셋팅되는 것이 기본이지만 고객 요청 시 호텔은 추가비용 없이 무료로 물을 제공해 주기도 한다.

◆ 출근 택시 서비스 Morning taxi Service ◆

가까운 거리에 있는 기업체 고객을 호텔로 유치하기 위하여 호텔에서부터 거래처까지 출근 시간대에 택시를 무료로 제공하는 서비스를 말한다. 대부분 연간 사용실적 및 향후 발생 가능한 물량규모에 따라 대상을 선정하여 제공한다. 비용은 호텔에서 고객 서비스 차원에서 제공한다. 이 서비스는 비용이 드는 만큼 모든 호텔에서 제공하는 서비스는 아니다.

◆ 모바일 렌탈 서비스 Mobile Rental Service ◆

몇 년전까지만 해도 해외출장이나 여행을 다닐 때 불편함을 느꼈던 것이 있었다면 바로 휴대폰 로밍 문제였다. 출장을 자주 다니는 비즈니스맨들에게 국제전화 로밍은 여간 고달픈 문제가 아니었다. 출장 중에 한국으로부터 걸려오는 전화를 받기도 힘들고 설령 받더라도 한국에 돌아가서 나오게 될 요금폭탄으로 통화 자체를 망설였던 시절도 있었으니까. 지금이야 와이파이를 이용한 무료 음성통화 서비스 등 각 통신사에서 제공하는 여러 가지 서비스를 잘 이용하면 국제통화도 시내요금처럼 저렴하게 사용할 수가 있다.

약 20년 전 일본으로 출장을 갔을 때의 일이다. 비용을 아끼기 위해 한국에서 사용하던 전화는 일시 정지시키고 일본에 있는 지인에게 전화를 빌려 사용했던 적이 있었다. 한국보다 렌탈서비스가 발달했던 일본에서 일정 기간 동안 전화기를 빌려 현지 요금으로 전화를 사용하였다. 1년에 수차례 해외 출장을 다녀야 하는 내게는 더없이 편리하고 비용도 저렴한 서비스였다. 지금이야 거의 대부분의 사람들이 자신의 휴대폰을 로밍하여 해외 여행이나 출장을 다니고 있지만 아직도 일부 고객 중에는 호텔에서 휴대폰 렌탈을 원하는 경우도 있다. 이때는 호텔에 설치된 휴대폰을 사용하면 비교적 저렴하게 이용할 수 있다. 그러나 투숙호텔에 모바일 렌탈이 가능한지는 해당 호텔에 확인해야 한다.

◆ 펫 프렌들리 서비스 Pet friendly Service ◆

자신의 반려동물과 함께 호텔객실에 투숙할 수 있는 서비스로 객실 내 투숙이 어려울 경우 호텔에서 제공하는 별도의 공간에 맡겨 케어할 수 있도록 한다. 모든 호텔에서 이러한 서비스를 제공하지는 않지만 호텔별로 반려동물을 데리고 숙박할 수 있는 객실이 한정되어 있으므로 이용하기 전에 반드시 호텔에 펫 프렌들리 서비스를 알아보고 요청하길 바란다.

◆ 자녀 돌봄 서비스 Baby Sitter ◆

내게는 고등학생과 중학생 딸이 있다. 지금은 다 컸다고 부모와 함께 여행 다니기를 꺼려하지만 아이들이 어렸을 땐 아빠 껌이라는 별명이 붙을 정도로 한시도 내곁을 떠나길 싫어했다. 그러나 이제는 자신도 어린아이가 아니라며 부모보다는 친구들과 함께하는 것을 더 좋아한다.

덕분에 주말저녁이면 가끔씩 와이프와 단둘이 심야영화를 보러

갈때도 있다. 불과 몇 년 전만해도 아이들이 너무 어려서 엄두를 낼 수도 없는 일이었다. 이제 초등학교에 다니는 아이를 둔 친구들은 벌써 자식을 다 키워서 좋겠다며 나를 부러워한다. 지금이야 편하게 둘만의 시간을 가질 수 있지만 아이들이 어렸을 때는 아이를 맡길 데가 없어 와이프와 여유 있는 식사나 쇼핑시간을 갖기가 쉽지 않았다. 아마 호텔을 이용하는 고객들도 나처럼 호텔에서 식사를 한다거나 잠시 호텔의 부대시설을 이용하는 경우 아이를 돌봐주는 서비스의 필요성을 느꼈을 때가 분명 있었을 것이다. 물론 급박한 상황을 제외하고는 일반 부모들이 자신의 아이를 다른 사람에게 맡긴다는 것은 우리나라 정서상 맞지 않지만 이 서비스를 필요로 하는 고객들을 위해 호텔은 자녀 돌봄 서비스를 제공하고 있다. 이때 고객은 서비스를 이용시 시간당 별도의 요금을 지불해야 하며 서비스 이용시간이 제한되어 있으므로 사전에 가능한 시간대를 확인하고 이용하는 것이 좋다.

◆ 익스프레스 체크인 서비스 Express check in, check out ◆

피곤에 지친 몸으로 번잡한 로비에서 다른 고객들과 뒤섞여 체크인 수속을 밟는다면 얼마나 번거로울까? 누구나 자신은 남과 다른 차별화된 서비스를 받길 원한다. 시간이 걸리는 체크인 수속이 아닌 호텔의 매니저급 지배인이 미리 만들어준 키를 받고 바로 객실로 이동한다면…

내가 H호텔 근무시절, 해외 출장 중 총지배인과 함께 호텔에 투숙할 기회가 있었다. 물론 투숙호텔은 같은 체인 호텔의 럭셔리 브랜드 호텔이었다. 당시 나는 시니어급의 세일즈 지배인이었다. 첫날 여장을 풀기 위해 공항에서 호텔로 직행해 체크인 수속을 하였다. 일상적인 체크인을 위해 로비로 가서 이름을 말하는 동안 인차지 지배인이 밖으로 나와 로비 소파에서 별도의 수속을 해 주었다. 처음 접한 Express check in 이었다. 체크인에 걸린 시간은 단 몇 초.

단지 사인 하나로 나와 총지배인은 체크인 수속을 마칠 수 있었다. 지금 생각하면 그것이 바로 Express check in service 였지만 당시에는 이를 알지 못하였다. 이는 호텔 VIP 고객을 대상으로 진행하는 서비스로 일반 고객들이 체크인 체크아웃 시 진행하는 절차를 간소화하여 수속을 바로 마칠 수 있도록 한다. 이 서비스는 호텔 로비뿐만 아니라 공항에 내려서 호텔로 이동하는 리무진 안에서도 한번에 진행할 수 있다. 간단한 체크인 관련내용은 호텔까지 들어오는 호텔전용 리무진에서 마친 후 프런트에서 별도 체크인 없이 바로 객실로 올라갈 수 있다. 신분이 보장된 고객, 호텔이 지정한 레벨별 등급 고객을 대상으로 개런티 없이 호텔을 이용할 수 있는 서비스이다.

◆ 페이징 서비스 Paging Service ◆

고객 호출 서비스, 지금은 거의 제공하지 않는 서비스이지만 불과 몇 년 전까지만 해도 호텔로비에서 흔히 접할 수 있던 서비스가 페이징 서비스이다. 호텔의 벨맨 혹은 컨시어지 직원이 제공하는 서비스로 로비에서 진행된다. 호텔의 내부 고객으로부터의 요청이나 외부로부터 고객을 찾아달라는 문의가 왔을 때 호텔은 이 서비스를 제공해 준다.

◆ 컨시어지 서비스 Concierge Service ◆

컨시어지 서비스는 고객이 호텔 투숙 중에 고객에게 다양한 서비스를 제공한다. 가령, 고객이 원할 경우에 차량의 예약이나 연극, 오페라, 비행기 좌석, 레스토랑, 관광지 설명 등을 사전에 예매해주거나 다양한 정보를 고객들에게 제공해 준다. 컨시어지는 언제든 고객에게 개방되어 있으며 고객이 필요한 사항은 언제든지 요청해도 된다.

◆ 무료 인터넷 서비스 Free Internt Service ◆

몇 년 전만해도 호텔로비에는 항상 무료 와이파이를 이용하려는 고객들로 넘쳐났다. 지금은 대부분의 호텔에서 무료로 제공되고 있는 인터넷 서비스이지만 불과 수

년 전까지만 해도 호텔에서 인터넷을 이용하려면 당일 일정비용을 지불하고 인터넷을 이용할 수가 있었다. 그것도 객실 내에 있는 무선과 유선랜을 이용해야 하는 제약도 있었다. 그러나 지금은 한국의 거의 모든 호텔에서 고객들에게 무료로 인터넷 서비스를 제공하고 있다. 그러나 아직 일부 지방호텔들은 이러한 시설이 완비되지 않아 공용구역에서만 인터넷 무료 서비스를 이용해야 하는 곳도 있다.

◆ 턴다운 서비스 Turn Down Service ◆

기본 clean service 외에 고객이 잠자리에 들기 전 편안한 잠자리에 들 수 있도록 간단한 침구류나 어메니티를 다시 한번 셋팅하여 주는 서비스를 말한다. 청소가 된 객실이었는데 외출 후 돌아와 보니 재정비된듯한 느낌을 받았다면 턴다운 서비스를 받은 것이다. 일상 진행하는 clean 서비스와 턴다운 서비스는 구분된다. 일반적인 호텔에서는 매일 기본적인 객실정비를 해주는 것 외에는 부수적으로 추가 클린 서비스를 제공하지는 않는다. 그러나 도심 속 비즈니스호텔이 아닌 리조트형 호텔에서는 대부분 턴다운 서비스를 제공하고 있다. 한국에서도 대부분의 특급 호텔(5성급)에서는 턴다운 서비스를 제공한다. 물론 비용은 무료다.

◆ 우편물 배송 서비스 Courier Service ◆

고객이 호텔에서 우편물을^{EMS, DHL} 보내고 싶을 때 컨시어지에 요청하면 호텔에서는 우편물을 발송해 준다. 시간이 없거나 우편물을 보내기가 힘든 상황이라며 직원들에게 도움을 요청하는 것도 좋은 방법이다. 비용은 고객이 별도 지불한다. 또한 우편물 비용 외에 핸들링 차지가 별도로 부과될 수 있으며 비용은 호텔마다 차이가 있다.

◆ 휠체어 서비스 Wheelchair Rental Service ◆

호텔마다 몸이 불편한 고객을 위한 객실 및 시설을 보유하고 있다. 고객은 필요시 사전에 핸디캡 전용 객실을 요청할 수 있으며 휠체어 대여를 무료로 제공받을 수도 있다. 호텔마다 보유시설이 한정되어 있어 사전예약은 필수이다.

◆ 집사 서비스 Butler Service ◆

일명 '버틀러 서비스'라고도 한다. 버틀러 서비스를 일반용어로 풀어 쓴다면 집사 서비스이다. 고객의 사소한 모든 일들을 도맡아 주는 서비스로 호텔 직원이 1대 1로 고객을 전담하여 서비스를 제공하여 준다. 일반 호텔에서는 이러한 특화된 서비스를 제공할 수는 없으며 럭셔리 호텔에서도 일부의 고객에게만 제공이 가능하다. 한국에서는 아직까지 제대로 된 버틀러 서비스를 제공하는 호텔은 없다.

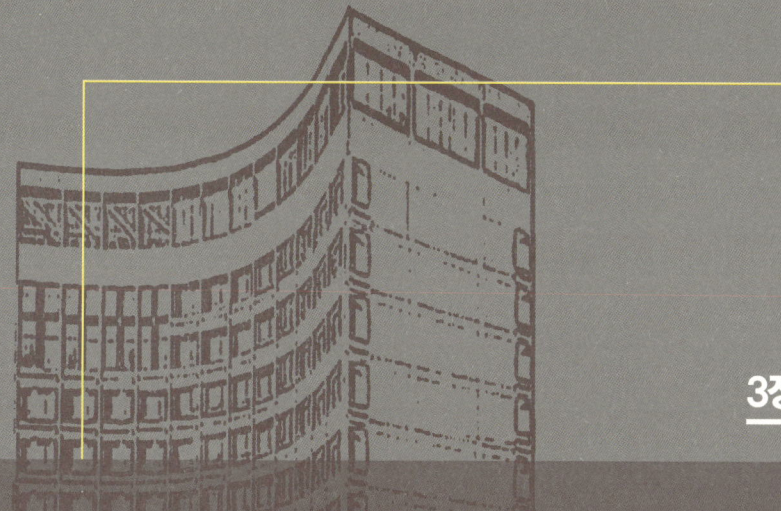

3장

실속 있는
호텔 사용법

케이스 1

K건설의 이과장은 회사에서 진행하는 해외 신규 프로젝트에 합류하였다. 매일 이어지는 야근에 지쳐 동료들과 간단히 스트레스도 풀 겸 회사 앞 호프집에서 술 한잔을 하였다.

"이과장님, 이번 프로젝트 기한이 얼마 남지 않았는데 진전이 없어 어떡하죠?"

마감이 얼마 남지 않아 동료들과 이런 저런 고민을 털어놓고 이야기 하던 중 이과장은 시계를 힐끗 쳐다보았다. 시간은 어느덧 자정을 넘어 대중교통 이용시간도 훌쩍 넘기고 말았다. 시 외곽에 사는 이과장은 다음 날 새벽 일찍 출근해야 하는 것이 부담스러워 시청에 있는 P호텔에 예약도 없이 방문하였다. 주중이라 객실가격이 저렴할 듯하여 프런트에서 객실을 요청하였지만 키를 받아 든 이과장은 키를 건네 준 직원을 앞에 두고 머뭇머뭇 한참을 생각하며 주위의 다른 사람들 눈치를 보며 어물쩡거렸다. 프런트에서 제공한 객실요금이 자신이 생각했던 것 이상으로 비쌌기 때문이다. 요금에 대해 물어보는 것이 자존심도 상하고 창피할 것 같아 그는 재빨리 키를 받아들고 객실로 올라가 씻지도 않고 침대에 몸을 던진다.

이튿날 이과장은 회사 앞 편의점에서 샌드위치와 우유로 아침을 대신했고 점심은 회사 선배에게 부탁하여 식사자리에 곁다리로 껴서 점심값을 아꼈다.

케이스 2

H무역의 김과장은 자신의 팀으로 떨어진 신년 사업보고서 작성 때문에 늦게까지 팀원들과 철야 작업을 진행하고 있었다. 팀장으로부터 아침에 들은 꾸지람에 기분도 언짢았던 탓에 그는 같은 신규사업팀의 선후배들과 야근을 하다 회사 앞 식당에서 간단히 저녁을 마치고 2차로 술 한잔을 하였다. 동료들과 술을 마시다가 자정을 넘긴 김과장은 대중교통 이용시간을 넘기고 말았다. 한동안 고민하던 그는 집으로 가지 않고 회사 근처의 P호텔에서 숙박하기로 하였다. 다행히 회사 앞에는 H무역을 방문하러 출장 오는 비즈니스 바이어들이 자주 투숙하는 호텔이 있어 호텔이 그리 낯설지만은 않았다. 가끔씩 바이어들이 부탁을 하면 김과장은 바이어들의 숙소도 저렴하게 직접 잡아주기도 하였다.

그는 갑자기 휴대폰을 꺼내 들고 자신의 휴대폰 화면에 저장한 어플을 만지작거린 후 호텔 프런트로 당당히 걸어 들어 갔다. "김○○입니다. 예약번호는 ○○입니다." 하고 프런트에 자신의 휴대폰에 찍힌 예약번호를 보여주었다. 프런트 직원은 간단히 예약을 확인한 후 그에게 객실 키를 내어주고 다음 날 사용할 조식권까지 키 홀더에 넣어주었다. 김과장은 이튿날 호텔에서 여유 있는 아침식사를 마친 후 사무실로 가볍게 출근하였다.

김과장이 전날 호텔이용 시 지불한 객실 금액도 상당했을 텐데 어떻게 여유 있는 조식까지 한 것일까?

K건설의 이과장과 H무역의 김과장의 호텔 이용 방법에는 어떠한 차이가 있었을까? 한 사람은 비용을 절약하기 위해 다음 날 편의점의 값싼 샌드위치로 아침을 대신하고, 한 사람은 여유 있게 호텔 조식으로 아침을 해결하였다. 두 과장의 호텔 이용법에는 분명히 차이가 있었다.

먼저, K건설의 이과장은 당일 프런트에 직접 찾아가 예약을 하였고, H무역의 김과장은 최근 예약 트렌드인 모바일 앱을 이용하여 예약을 진행하였다. K건설의 이과장은 호텔에서 제시한 가장 비싼 요금인 Walk-in 요금으로 호텔을 이용하였으나, 반대로 H무역의 김과장은 당일 호텔에서 제공하는 가장 저렴한 요금을 받아 판매하는 모바일 당일 판매 예약사이트를 이용하였다.

그렇다면 동일한 요일, 동일한 호텔을 이용하였는데 왜 이러한 객실요금에 차이가 발생하였을까?

호텔요금은 같은 객실이더라도 시간에 따라 하루에도 수 없이 요금이 변동된다. 예약실에서는 당일 객실판매율(가동률)에 따라 요금을 변경시킨다. 편의점이나 마트에서 사는 공산품처럼 오늘 사는 물건의 가격이 내일도 모레도 동일하게 판매되지는 않는다. 호텔의 객실요금은 오늘도 변하고 내일도 모레도 변하기 때문에 흐르는 물과 같다고 생각하면 된다. 또한 수많은 거래처에 다양한 요금을 제공하기 때문에 어느 루트를 통해 예약을 하느냐에 따라 요금의 차이가 발생한다.

호텔을 이용하는 고객의 유형도 다양하다. 호텔을 자주 이용해 본 경험이 없는 보통의 고

Walk-in
사전에 호텔을 예약하지 않고 호텔로 직접 찾아가 현장에서 예약을 하는 고객

객은 호텔 전화번호를 찾아 직접 예약실로 전화를 걸어 궁금한 사항을 이것저것 물어보고 예약을 진행한다. 예약실 직원과의 자세한 대화로 충분한 설명을 들었지만 당신은 너무 많은 시간을 허비하게 되었다. 반대로 호텔을 자주 이용해 본 경험이 있는 고객은 최근의 트렌드인 호텔 예약사이트를 이용하여 간단하게 예약을 마친다. 물론 가격은 당일 가장 저렴한 요금을 제공받았다.

이번 장에서는 고객들이 호텔 객실을 편리하고 실속있게 이용할 수 있는 방법에 대해 설명하고자 한다.

객실 예약의 테크닉

호텔 이용법 3-01

◆ 온라인 업체 OTA:Online Travel Agency 활용하기 ◆

　최근 호텔 예약 방법의 대세는 OTA Online Travel Agency이다. P호텔을 가장 저렴하게 이용한 H무역의 김과장도 결국에는 온라인 업체의 모바일 앱App을 활용한 것이다.

　얼마 전 산행을 위해 와이프는 고가의 등산복을 구입하였다. 백화점에서 판매되는 옷 가격에 나는 자못 놀라지 않을 수 없었다. 그러나 실제로 구입한 옷은 온라인을 통해 저렴하게 구입을 하였다. 와이프가 고른 등산복은 백화점에서 구입 시 수십만 원을 웃도는 고가의 물건이었다. 방풍, 방수, 방온, 방습, 초경량섬유 사용 및 심지어 썬블럭 기능까지 일반인이 에베레스트 등반을 해도 문제가 없을 정도의 그야말로 최고의 기능성을 자랑한다는 제품이었다. 그러나 이러한 꿈의 소재를 가지고 만든 옷이 온라인 쇼핑몰을 통해 구입 시 백화점 판매가격의 50%의 저렴한 가격에 판매되었다. 구매한 물건이 백화점의 값비싼 고가의 등산복과 동일한 물건인지 여부는 전문가가 아닌 이상 구별하기는 힘들지만 색상과 디자인만큼은 만족스러웠다. 이렇듯 최근의 구매 트렌드는 오프라인 마켓에서 온라인 마켓으로 변해가고 있으며 고객들은 편리한 온라인 업체를 통해 밖에 나가지 않더라도 집에서 손쉽게, 뭐든지 구입을 할 수 있는 시대로 바뀌었다. 이제는 집에서 쓰는 가정용품도 가족의 식탁에 올라오는 반찬조차도 온라인 쇼핑몰을 이용하여 구매를 하는 시대가 되었다.

호텔이나 여행업계도 변화하고 있다.

내가 사회초년병 시절에 해외 여행을 가려면 반드시 오프라인 여행사를 통해야 했다. 항공 및 호텔, 그리고 여권 및 비자까지 모든 업무를 여행사에서 일괄 처리해주었기 때문에 여행을 가려면 반드시 오프라인 여행사를 거쳐야만 갈 수가 있었다.

이러한 이유로 그 당시에는 누군가 롯데관광, 한진관광 등 한때 유명했던 대형 여행사에 다니는 것만으로도 친구들로부터 부러움의 대상이 되기도 하였다. 그러나 인터넷이 발달하고 일반인들에게도 다양한 여행 정보가 공유됨에 따라 지금 오프라인 여행사는 온라인 여행사에 밀려 그 명맥만을 유지하고 있다.

호텔이용의 경우도 10년 전만 해도 일반인들이 호텔을 이용할 수 있는 방법은 여행사를 통하거나 고객이 직접 호텔로 전화를 걸어 예약을 하는 방법이 고작이었다. 지금은 누구나 집에서도 자신이 가지고 있는 데스크 탑 PC를 이용하거나 자신의 모바일을 이용해 손쉽게 클릭만 하면 원하는 호텔을 쉽고 간편하게 예약할 수가 있다. 이렇듯 호텔을 이용하는 방법이 불과 몇 년 전과 비교해도 빠른 속도로 변화하였다.

호텔에 근무하는 나조차도 어느 순간 바뀐 이러한 변화에 어리둥절할 때가 있다. 수많은 모바일 앱을 통해 그날의 최저가 요금을 제시한 여러 호텔 중 고객은 그저 가격과 시설, 위치가 마음에 드는 호텔을 정하여 클릭만 하면 된다. 고객은 다양한 온라인 업체와 모바일 업체를 이용하여 호텔을 예약할 수 있다. 그리고 우리 앞에는 수많은 온라인 업체가 자신들의 사이트를 방문해 주길 간절히 원하고 있으며, 그들은 차별화된 상품을 실시간으로 판매하려 노력하면서 고객들을 호텔과 좀 더 친숙하고 빠르게 연결해주는 중매인 역할을 해주고 있다.

국내에서 영업하고 있는 온라인 업체는 그 숫자를 파악하기 힘들 징도로 많다. 이들은 호텔을 대신하여 상품을 구성하고 판매하며 일정한 판매 수수료를 호텔로부터 지급받는다. 호텔은 객실을 파는 영업사원과 같은 그들의 협력자, 즉 상품 판매를 위한 중간상, 대리인인 온라인 OTA: Online Travel Agent 업체를 활용한다. 미국의 마케팅 최고 권위자인 필립 코틀러는 그의 저서 『미래의 마케팅』에서 이들의 모든 행위를, 즉 업무환경에서 기업을 운영하고 소비자 관련 목표를 성취하는데 도움을 주는 모든 행위를 협력자라고 하였다. 이들은 중간상인, 즉 분배업자, 딜러, 대리인, 중개인은 상품을 재판매 하는 일을 하며, 상품을 고객들에게 소개해주고 그 대가로 일정금액의 판매 수수료를 받게 된다. 또한 객실이나 레스토랑 예약이 않되는 어려운 시즌이나 연휴기간에도 호텔과의 계약을 통해 자신들만이 판매할 수 있는 블록을 가지고 일반 소비자들에게 자유롭게 판매하기도 한다. 그 외 연중 혹은 월별 계약을 통해 일정한 객실 블록과 특별 요금을 받아 고객들에게 재판매할 수 있다. 그렇다면 호텔의 객실 및 업장을 판매하는 온라인 업체^{협력자}에는 어떤 곳이 있을까? 대표적인 국내외 온라인 사이트는 다음과 같다.

> **객실 블록**
> 자유롭게 판매할 수 있도록 호텔에서 제공하는 객실

국내의 주요 온라인 업체

호텔엔조이	http://www.hotelnjoy.com
호텔조인	http://www.hoteljoin.com
인터파크	http://www.interpark.com
웹 투어, 오마이호텔, 호텔패스	

호텔엔조이 호텔엔조이는 한국을 대표하는 국내 온라인 업체이다. 전체 100만 회원 수를 보유하고 있으며, PC와 모바일을 통한 영업활동을 한다. 호텔엔조이를 방문하는 고객은 하루 약 20만 명에 달한다. 호텔엔조이는 2012 여수세계박람회 및 2013 순천만 국제정원박람회의 공식적인 숙박예약 서비스 업체로서 정부기관과의 단독 마케팅 수행으로 타 경쟁사와 확연한 차별성을 보이고 있다.

또한 국내외 호텔 예약 서비스 및 컨설팅뿐만 아니라 레스토랑 예약 서비스를 제공하는 '레스토랑엔조이, 입장권 전문 '패스엔조이, 중소형 호텔전문아카데미인 '호텔인 교육센터' 등 각 분야의 전문가로 구성된 가족사로 국내 최대의 hospitality 전문 기업으로서의 역할을 하고 있다.

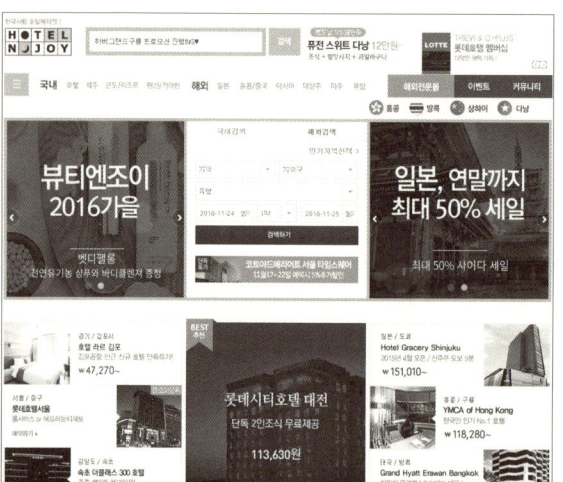

호텔엔조이

해외 온라인 업체들 이제는 내국인들은 국내 온라인 업체만을 이용하여 호텔을 예약하지 않는다. 5년 전만 해도 내국인은 주로 국내 온라인업체를 이용하여 예약을 했으며 외국의 예약사이트를 이용하는 고객은 해외 거주 한국인 등 극히 일부의 고객들로 그 이용층이 한정되어 있었다. 그러나 지금 한국에는 이미 수많은 해외 온라인 업체들이 앞을 다투며 한국 지점을 오픈하여 국내 온라인 업체들과 무한 경쟁을 시작하고 있다.

고객의 입장에서는 너무나 많은 온라인 업체들이 난립하고 있어 어느 곳을 선택해야 할지를 고민해야 할 정도이다. 그렇지만 고객은 사용하기 편리하고 원하는 지역의 다양한 호텔과 객실을 안정적으로 확보한 사이트를 이용하게 되었다. 이러한 업체들을 단지 가격이 싸다는 이유로 이용하기보다는 고객 자신의 성향이나 혹은 이미

사이트를 이용했던 고객들의 이용후기를 꼼꼼히 확인하여 자신에게 맞는 온라인 사이트를 선택하는 것이 좋다. 물론 가격도 좀 더 저렴한 곳이라면 더할나위 없이 좋다. 다음은 한국에 진출한 대표적인 해외 온라인 업체들이다.

부킹닷컴	http://www.booking.com
아고다	http://www.agoda.com
익스피디아	http://www.expedia.com
프라이스라인	http://www.priceline.com
호텔스닷컴	http://kr.hotels.com

그 외 사이트로는 중국의 씨트립, 일본의 라쿠텐, 자란 등이 있다. 이러한 고객의 요구에 가장 부합하는 대표적인 업체는 부킹닷컴이다. 빠르고 쓰기 편한 예약사이트인 부킹닷컴은 국내외에서 독보적인 영향력을 갖춘 Global OTA^{Online Travel Agency}이다. 아울러 여러 개

부킹닷컴 예약사이트

의 메이저 온라인 업체를 소유한 프라이스라인 그룹의 대표 기업체이다. 전세계적으로도 부킹닷컴과 제휴하여 계약을 체결한 업체만 80만 개가 넘는다. 특히 부킹닷컴은 아시아권역뿐만 아니라 유럽 쪽에도 경쟁력을 가지고 있어 아시아와 유럽지역을 여행할 고객이라면 적극적으로 추천한다. 그러나 온라인 업체들이라고 모든 것을 쉽게 해결해주는 것은 아니기 때문에 때로는 이들도 취소 규정 및 고객대응 같은 문제점을 가지고 있다. 온라인 업체를 이용시에는 국내 해외 온라인 사이트들의 장단점을 파악 후 자신에게 맞는 업체를 찾아 예약하기를 권한다.

◆ 소셜커머스 시장의 3총사 ◆

한국의 대표적인 SNS업체로는 티몬과 쿠팡, 그리고 위메프가 있다. 이러한 SNS업체는 기존의 온라인 여행사들이 주력으로 하는 호텔들을 새로운 타켓으로 하여 빠른 속도로 숙박업을 공략하고 있다. 물건의 대량구매를 통해 여행시장을 급속도로 점령하고 있는 곳이 바로 이들이다.

SNS업체는 기존의 오프라인 판매의 모든 것을 온라인 구매 시스템으로 구매하는 것을 목적으로 한다. 그러나 아직까지는 호텔 및 관광업 쪽에는 기존의 온라인 여행업체 OTA들의 벽을 허물고 있지 못하고 있다. 또한 최근에는 타 업체들이 강점으로 가지고 있는 당일판매에 대한 약점을 극복하지 못하고 있다.

coupang
TMON
위메프

　티몬은 일반 SNS업체들이 판매하지 못하는 다양한 업종의 물건들도 판매하고 있다. 특히 호텔관련 판매는 타 SNS업체보다 판매력에서 강점을 띤다. 그들은 호텔의 객실 외에도 호텔 레스토랑을 판매하기도 한다. 쿠팡은 최근 빠르게 자신들의 배송시스템을 이용하여 고객에게 어필하고 있다. 바로 '로켓배송' 서비스이다. 위메프는 아직까지 전문적으로 호텔관련 판매가 없는 약점이 있다. 다른 두 업체에 비해서는 호텔판매 관련해서는 후발주자이다. 향후 이들 SNS 3총사의 영업력에 따라 국내외 OTA와의 격돌이 예상된다.

◆ Last Minute 당일 예약 사이트 땡처리 예약 활용하기 ◆

　현대인들은 너무나도 바쁜 생활을 하고 있다. 스스로 시간의 주인임에도 불구하고 자신이 가지고 있는 시간을 여유롭게 활용하지 못하고 항상 무언가에 쫓기며 살고 있다. 그래서인지 일년 중 자신만을 위해 쓸 수 있는 유일한 시간인 휴가를 손꼽아 기다리는지도 모른다. 호텔을 예약할 때도 여유가 필요하다. 물론 해외 여행 시 호텔을 예약하는 시기와 방법은 우리나라 호텔을 이용하는 시기와 방법과는 다를 수 있다. 한국 호텔을 이용할 경우라면 굳이 미리 호텔을 예약하지 않아도 된다.

시간적 여유가 있다면 호텔을 미리 예약하지 마라.

적절한 예약 시기를 놓쳤다면 너무 조급해 하지 말고 사치스러울 정도의 여유로움을 가져라. 오히려 예약시점을 놓쳐 안절부절하며 성급히 호텔을 예약하게 되면 남보다 값비싼 요금을 지불할지도 모른다. 여유 있게 기다리다 임박해서 호텔요금을 검색하면 애초에 예약하려던 가격보다 더욱 저렴한 요금에 객실을 구입할 수가 있다.

무슨 황당한 이야기냐고 반문할 독자도 있을 것이다. 예전의 호텔들은 미리 호텔예약을 하는 고객들을 위해 좀 더 저렴하고 다양한 혜택을 제공해 주었다 그러나 언제부터인가 '땡처리'라는 단어가 통상적으로 사용될 정도로 이제는 예약을 하더라도 마시막까지 기다리다 임박해서 예약을 하는 시스템이 보편화되었다.

가끔씩 길거리를 지나가다 보면 "○○기업 고별전 땡처리 세일"이라는 문구가 걸린 포스터를 보았을 것이다. 그러나 이러한 땡처리 문화는 어느 새인가 산업 전반에 걸쳐 퍼지게 되었다. 팔지 못한 재고를 모두 처분하기 위해 의류뿐만 아니라 호텔과 같은 산업, 즉 당일 재고가 없어야 할 산업분야에까지 확산되었다. 판매자에게는 재고를 처리해서 좋고 구매자는 같은 물건을 좀 더 싸게 구입할 수 있어 좋은 판매시스템이 확산된 셈이다.

내가 땡처리라는 단어를 처음 듣게 된 한 사건이 있었다. 2002년 한일 월드컵 당시 근무했던 회사에서는 휘장산업을 하였으나 판매수요를 예측하지 못해 과도하게 많은 물건을 생산하게 되어 부도위기에 몰리게 되었다. 당시 직원들은 휘장이 새겨진 물품들을 가지고 거리로 나가 하나라도 더 팔아 회사를 살리려고 애썼다. 내게 다가온 땡처리란 단어는 이때의 힘든 기억으로 인해 부정적인 의미로 다가 왔다. 그래서인지 지금 유행하고 있는 땡처리 판매시스템, 즉 당일 예약사이트 판매가 마냥 즐겁지만은 않다.

호텔 객실을 미리 예약했다면 아마도 당신은 체크인 하는 날, 후회하게 될지도 모른다. 당신이 처음 예약한 호텔 요금은 당일에는 반값에 판매하고 있을 수 있기 때문이다. 이것이 최근의 호텔 트렌드이다.

불과 몇 년 전만 해도 호텔을 이용하는 사람들에게는 얼리버드 Early Bird족이라는 단어가 생길 정도로 자신이 여행을 가고자 하는 목적지의 호텔을 2~3달 전에 예약하였다. 그래야 좀 더 저렴한 요금에 호텔과 항공요금을 할인받을 수 있었다. 호텔업계뿐만 아니라 모든 산업군에서 "Early Bird족을 잡아라!"고 할 정도로 사전등록을 통해서 예약을 하는 고객들에 대한 대대적인 판촉활동을 벌였다. 고객들은 가격적인 혜택은 물론 다양한 특전을 받았다. 남보다 미리 호텔을 예약하면 호텔로서도 객실의 판매상황을 예측할 수 있어서 매출계획을 정확히 수립할 수가 있기 때문에 고객들에게 객실요금을 싸게 제공했다.

고객 측면에서도 손꼽아 기다리고 기다리던 휴가를 위해 호텔과 항공예약을 2~3달 전부터 예약함으로써 가장 저렴한 요금을 받아 경비를 절약할 수가 있다. 이렇게 고객과 호텔은 서로 상부상조할 수가 있었다. 당시만 해도 이들은 경제원리를 아는 실속파들이었다.

최근의 트렌드는 어떠한가!

2년 전에는 없었던 당일 판매, 당일 특가라는 말이 통상적인 일상어가 될 정도로 당일 마지막 판매를 하는 사이트들이 늘어났다. 호텔은 소진되지 않은 객실을 당일까지 판매할 수가 있어 좋고 고객들도 저렴한 가격으로 객실을 이용할 수가 있어 서로가 윈윈할 수가 있다. 그만큼 시대가 변하고 빠르게 움직이고 있다는 뜻이다.

호텔리어인 내게 가장 많이 묻는 질문 하나가 있다.

"언제, 어떻게 호텔을 예약하면 좋은가?"라는 질문이다. 이런 질문에 이렇게 조언을 해 주고 싶다.

"끝까지 기다려라!"

물론 호텔의 성수기 호텔은 통상 4, 5, 6, 9, 10, 11월을 말함 기간을 제외하고 하는 말이나. 기존의 호텔들은 최근 오픈한 신규 비즈니스 호텔들의 강한 도전을 받고 있다. 시설적으로나 가격적으로 신규 호텔들은 적극적인 판매방법으로 도전장을 내밀고 있다.

얼마 전 오픈한 명동지역 비즈니스호텔들의 객실 수만 보더라도 그 도전이 얼마나 강한지를 알 수가 있다. 한달 새에 오픈한 비즈니스호텔의 객실 수가 무려 2,000실이 넘는다. 소공동 롯데호텔의 객실 수가 신관, 구관을 합쳐 1,120실인 점을 감안한다면 롯데호텔과 같은 초대형 호텔 2개가 새롭게 오픈한 것과 맞먹는 수치이다. 대형호텔이 아닌 비즈니스급 호텔들의 객실규모는 고작해야 150실에서 200실을 넘지 못할 정도로 소규모인 점을 본다면 향후 한국 호텔업계의 힘난한 영업상황을 짐작할 수가 있다. 이들은 최소투자비용, 저렴한 객실요금, 세련된 디자인과 최소 인력운영이란 영업방식으로 인건비를 절약하여 기존의 호텔들과 경쟁하고 있다. 상황이 그러하다 보니 서울시내의 객실공급은 연일 쌓여가는 반면 호텔을 이용하는 고객은 늘지 않아 객실이 남아도는 실정이다. 이러한 호텔들의 고민을 해결할 수 있는 방법이 바로 당일 예약판매 시스템이다.

  그날 남은 객실을 어떻게 하면 끝까지 판매할 수가 있을까? 호텔들은 너도나도 앞다퉈 당일판매 사이트 업체들에게 가장 저렴한 요금을 제시하고 있다. 20~30대 젊은 층이라면 요즘 자신의 모바일에 한두 개 정도의 숙박 판매어플을 가지고 있을 것이다. 한동안 유행처럼 번지던 티몬과 쿠팡과 같은 SNS를 대적할 새로운 강자가 최근 나타났다. 바로 라스트미닛 판매 방식의 당일판매 사이트 어플업체이다. 내 휴대폰에도 당일 예약사이트 어플로 가득 채워져 있다. 이 중 가장 대표적인 라스트미닛 판매업체로는 '데일리호텔'이다. 이러한 어플은 사용상의 쉽고 빠른 편리성 때문에 20대는 물론 30~40대 고객층까지 급격히 확대되고 있으며 이제는 데스크탑 PC를 통해 예약하는 기존 온라인 예약 사이트들의 영업력까지 위협할 정도로 빠른 성장세를 보이고 있다. 최근 TV를 보다보면 유명 연예인들이 당일예약 사이트의 광고에 출현하는 것을 쉽게 볼 수가 있다.

데일리호텔	http://www.dailyhotel.co.kr
호텔나우	http://www.hotelnow.co.kr
세일투나잇	http://www.saletonight.com
야놀자	http://www.yanolja.com
체크인나우	http://www.checkinnow.co.kr

이러한 사이트들의 급격한 성장으로 고객들은 싸게 호텔을 이용할 수 있다는 장점에 즐거운 비명을 지를 수 있겠지만, 한편으로 호텔 입장에서는 매출 기여도가 낮은 당일판매 사이트가 성장하는 것에는 부담을 느낄 수밖에 없다. 당일에 남은 객실을 끝까지 판매하는 것은 좋은 방법이나 당일 판매가 늘면 늘수록 호텔 매출구조는 점점 취약해질 수밖에 없기 때문이다.

◆ 기업체라면 연간 계약을 활용하라 ◆

2018년 한국의 국가별 명목 GDP 순위는 세계 12위이다. 한국은 2013년 이후 줄곧 세계 14위 이상의 상위에 랭크되어 왔다. 이처럼 한국의 국제적인 경제 위상에 걸맞게 한국과 외국과의 교류가 활발해지고 있다. 외국과의 거래가 활발해짐에 따라 웬만한 한국기업들은 외국에서 찾아오는 바이어들을 위해 자신들의 회사 근처에 한두 개의 호텔을 메인으로 삼아 계약을 체결한다. 물론 호텔들은 연간 객실사용 물량에 따라 등급과 요금의 레벨을 정하고 각각의 거래처에 연간 계약요금을 제공한다. 일반적으로 아무런 계약 없이 호텔을 사용할 경우 'RACK 요금'에 준하는 요금을 제공받지만 일단 계약사의 경우는 그보다 많게는 10~50% 이상의 할인요금을 적용받을 수 있다.

> **RACK 요금**
> 호텔에서 자체적으로 책정된 일반공표 요금

계약기간은 연말에 차년도의 호텔요금에 대해 전년도 사용물량과 향후 사용예정 물량을 보고 객실요금을 결정한다. 결정된 요금은 호텔에 따라 1월 1일 혹은 3월 1일부터 적용하게 된다. 언젠가 당신의 회사에는 서비스 정신으로 무장한 정장차림의 세일즈맨이 문을 두드리고 찾아와 인사를 할지도 모른다. 그들은 당신을 위해 도움을 주기 위해 찾아간다.

그들에게 따뜻한 차 한 잔, 정겨운 말 한 마디를 친절하게 건네라. 그들은 당신과 당신의 바이어가 사용할 객실에 대한 특별요금을 제시할 수 있으며 투숙할 객실에는 작은 VIP용 어메니티(와인&과일)를 셋팅해 줄 수 있다. 당신이 숙박할 경우 모르긴 몰라도 최소한 당신의 객실은 예약한 객실보다 좀 더 크고 좋은 상위 룸으로 업그레이드될 수도 있을 것이다. 만일 당신이 근무하고 있는 회사에 호텔과의 계약이 없다면 당장 호텔에 전화를 걸어 요금을 요청하던가 아니면 담당 세일즈맨을 보내달라고 요청해보라. 그리고 세일즈 지배인이 제시한 계약 요금을 적극 활용해보기를 권한다.

당신은 연중 동일한 요금과 함께 때로는 타 호텔보다 저렴한 요금을 제공받을 수 있으며 호텔에서 진행하는 여러 가지 프로모션에 참여할 수 있을 것이다. 아직도 호텔과의 계약이 없다면 지금이라도 적극적으로 연간 계약을 진행해 보길 권한다. 당신은 생각보다 많은 이득을 얻을 수 있을 것이다.

◆ 직원 디스카운트 제도 ◆

세계적인 기업들은 고객을 최우선시하며 그들의 직원 또한 귀중한 자신들의 고객으로 생각하며 중시한다. 캐논코리아는 임원실을 아예 직원들과 같이 공유할 수 있도록 하고 있으며 직원들의 사기진작을 위하여 오락시설까지 설치하고 복지에 힘쓰고 있다.

호텔도 마찬가지이다.

직원의 공간을 최고급으로 준비하고 그들이 쉴 수 있는 공간을 최대한 보장해주고 있다. 직원들이 선호하는 회사는 급여가 높아야 하며, 발전 가능성이 있어야 하고, 다른 한편으로는 직원복지제도 또한 잘 구비되어야 한다. 이러한 복지혜택은 돈으로 환산할 수 없는 가치를 지니고 있다. 그만큼 직원들에게 제공되는 복지는 동일한 업종과의 평가에서 직원들로 하여금 회사에 대한 강한 로열티를 갖게 한다. 이러한 로열티를 갖게 하기 위해 호텔에서는 어떠한 혜택을 직원들에게 제공하고 있을까?

내가 과거에 근무했던 P호텔의 예를 들어 보자.

회사에서는 연간 사용할 수 있는 리조트나 아쿠아 사용권을 매년 10장씩 제공한다. 더불어 여름철에는 회사에서 제공하는 지정 하계 휴양소를 이용할 수 있게 해주며 객실사용 시 할인 및 업장이용 시 할인 혜택 등을 제공하였다.

삼성에 다니는 지인들에게는 에버랜드 할인과 전자제품을 살 때 혜택을 받아봤을 것이며, 현대나 기아자동차에 다니는 지인을 통해 신차를 조금 저렴한 직원가에 구입한 경험도 있을 것이다. 원하는 혜택이 있다면 현재 그곳에 근무하는 친구나 선배 혹은 후배를 적극적으로 활용하길 바란다.

누구든 자신의 지갑에서 돈이 나가지 않고 필요한 물건을 구입할 수 있다면 싫어할 사람은 없을 것이다. 돈을 버는 방법 중 하나는 돈을 쓰지 않으면 된다. 긴 겨울이 끝나 겨울옷을 정리하다 우연히 발견한 겨울코트의 안주머니에서 빳빳한 종이 촉감을 느껴 본 일이 있는가? 주머니에는 만 원짜리 몇 장이 들어 있다. 완전히 로또에 맞는 기분, 횡재를 한 기분이 들 것이다. 주변에 호텔에 근무하는 친구나 지인이 있다면 그들에게 살짝 할인을 부탁해보는 것도 좋은 방법이다. 당신은 로또에 맞는 횡재와 같은 기대 이상의 혜택에 놀라 감사의 전화를 해야 될지도 모른다.

◆ 필요 서비스만 제공하는 호텔 이용하기 ◆

예전에 물건을 구입할 때는 꼭 필요한 물건을 적어 집 앞 가게에서 그때 그때 필요한 물건을 구매하였다. 대형 쇼핑센터가 들어섬에 따라 지금은 필요한 물건을 하나하나 사기보다는 일주일에 혹은 한 달에 두세 번씩 대형마트에 들러 차 안 가득히 필요 이상의 물건을 한꺼번에 구매한다. 눈 앞에 보이는 물건이 싸게 느껴져 여러 물건을 카트에 가득 담아오곤 한다. 즉, 소비자 입장에서는 똑같은 물건을 대량 구입함으로써 저렴하게 물건을 구매했다는 만족감을 가지게 한다. 특히 1+1이라는 할인 행사 품목이 있으며 평소에 사지 않던 물건이라도 쉽게 손길이 가게 된다. 이렇듯 물건을 사다 보면 덤으로 주는 필요 이상의 물건을 과하게 사게 되는 일이 발생한다.

서비스도 마찬가지로 필요 없는 서비스를 덤으로 받는 경우가 있다. 실제로 내용을 들여다 보면 덤 속에는 자신이 지불한 비용이 녹아 들어가 있다. 우리 주위에는 메인 상품 하나에 덤으로 서비스를 넣어주는 마케팅이 너무나도 많다. 바로 미끼상품이 그것이다.

비즈니스 업무상 잦은 출장을 다니다 보면 세계 각국의 유명 브랜드의 체인 호텔부터 현지의 로컬호텔, 그리고 고급호텔들과 가격이 상대적으로 저렴한 중저가의 비즈니스호텔에 이르기까지 투숙할 기회가 많다. 한국에서는 볼 수 없는 으리으리한 규모의 호텔에서부터 객실 사이즈가 4평도 채 안되는 작은 호텔까지 참으로 다양한 호텔들이 있다.

나는 한 호텔을 단골로 정하여 사용한다. 그러나 새로운 지역을 방문할 경우에는 가급적이면 많은 호텔들을 경험하려고 하루 이틀 정도만 같은 호텔을 이용하고 다음 날은 다른 장소의 호텔로 옮겨가며 그 호텔만의 특색 있는 장단점들을 찾아 다니는 편이다. 럭셔리한 호텔들은 수영장은 물론 휘트니스클럽, 사우나, 비즈니스센터 등 상상 이상의 시설과 규모를 자랑하며 고객을 압도하기도 한다. 반대로 어떤 호텔들은 작은 객실 하나 이외에는 그 어떤 것도 제공하지 않는다. 물론 가격 차는 천차만별이다. 규모가 큰 호텔들은 부대시설 또한 많이 가지고 있지만 그 시설이 많으면 많을수록 그곳을 운영하는 직원 수 및 경비 또한 어마어마하게 많이 필요하다. 예를 들어 서울 중심에 위치한 롯데호텔과 웨스틴조선호텔의 경우 객실규모는 각각 1,120실과 460실에 달한다. 이들 호텔에 근무하는 직원 수만해도 롯데호텔의 경우 1,000명, 웨스틴조선호텔의 경우 600명이다.

그렇다면 이러한 많은 부대업장을 유지하기 위해 얼마나 많은 직원과 비용이 들어갈까? 호텔경영학 수업 때 익힌 호텔규모에 따른 기본 인력운영비에 의하면 객실 1실당 평균적으로 1.5명의 호텔리어가 필요하다. 시청에 위치한 더 플라자호텔도 400실에 600명의 직원이 고객서비스를 제공하고 있다.

물론 단순 객실만 유지하기 위한 인원이 아닌 부대 업장 및 레스토랑, 시설관리, 인적 관리에 필요한 인원들을 모두 포함한 인원이다. 이렇듯 많은 직원을 두고 많은 업장을 유지하면서도 정작 호텔을 이용하는 고객들은 부대시설을 그리 많이 이용하지 않는다. 기껏해야 아침에 이용하는 조식업장이나 휘트니스 정도가 기본이다. 호텔은 업장과 그것을 유지하는 직원을 유지하기 위해 많은 비용을 지불한다. 고객이 이용하지 않는 업장 하나하나 자체가 돈인 것이다.

그렇다면 최근 유행하는 비즈니스호텔들은 어떠한가?

비즈니스호텔들은 특급 호텔에서 유지하고 있는 그 흔한 레스토랑조차도 직접 운영하지 않고 외주를 주고 있다. 객실규모가 300실인 호텔에는 고작 45명 내외의 직원만이 근무를 한다. 기존 특급 호텔을 비교한다면 450명이 근무해야 한다. 그만큼 고객에게 불필요한 서비스를 빼고 실제 필요한 서비스만 제공하는 것이다. 물론 인건비나 관리비가 적게들기 때문에 객실 가격도 상대적으로 특급 호텔에 비해 저렴하다.

　이 책을 읽고 있는 독자라면 한번쯤 자신이 투숙했던 호텔을 떠올려 보길 바란다. 출장이나 가족여행 시 투숙했던 호텔의 구석 구석에 위치한 시설과 업장을 얼마나 알차게 이용했는지 필요 목적에 따라 호텔을 선별하여 이용하기를 권한다. 즉 필요한 서비스만 받으면 그만큼 자신이 내야 하는 비용을 절약할 수 있다.

　미국의 유명 항공사인 사우스웨스트 항공사는 포화상태인 미국의 항공업계에 큰 변화를 가져왔다. 그들은 기존의 메이저 항공사가 제공하던 서비스를 분석하여 고객이 원하는 항목의 서비스만을 선별적으로 고객들에게 제공하며 니즈에 맞춰 운영하고 있다. 또한 사전 좌석제를 없애 탑승시간을 절약할 수 있었다. 결과적으로 사우스웨스트항공은 미국의 기존 메이저 항공사들을 제치고 가장 높은 경쟁력을 가진 항공사로 평가 받게 되었다.

　한국의 호텔들도 점차 고객이 원하는 서비스만을 제공하여 경쟁력을 갖추고 있다. 규모가 작고 부대시설이 없는 비즈니스호텔이라도 직원교육은 서비스 팀에서 서비스 전문가가 직접 시키고 있어 특급 수준에 걸맞은 서비스 품질을 유지하고 있다. 그만큼 호텔의 서비스 질도 향상되고 있다. 고작 로비에서 당신을 맞는 직원의 숫자로, 이용하지 않는 업장의 규모와 숫자에 현혹되어 아까운 당신의 돈을 낭비하겠는가? 목적에 맞는 필요한 서비스만 받아라.

　미국의 고객들처럼, 당신은 호텔에 가기 전 사우스웨스트항공과 같은 알찬 서비스를 제공받을지 대형 항공사처럼 필요 없는 서비스까지 받을지를 결정하고 호텔을 선택하길 권한다.

◆ 리워드 프로그램에 가입하면 좋은 점 ◆

나는 20년간 써온 통신회사의 VVIP 멤버이다. VVIP 멤버는 다양한 서비스를 받는다. 작게는 1년에 5회 무료 영화 서비스에서 공연 및 콘서트 할인, 편의점에서 물건을 구입 시 15% 할인까지 정말로 다양한 혜택을 받고 있다. 더욱 좋은 것은 물건을 살 때마다 포인트를 적립할 수도 있다. 이러한 혜택을 필요에 따라 잘 활용하면 금전적 혜택도 받을 수가 있어 통신회사로부터 나만 특별한 혜택을 받고 있다는 생각에 뿌듯한 기분과 더불어 무한 행복감을 만끽할 수가 있다. 또한 편의점에서 시행하는 1+1 혹은 2+1 행사 상품을 구입하고 자신 있게 VVIP 멤버 카드를 제시하면 할인에 또 할인을 받을 수 있다. 물론 일부 할인행사 품목의 경우 예외일 경우도 있다. 그래서 나는 편의점을 이용하더라도 꼭 VVIP 카드와 연계된 특정 편의점만을 이용하는 편이다.

호텔에서 운영하는 고객을 위한 보상 프로그램은 무엇이 있을까? 호텔에서도 다양한 고객보상 서비스를 진행하고 있다. 각 호텔마다 자신들의 충성고객을 만들기 위하여 각각의 호텔에서만 운영하는 리워드 제도를 운영하고 있다. 호텔별 규모나 브랜드 별 차이는 있으나 이러한 리워드 프로그램은 충성고객을 만드는 한편, 포인트를 이용해 재방문 고객을 창출할 수가 있으며 고객들에게 다양한 서비스를 제공하고 있다.

한국에서 운영하는 브랜드 호텔들도 그들만의 자체 리워드 프로그램을 운영하고 있다. 리워드 프로그램은 고객을 그들의 충성고객으로 유도하여 호텔을 좀 더 이용할 수 있게 하는 시스템이며 고객에게는 이용한도에 따라 포인트 점수를 부여한다. 바로 이러한 고객의 심리를 이용하여 만든 것이 호텔들의 리워드 프로그램이다. 출장을 많이 가는 직장인이라면 주로 이용하는 호텔과 항공사를 미리 정하여 리워드 프로그램에 반드시 가입하길 권한다. 호텔과 항공사에서는 고객의 재산인 포인트를 알아서 적립해 줄 것이다. 이것은 곧 돈과 직결되기도 한다.

힐튼 HHONORS-Member제도. 전세계 힐튼호텔 이용 시 호텔 포인트와 연계된 항공사의 마일리지도 함께 적립받을 수 있다.

H아너스가입:홈페이지
(www.HiltonHHonors.com)

웨스틴 SPG Starwood Preferred Guests 는 스타우드 브랜드의 호텔을 포인트만으로도 이용할 수 있다. 전세계 1,000여 개의 스타우드계열 호텔을 포함, 최근 메리어트에 매각됨에 따라 메리어트 리워드와 함께 사용할 수 있다.

하얏트 하얏트 골드 패스포트포인트
Hyatt Gold Passport 는 '하얏트어워드'라는 리

워드 서비스를 통해 5,000 포인트부터 전세계에 있는 하얏트호텔에서 무료로 숙박을 할 수 있다.

인터컨티넨탈 IHG인터컨티넨탈호텔 그룹에서 사용할 수 있는 리워드 프로그램은 타 호텔과 같이 쌓아진 포인트를 활용하며 누적된 포인트에 따라 다양한 혜택들이 멤버들에게 제공된다. 다음과 같은 4등급의 회원제로 운영을 한다.

클럽 회원	• 체크아웃 연장 (지역에 따라 다름) • 주간 신문 (지역에 따라 다름) • 인터넷 무료 사용 • 연간 활동 내역이 없을 경우 적립되어 있는 포인트 자동 소멸 • 골드 회원
클럽 회원의 모든 혜택	• 기본 포인트에 10% 보너스
플래티늄 회원	• 골드 엘리트 회원의 모든 혜택 • 무료 객실 업그레이드 (객실상황에 따라 가능여부 결정) • Priority Check-in: 호텔 도착 시 객실 및 객실 키 준비 • 이용 가능한 객실 확보(72시간 전)기본 포인트에 50% 보너스 적립
스파이어 회원	• 플래티늄 엘리트 회원의 모든 혜택 • 기본 포인트에 100% 보너스 포인트 • 연간 25,000 보너스 포인트 적립 혹은 친구나 가족에게 플래티늄 엘리트 회원 멤버십(1년) 제공 혜택 부여

◆ 호텔 멤버십 가입의 유리한 점 ◆

세계적인 체인 호텔들과 달리 체인시스템을 가지고 있지 않은 현지의 로컬호텔들은 고객들이 자체적으로 일정비용을 내고 가입하는 멤버십을 만들어 충성고객을 유도하고 있다.

자체 멤버십은 체인 호텔에서 제공하지 못하는 자신들만의 강점을 최대한 살려 다양한 혜택을 고객들에게 제공한다. 짧게는 1년간 일정금액을 내고 회원을 모집하는 제도에서 장기 10년 회원권까지 다양한 형태의 회원을 모집하여 운영하고 있다. 특정 호텔을 자주 사용하는 고객은 원하는 호텔을 선정하고 취향에 맞는 회원으로 등록하여 호텔을 이용하는 것도 나쁘지 않다. 물론 별도 회원가입비는 지불해야 한다.

이 제도는 일정한 고객들에게 회원권연간, 평생을 판매함으로써 충성고객을 유지할 수 있으며 자금적으로도 회사의 운영을 원활히 해줄 수 있는 제도이다. 세계적인 체인 호텔들도 무료가입 리워드 프로그램과 함께 일정비용을 내면 가입이 가능한 멤버십제도를 운영하고 있다.

메리어트 서울 신세계에서 운영하고 있는 메리어트 서울의 경우 연회비 45만 원의 회원제로 운영되는 메리어트 골드 카드 Marriott Gold Card가 있다. 카드를 소지한 멤버는 객실 및 레스토랑에서 다양한 혜택을 제공받는다.

- 무료객실 1박 제공(주말사용 가능)
- 호텔 내 레스토랑 50% 할인 가능

더 플라자호텔 THE PLAZA호텔의 PLATINUM MEMBER는 한화그룹 계열사 간의 다양한 연계특전을 제공받을 수 있다. 연간 회비 43만 원, 68만 원, 110만 원 등의 3가지 종류가 있으며 혜택으로는 객실무료 1박 이용권, 뷔페 2명 이용권 그 외는 아래와 같다.

- 비즈니스센터 회의실 10% 할인
- 지스텀 (플라워샵) 15% 할인(63점 10% 할인)
- 플라자스파클럽 10% 할인
- 한화리조트 객실 기준요금의 30% 할인 (사전 예약 필수)
- 골든베이 투스칸빌리지 50% 할인 (단, 골프예약고객 대상)
- 워터피아 30%, 스프링돔 30% 할인 (본인 포함 총 5인 적용)
- 아쿠아플라넷 제주, 여수 및 일산 20% 할인
- 제이드가든 수목원 20% 할인 (본인 포함 총 5인 적용)

롯데호텔 서울 소공동에 위치한 롯데호텔의 경우 기존의 트레비 클럽을 업그레이드 하여 롯데 호텔 자체 브랜드의 가치를 높일 수 있도록 서비스를 강화하였다. 멤버십에는 기존 디럭스 객실 숙박권 제공 및 50% 할인 혜택 고객이 사용시 스위트 객실 70% 할인 등이 포함되었으며 레스토랑 이용시에는 기본 뷔페 식사권 2매 무료제공, 사우나 이용권과 발렛파킹 이용권 등을 제공한다. 멤버십 기간은

1년이며 연회비는 연간 95만 원이다. 또한 멤버십 특전은 서울, 월드(서울 잠실), 제주, 부산, 울산 롯데호텔 등 전국에 있는 롯데계열의 체인 5곳에서 서비스를 이용할 수 있는 편리함이 있다. 국내 호텔을 자주 사용하는 고객이라면 호텔 별 자체 멤버십에 가입하여 활용하기를 적극 권한다.

신라호텔 신라호텔은 서울신라와 제주신라, 그리고 서브 브랜드인 전국의 신라스테이에서 공통으로 쓸 수 있는 자체 신라리워즈 Shilla Rewards 멤버십을 운영하고 있다. 멤버는 실버, 골드, 다이아몬드 3가지 회원으로 구분한다.

실버 Silver 멤버는
- 투숙 시 웰컴 어메니티 제공
- 첫 투숙 시 1%의 추가적립

골드 Gold 멤버는
- 실버 멤버 혜택과 함께 식음업장 이용 시 5% 할인
- 투숙 시 Laundry 할인 서비스
- 객실 연 3회 무료 업그레이드
- 72시간 예약 개런티 서비스를 제공한다.

다이아몬드 Diamond 멤버는
- 골드 멤버 혜택과 객실 5회 업그레이드
- early check in, late check out 서비스
- 서울, 제주 신라 무료라운지 이용서비스

- 생일케이크 서비스
- 48시간 예약 개런티 서비스를 제공한다.

◆ 일요일을 공략하라 ◆

직장인이라면 누구나 가지고 있는 월요병. 나도 월요일이 싫다. 주중에는 금요일이 최고로 좋고 다음은 토요일 그 다음은 일요일 순이다. 호텔 영업을 책임지는 입장에서는 일요일과 월요일이 가장 근심거리인 날이다. 매출이 다른 날에 비해 현저히 떨어지기 때문에 걱정이 이만저만이 아니다.

호텔의 비수기와 성수기는 1년 열두 달 중 6개월은 성수기 시즌이며 다른 6개월은 비수기 시즌이다. 그러나 최근 들어 이러한 패턴도 조금씩 변화되고 있는 추세이다. 그렇다면 계절적 비, 성수기가 아닌 한주간의 비, 성수기, 즉 가장 영업이 잘 되고 잘 되지 않는 날은 무슨 요일일까?

호텔 영업이 가장 저조한 날을 안다면 남들보다 더 저렴한 요금에 호텔을 선택하여 이용할 수가 있다. 호텔들은 호텔이 위치한 지역별로 가동률의 차이는 있지만 대부분의 호텔들은 일요일이 가장 저조한 영업 일이다. 따라서 호텔요금이 가장 저렴한 날을 고른다면 일요일이다.

만약 사회생활을 하며 자유롭게 자신의 휴일을 조절할 수 있다면 일요일에 호텔을 이용하길 권한다. 만약 당신이 일요일에 호텔 로비를 지나간다면 호텔리어들의 따뜻하고 감사의 마음 가득한 눈빛을 느낄 수 있을 것이다.

호텔의 매출에 기여하는 파트는 크게 두 가지로 구분할 수 있다. 비즈니스와 레저 고객이다. 이들의 투숙패턴에 따라 호텔의 객실 가동률 및 매출이 좌우된다. 비즈니스 고객은 대부분 월요일에 투숙하여 비즈니스를 시작한다. 그리고 일정에 따라 달라질 수 있으나 대부분 짧게는 주중, 혹은 길게는 토요일에 체크아웃을 한다. 일요일은 객실이 빌 수밖에 없는 날이다. 물론 장기 비즈니스 고객일 경우에는 일요일에 투숙하여 업무를 시작하기 때문에 일요일에도 체크인하는 경우도 많다.

레저^{여행사}의 경우 대부분의 외국인들은 금, 토 2박 패턴을 선호한다. 주로 금, 토 2박 일정으로 한국에 와서 관광을 하고 일요일에 귀국한다. 따라서 일요일은 레저와 비즈니스가 함께 빠지는 요일이라 호텔로서는 가장 문제되는 요일에 해당한다. 외국의 장기 비즈니스 고객이 많은 강남 호텔의 경우는 오히려 금, 토가 객실이 비어 영업이 어려워진다. 만약 시간적인 제약을 받지 않는다면 가급적 일요일 숙박을 통해 가격적으로도 많은 혜택을 받을 수 있다. 물론 업장도 일요일을 활용하거나 호텔별 프로모션을 잘 활용하면 좋은 조건의 서비스를 받을 수도 있다.

◆ 호텔리어와 친구되기 ◆

나에게는 많은 친구들이 있다. 초·중고교 시절 함께한 절친부터 대학교 동창, 그리고 사회에 나와서 함께한 친구까지 다양한 친구들이 있다. SNS 친구까지 합치면 어마어마한 인맥을 구성하고 있다. 다음 번 지방선거에 출마한다면 나름 당선 가능성까지 있지 않을까 하는 망상까지 해 볼 정도로 다양한 분야의 친구를 가지고 있다. 각자 자신의 핸드폰을 열고 혹은 SNS에 등록된 친구가 몇 명인지를 확인해 보라. 사람마다 적게는 500명에서 많게는 1,000명 이상의 친구를 가지고 있을 것이다. 1,000명 이상의 연락처가 등록되어 있다면 당신은 나름 인맥관리를 잘한 경우이다.

어떻게 하면 인맥을 통해 호텔을 잘 이용할 수 있을까? 나는 이러한 질문에 확실하게 답할 수 있다.

"자기 주변에 있는 호텔리어들과 친하게 지내라."

호텔운영은 전적으로 사람에 의해 운영되는 서비스산업이다. 곧 사람에 의해 매출과 서비스가 달라질 수가 있다.

최근 비즈니스호텔들은 인건비를 줄이기 위해 최소한의 인력만으로 운영하고 시스템화하고 있지만 아직까지 호텔산업 자체는 사람에 의해서 모든 것이 움직이고 있다. 호텔이야말로 최신의 유행을 달리는 산업군 중 하나이지만 한편으로는 고전적 방식을 고집하며 운영되고 있다. 모든 호텔의 운영시스템, 즉 객실, 레스토랑 심지어 마케팅에 이르기까지 모든 것이 사람의 손에 의해 움직이고 있기 때문에 호텔리어와 친분관계를 유지해둔다면 다양하고 유익한 호텔 정보들을 쉽게 얻을 수도 있다. 우선 저렴한 가격의 프로모션 상품이 언제 나오는지, 언제 새롭게 출시된 업장의 메뉴를 먹을 수 있는지를 자세히 알 수 있다. 더불어 최근 호텔업계의 트렌드 정보까지도 비교적 빨리 얻을 수 있다.

나는 호텔에 근무하면서 수없이 많은 호텔친구들을 만들었다. 그들은 자신의 SNS를 통해서 자신들의 호텔 상황을 실시간으로 업데이트하며 프로모션 상황 심지어 객실상황까지도 수시로 올리고 있다. 이들에게서 받는 정보만으로 우리는 손쉽게 적절한 가격에 호텔을 이용할 수가 있다. 굳이 SNS가 아니더라도 이러한 친구들과의 교류를 통하여 남들보다 더 좋은 조건에 호텔을 이용할 수 있다.

얼마 전 신문을 읽다가 은행권에 관한 재미있는 기사를 읽어본 적이 있다.

"아는 지점장을 통하면 수수료를 거의 없이 할 수 있다."

미국 여행을 앞둔 A씨는 평소 자주 들르던 은행지점에 가서 2,000달러를 환전했다. 50% 우대환율을 해주겠다는 직원에게 A씨는 주거래 고객이라며 70%까지 해달라고 요청했다. 잠시 곤란해하던 직원은 80%까지 우대환율을 적용해 주기로 했다. 이렇듯 남는 게 없는데 우대환율을 적용해 주는 이유는 무엇일까?

왜, 말만 잘 하면 할인을 더 해 주는 것일까?

환전수수료는 은행지점장의 전결사항이라고 한다. 따라서 개별 지점에서는 주 고객을 빼앗기지 않기 위해서 수수료를 싸게 해줄 수밖에 없다고 한다. 때문에 소비자 입장에서는 주거래 은행을 찾아가

잘아는 은행직원에게 환전우대를 받기가 유리한 것이다. 은행에선 마이너스만 나지 않는다면 환율은 사실상 은행원 마음대로라고 할 수 있을 정도이다. 이렇듯 운영은 각 지점의 방식대로 할 수가 있다.

그렇다면 호텔은 어떠한가!

호텔도 같은 시스템으로 움직이고 있다. 물론 회사가 정한 규정 내에서 모든 것이 움직이고 있긴 하지만 은행과 같이 개인의 권한 내에서 처리할 수 있는 일들이 많다. 아마도 당신이 호텔에 지인이 있거나 자주 가는 호텔 지배인과 안면을 트고 있다면 당신은 그들로부터 특별하고 만족할만한 서비스와 가격적인 혜택을 얻을 수가 있을 것이다. 호텔을 이용하고 난 다음 당신에게 주어진 영수증bill을 다시 한번 보기 바란다. 그리고 당신을 아는 지배인에게 다시 한번 감사의 인사를 건네라.

◆ 호텔 가격 비교 사이트 Meta Search Engine 를 활용하라 ◆

얼마 전 세상을 떠들썩하게 한 사건이 있었다. 바로 세계 최고의 바둑기사 이세돌과 구글 딥마인드 DeepMind가 개발한 인공지능 프로그램 알파고와의 바둑대결이었다. 신문지상에서는 세기의 대결 혹은 인간 대 인공지능의 대결이란 타이틀로 연일 뉴스의 1면을 장식하였다.

5국에 걸쳐 진행된 대결의 결과는 예상을 깨고 금기시한 인간의 영역을 인공지능을 가진 알파고가 이기는 이변을 낳았다. 딥마인드는 구글이 인수한 인공지능 관련 기업이다. 딥마인드에서 개발한 알파고는 Deep Learning 방식을 통해서 학습한다. 컴퓨터가 스스로 학습을 하는 것이다. 바로 컴퓨터가 가지고 있는 많은 정보를 기반으로 스스로 자료를 분석하고 학습하게 된다. 알파고의 승리로 인해 인간들은 인공지능의 발전에 모두들 놀라지 않을 수 없었다.

알파고와 같은 인공지능을 가지고 있지는 않지만 호텔 메타 검색엔진 Meta Search Engine 도 많은 발전을 하고 있다. 메타 검색엔진은 키워드로 작성한 질의를 전송하면 서버가 이 내용을 받아 지정한 사이트들에게 질의를 전송하여 각 포털 사이트의 검색결과를 받아 사용자에게 한번에 알려주는 검색도구이다. 이러한 검색엔진을 이용하면 원하는 호텔이 어디가 싼지를 일일이 확인하지 않더라고 검색엔진을 이용하여 찾을 수가 있다. 일일이 사이트를 헤매면서 요금을 찾지 말고 검색엔진을 활용해 보자.

요즘에는 단지 호텔가격만을 비교 검색하는 사이트뿐만 아니라 의류에서 생활용품까지 가지 각색의 물품들의 가격을 비교해 주는 사이트가 생겨났다. 이러한 검색엔진을 활용하면 같은 호텔의 객실 가격을 좀 더 저렴한 곳을 선택하여 이용할 수가 있다. 그렇다면 호텔 가격을 비교하는 사이트는 어떤 것이 있을까? 대표적인 메타써치엔진에는 다음과 같은 것들이 있다.

우리가 흔히 광고에 접하는 호텔컴바인과 트립어드바이저가 대표적인 메타서치엔진이다. 이들 가격비교 검색엔진들을 이용하면 고객은 인터넷상에서 일일이 호텔의 가격을 비교하거나 호텔사이트를 찾아 다니며 호텔 가격을 확인해 볼 필요 없다. 알파고처럼 이제는 컴퓨터가 고객의 수고를 한층 덜어줄 수가 있다. 예전에는 발품을 팔아 물품을 싸게 구입했다면 요즘에는 발대신 손품을 팔아 양질의 물건을 좀 더 싸게 구입할 수 있는 시대가 도래한 것이다. 호텔리어인 나도 가끔씩 호텔을 이용할 때 다음의 사이트를 이용하여 가격을 비교하거나 사이트에 올라온 여러 가지 후기를 활용한다.

호텔스컴바인 다양한 호텔이 한자리에 1,000여 개가 넘는 주요 여행 사이트에 등록된 5백만여 개 호텔 특가상품을 실시간으로 비교한다.

호텔스컴바인

트립어드바이저 TripAdvisor는 여행자가 최상의 여행을 계획하고 예약할 수 있도록 돕는 세계 최대의 여행 사이트이다. 트립어드바이저는 실제 수많은 여행자의 조언과 폭넓은 트래블 초이스를 제공하며, 수백 개의 사이트를 확인할 수 있는 예약 툴에 원활하게 접속

트립어드바이저

할 수 있도록 예약 기능을 제공함으로써 가장 적합한 호텔 객실요금을 찾도록 지원한다. 월간 방문객 약 3억 4천만 명, 그리고 490만 개 이상의 숙박시설, 음식점 및 관광명소에 대한 리뷰 및 평가가 2억 2,500만 건 이상에 달하는 세계 최대 규모의 여행 커뮤니티이다. 또한 사이트는 전 세계 45개 국가에서 운영되고 있다.

◆ 온라인 여행사 OTA는 모두 동일한 요금이다 ◆

독자분들 중에는 호텔을 예약할 때 한번쯤은 온라인 여행사OTA인 익스피디아나 아고다 혹은 부킹닷컴과 같은 Global Online 여행사를 이용해 본 경험이 있을 것이다. 좀 더 저렴한 요금으로 좋은 호텔을 예약하기 위해 많은 시간을 할애하여 사이트를 검색하며 발품을 판다. 그리고 그 중에서도 가장 눈에 띄는 업체를 선정하여 호텔을 예약한다. 그렇다면 정말로 내가 고른 호텔의 요금이 가장 싼 가격일까? 정답은 아니다.

실상 각각의 사이트를 들어가 호텔의 객실요금을 비교해 보면 아마 당신은 놀라지 않을 수 없을 것이다. 사이트에 등재된 동일한 호텔의 요금이 각각의 업체마다 다를 줄 알았는데 모든 업체가 대동소이한 요금으로 노출되어 있다. 어떻게 된 일일까?

호텔에서는 OTA 여행사에 동일한 객실요금을 제공한다. 어느 특정 여행사라고 해서 더 저렴한 요금을 제공하지는 않는다. 만일 A호텔에서 B온라인 여행사에 타 업체보다 더욱 저렴한 요금을 제공하면 바로 타 여행사에서 A호텔에 요금에 대한 컴플레인을 한다. 즉 Rate Parity 동등 객실료(?)를 제기한다. 만일 여행사에서 제기된 요금사항이 수정되지 않을 경우 여행사는 자신들의 판매 사이트에서 호텔상품을 판매금지까지 시킨다. 이러한 문제를 방지하기 위해서 호텔들은 각각의 여행사에 동일한 요금을 제공한다. 타 OTA 거래처와 비교해서 요금이 쌀 때도 다시 한번 요금을 비교해 보길 권한다.

각각의 판매방식과 셋팅방식에 따라 일부 요금이 좀 더 저렴하

Meta Search Engine이란
메타 검색엔진은 키워드 검색 쿼리를 전송하면 서버가 이를 받아 미리 지정한 포털 사이트들에 쿼리를 전송하여 각 포털 사이트의 검색결과를 받아 사용자에게 한번에 보여주는 엔진이자, 검색 도구이다. 검색대상 콘텐츠에 따라 실시간으로 포털사이트에 쿼리를 전송하기도 하며 각 포털 사이트의 콘텐츠를 미리 수집하여 자체 데이터베이스화를 한 다음 사용자의 쿼리가 있을 경우 자체에서만 결과를 보여주기도 한다.
한국의 경우 1995년에 최초의 한글검색엔진인 '코시크kor-seek'와 1996년에 서비스를 시작한 '까치네'의 두 검색엔진을 동시에 검색해주기 위해 서비스를 개시한 미스다찾니가 최초의 메타 검색엔진으로 알려져 있다. 〈 출처:위키백과〉

게 보일 수는 있으나 기본적으로 우리가 알고 있는 글로벌 여행사의 경우 모두 동일한 요금을 셋팅하여 판매한다. 사이트에 나타나는 객실 판매가는 동일하나 각각의 여행사는 호텔에서 받는 수수료는 차이가 있다. 간혹 시즌별로 국적별 프로모션이 진행될 때는 다소 요금의 차이가 발생될 수도 있다. 자신이 이용하려는 국가의 호텔이나 지역별 프로모션 하는 시기를 확인하여 이용한다면 좀 더 혜택을 볼 수 있지 않을까?

◆ 스마트 폰 안에 답이 있다 ◆

스마트 폰을 들여다 보면 돈이 보인다. 호텔들은 최근 늘고 있는 모바일 업체의 앱에 호텔에서 제공하는 가장 저렴한 당일 특가 요금을 제공한다.

착한기업 홍보이사이자 관점디자이너 박용후 씨는 모바일을 하루도 놓지 않고 살고 있다고 한다. 그에게 있어 노트북과 모바일은 직업이며 삶이다. 그는 노트북에는 끄는 전원장치가 있기 때문에 컴퓨터를 잠시 쉬게 할 수 있지만 모바일은 일반 컴퓨터와는 반대로 항상 전원장치가 꺼지지 않게 설계되어 있어, 24시간 운용할 수 있게 만들었다고 한다. 우리가 항상 손에 쥐고 놓기를 주저하는 들고 다니는 컴퓨터를 모바일이라고 했다. 모바일은 비가 오나 눈이 오나 업무 중이던 잠시 쉬고 있던 상관없이 24시간 365일을 항상 변함없이 꺼지지 않게 만들어져 있다고 한다.

박용후 씨는 모바일을 내려 놓는 순간은 세상과의 단절을 의미하며 업무의 중단 교류의 중단이라는 표현을 하였다. 그렇다면 모바일은 호텔에 어떠한 영향을 미치고 있을까? 모바일의 새로운 등장으로 인해 호텔에도 많은 변화를 가져왔다. 기존의 오프라인 예약에서 온라인 예약으로 전환되는 시기에 동시에 웹은 사라지고 모바일을 이용한 예약시스템을 갖춘 새로운 강자가 탄생하게 되었다.

호텔들도 발 빠르게 시대의 흐름에 편승하여 모바일을 활용한 예약업무를 진행하고 있다. 여러분은 아직도 PC를 통해 웹에서 호텔을 예약하고 그 가격을 하나하나 비교하고 있는가! 그렇다면 여러분 옆에 놓인 모바일^{스마트 폰}을 이용해 찾아보라.

최근에 모 신문기사를 읽은 적이 있다. 현대인의 인터넷 중독, 아니 더 정확하게 말한다면 현대인의 모바일 중독이다. 현대인은 화장실에 갈 때까지 모바일을 들고 갈 정도로 이미 우리 생활의 일부가 되어버렸다. 신문대신 모바일을 검색하며 하루를 시작한다. 우리 주변은 모바일로 인해 일상이 변하고 있다. 모바일의 발달로 인해 신문의 발행 부수가 줄어들고, 모바일을 이용한 메시지 전달로 인해 전통적인 손 편지가 줄어든 지는 벌써 오래 전의 일이 되었다.

학교에서도 무거운 교과서 대신 모바일 교재로 대체하며, 회사에서도 이제는 간단한 결재는 외부에 나가서도 간단히 결재할 수 있는 모바일 결재를 사용한지 오래 되었다. 이렇듯 모바일은 우리의 전통적인 생활방식을 변화시키고 있다. 앞서 나는 모바일에 관해 간단히 언급하였다. 모바일이 우리의 생활패턴을 통째로 바꾸어 놓았으며 삶의 질을 전혀 다른 생각지도 못한 방향으로 바꾸어 놓았다. 이제는 모바일이 모든 산업의 대세로 떠오르고 있다.

◆ 신규 오픈 호텔 활용하기 ◆

얼마 전 H사에 근무하는 박과장으로부터 을지로에 있는 B호텔에 투숙하였다는 이야기를 들었다. 평소 해외 출장으로 인해 자주 호텔을 이용해 본 경험이 있던 박과장은 Trial Stay^{시숙행사} 후 자신이 투숙했던 호텔의 위치, 시설과 레스토랑의 음식 맛까지 자세히 설명하며 호텔의 장단점에 대해 이것 저것 설명을 더해 주었다.

타 호텔들과 경쟁력은 어떤지, 현재 부족한 점은 어떤 것이 있는지까지 아주 상세하게 설명을 해 준 덕분에 나도 그 호텔에 가보고 싶은 충동을 강하게 느낄 수 있었다. 아이들이 어렸을 때는 호텔 이곳저곳을 다니며 나름 호텔리어다운 멋을 풍기려 남에게 자랑도 하고 이야기도 하였지만 지금은 세상에서 제일 편한 내 집을 놔두고 굳이 호텔에서 자야 하는 명확한 이유를 찾지 못해 가끔씩 진행하는 호텔 Trial Stay^{시숙행사}에는 참여조차 하지 않았다.

그렇다면 호텔과 관련이 없는 박과장은 어떠한 방법으로 B호텔에 투숙할 수 있었을까?

새롭게 오픈 하는 호텔들은 그들의 시설 및 홍보를 위해 그랜드 오픈 전이나 오픈 후에 업계의 사람들이나 호텔 내의 직원들을 대상으

Trial Stay (시숙행사)
신규 호텔을 오픈 하기 전, 후 업계종사자나 호텔직원 등을 대상으로 진행하는 무료 숙박행사

로 Trial Stay를 진행한다. 물론 신규로 오픈한 호텔의 홍보가 목적이지만 오픈 전에 호텔 내의 시설들을 워밍업시키려는 의도도 있다. 이렇게 호텔은 오픈 전후로 시숙행사를 진행한다. 짧게는 몇 일에서 길게는 1~2주에 걸쳐 호텔 운영상황에 맞게 행사를 진행한다. 시숙 인원들은 호텔의 직원과 지인, 그리고 향후 호텔을 사용할 예비 거래처의 담당자들로 구성되어 사전 프리마케팅을 진행한다.

시숙의 대가로 행사 참여자는 시설 및 서비스에 대해 간단히 평을 성심 성의껏 체크하여 제출하기만 하면 된다. 호텔은 이러한 시숙 고객으로부터 호텔의 장단점을 받아 파악하고 오픈 전까지 다시 한번 수정하고 보완하는 작업을 한다. 혹시라도 여러분 주변에 호텔과 관련된 업무를 하는 지인을 알고 있다면 시숙의 기회를 놓치지 말고 적극적으로 부탁해보라. 만일 시숙이 원활하지 않다면 가급적이면 오픈 초기의 호텔을 이용하라.

호텔의 매출은 오픈과 함께 기대치만큼 올라가질 않는다. 더군다나 초기 오픈한 호텔들은 대외적인 홍보력이 부족하여 오픈 전부터 매스컴이나 나름의 영업력을 동원하여 해외에 호텔을 홍보하며 상품을 구성한다. 또한 국내에도 국내 온라인 여행사나 기업체 혹은 내국인들을 대상으로 홍보차원에서 오픈특가 프로모션^{특가}요금을 제공한다. 보통은 2~3개월 기간 동안 동급 호텔에 비해 파격적인 요금을 제시하는 편이다. 호텔을 이용할 기회가 있다면 오픈 초기의 호텔을 적극 이용하기를 권한다. 한 가지 단점이 있다면 새롭게 오픈한 멋진 호텔을 값싸게 이용할 수는 있지만 새집증후군처럼 알레르기에 민감한 고객이라면 조금 시간을 두고 투숙하는 편이 좋다.

◆ 객실 장기계약의 유리한 점 ◆

얼마 전 친구가 운영하는 캠핑장에 다녀왔다. 가평 시내에서 10킬로미터 정도를 더 산골로 들어가야 도착할 수 있는 조용한 산 속 캠핑장이었다. 캠핑장으로 가는 길에는 도시에서 보기 힘든 녹음 짙은 아름드리 나무들이 우리 가족을 반겼다. 어려서부터 보아온 친구의 성격을 잘 알고 있는 나는 친구의 캠핑장 관리가 엉망이라고 생각했으나 울창한 은행나무 진입로와 잘 관리된 방갈로를 바라보며 초보자 답지 않게 운영을 잘 하고 있구나 하는 느낌을 받았다. 도착한 캠핑장에서 나는 잠시지만 도시에서의 일탈, 가끔은 나에게 있어 이러한 호사도 누려 볼 필요가 있구나 하는 생각에 마음이 편안해졌다. 산기슭에서 내려오는 산바람에 모든 스트레스가 날아갈 듯 했다. 텐트 치는 방법이 틀렸다고 핀잔을 주는 친구의 짜증 섞인 목소리조차도 행복함을 느끼게 해주었다.

호텔 운영과 캠핑장 운영.

그냥 보기에는 전혀 다른 직종이라 생각할 수 있으나 그날 저녁 서로의 이야기를 나누다 보니 직업상의 공통점도 발견할 수가 있었다. 판매 항목이 객실과 땅이라는 점만 빼고는 비즈니스 상대가 사람을 대상으로 하고 있다는 동질감을 가질 수가 있었다.

호텔은 하루 하루 객실을 준비해 고객을 맞이한다. 캠핑장은 땅을 대여해 준다. 이러한 전제 하에 우리들의 대화는 차츰 오랜 시간으로 뭉쳐있던 실타래를 풀 수 있었다.

서로 다른 직업을 가지고 살아왔지만 오늘만큼은 졸업 이후 공통된 주제로 밤늦도록 이야기를 나눌 수가 있었다. 어느새 산 기슭에는 어둠이 깔리고 밤하늘에는 별들이 반짝이고 있었다. 우리는 대화 중장기판매라는 공통된 주제를 찾을 수 있었다.

호텔은 단기체류 위주로 이루어지고 있으나 간혹 고객의 요청에 따라 짧게는 1개월 길게는 1년 동안 객실을 판매하는 경우가 있다. 장기숙박을 할 경우에는 호텔의 각 부서와 협의하여 특별한 요금을 제공해준다. 물론 가격은 일반적으로 숙박할 경우보다 훨씬 더 저렴하게 제공한다. 최근 들어 각 호텔들은 이러한 장기 숙박고객을 유치하려고 부단히 노력하고 있다.

캠핑장도 호텔과 같이 장기고객을 유치하려고 노력한다고 한다. 캠핑장에 무슨 장기 숙박객이 있겠나 하겠지만 실제로 한 달 정도를 장기로 이용하는 고객들도 있다고 한다. 보통의 장기고객들은 처음 캠핑장 방문시 텐트를 설치해놓고 돌아간다. 그리고 필요할 때만 간단한 물건과 음식을 사와서 자신의 텐트에서 캠핑을 즐긴다고 한다. 캠핑장지기는 고객이 설치하고간 텐트를 관리해 주기만 하면 된다.

눈이 쌓이면 눈을 치워주고 비가오면 텐트 안으로 물이 들어가지 않도록 물골을 내주고 텐트 위에 쌓인 먼지도 털어주고 바람이 불면 텐트가 쓰러지지 않게 고정작업도 해준다. 물론 장기 사용시에는 호텔처럼 요금도 저렴하게 제공한다고 한다. 이제는 호텔이 비싸다는 생각을 버려야 한다. 호텔을 단순히 여행시에만 잠시 집을 대신해 가족들과 머물고 가는 곳이라는 생각을 버려야 한다.

호텔은 고객의 필요에 따라 캠핑장과 같이 한두 달 장기적으로 렌탈이 가능한 당신의 임시 거처가 될 수도 있다. 요즘처럼 집값보다도 오히려 전세를 구하기 힘든 상황에서 젊은 부부가 잠시 이사를 가지 전에 임시로 살 곳을 구한다면 호텔에 문의를 해보는 것도 좋은 방법이다. 월세 낸다고 생각하고 호텔을 이용해보라.

혹여라도 금리가 저렴한 시절에는 일반 아파트에 거액의 전세자금을 묶어두고 살 필요 없이 호텔을 이용해보기를 권한다. 일반 아파트처럼 반전세로 계약을 하고 일정금액을 예치 후 나머지는 월세처럼 내는 방식도 좋다. 보통 장기로 투숙을 원하는 고객은 호텔과 별도의 계약과 장기투숙에 따른 혜택을 부여 받을 수가 있다.

♦ 단골이 되라(한 호텔 집중 공략하기) ♦

한국인은 단골이란 말을 즐겨 사용한다.

"어 자네 그 집이 단골이었나?"

"나도 그 집이 단골이야, 참 그 집 음식만큼은 정말 예술이지."

내게도 단골집이 참 많다.

미용실은 집 앞의 ○○미용실을 주로 이용하고 마트를 갈 때도 가까운 곳을 놔두고 조금 거리가 멀더라도 가는 곳만을 꼭 고집해서 가게 된다. 커피숍도 회사 앞에 있는 작은 가게에서부터 스타벅스와 같은 브랜드 업장까지 무수히 많은 커피숍들이 있지만 단골 커피숍만을 고집하여 이용한다.

항공사는 또 어떠한가?

지난 여름에 가족들과 함께 해외 여행을 갔을 때 이용했던 항공사를 확인해 보자. 해외 여행이나 출장을 가더라도 개인마다 자주 이용하는 항공사가 따로 있을 것이다. 이렇듯 우리에게는 수도 없이 많은 다양한 업종의 단골집이 존재한다. 누가 강제로 시켜서 이용하는것도 아닌데 꼭 그집만을 고집하여 이용하게 된다. 사람들은 자신들이 이용하는 단골집이 같을 경우 서로를 얼싸 않고 춤을 추듯 단골집을 예찬하며 동질의식을 갖는다.

사람들은 왜 단골집을 고집할까?

바로 편안함에 있는 것이다. 단골집은 다른 곳에서 느낄 수 없는 편안함이 있다. 단골집에 가면 왠지 내 집에 온듯한 편안함을 느끼며 직원들이 자신을 따스하게 맞아주므로 편안한 마음으로 쇼핑이나 볼 일을 볼 수가 있는 것이다. 가족적인 분위기와 정감이 가는 느낌은 우리를 편안하게 해준다. 그리고 자주 가는 집에는 고객에게 제공하는 그 무엇인가가 있다. 바로 덤이다.

나는 주말이면 가끔씩 집 근처에 있는 재래시장을 찾는다. 꼭 필요한 물건을 사려고 갈 때도 있지만 시장구경을 하러 일부러 와이프를 앞장 세우고 갈 때도 있다. 잘 정돈된 대형마트나 백화점은 아니지만 재래시장에 들어서는 순간 훈훈한 느낌을 받는다. 과일을 살 때는 주인 아주머니의 특별 서비스로 과일 하나를 덤으로 받기도 하고, 간식으로 먹는 풀빵에서는 할머니의 정성이 담긴 풀빵 하나를 덤으로 받을 때도 있다. 때로는 대형마트에서 진행하는 1+1행사도 아닌데 주인 아저씨의 기분에 따라 물건을 하나 더 받기도 한다.

직장에서 상사에게 잘 보이려고 하는 말의 10분의 1만이라도 주인 아저씨에게 전해보라. 당신의 쇼핑백은 당신이 지불한 물건의 값어치보다 더 많은 물건을 담아 집으로 돌아올 수가 있다. 여기에는 물질적인 덤뿐만 아닌 훈훈한 인간미 넘치는 덤도 함께 딸려온다.

호텔은 어떠한가?

출장을 자주 다니는 비즈니스맨이라면 자신이 자주 가는 출장지에 단골호텔은 만드는 것은 더할 나위 없이 중요하다. 집 떠나 힘든 업무를 보며 돌아와 쉬어야 하는 호텔은 타지에서의 집과 같은 존재이다. 업무를 마치고 돌아오는 자신을 반갑게 맞아주는 호텔직원들이 있어 편안함을 느끼게 된다. 피곤과 스트레스에 시달리는 출장지에서의 호텔직원들은 나의 가족이 되어주고 친구가 되어준다. 그리고 자주 가는 호텔을 만들어 놓으면 정신적인 안정뿐만 아니라 호텔에서 제공되는 여러 가지의 혜택을 덤으로 받을 수가 있다. 체크아웃을 연장하고 싶을 때나 호텔에 너무 일찍 도착해서 하는 일 없이 서성거리는 당신에게 단골호텔은 별도의 추가 비용 없이 체크인과 레이트 체크아웃 서비스를 제공해준다. 쓸쓸히 출장지에서 맞이하는 자신의 생일에는 호텔직원들의 정성이 담긴 생일 축하메시지와 함께 작은 케이크가 객실에 셋팅되어 있을 수도 있다. 혹은 자신이 예약한 객실보다 업그레이드된 스위트 객실로 안내받을 수도 있다.

레스토랑을 이용할 때에도 가급적이면 자주 가는 단골 레스토랑을 만들어보라. 가족들과 모처럼 큰맘 먹고 외식을 할 때 평소에 자주 가던 호텔이 있다면 그곳을 이용하라. 그 호텔의 업장 지배인에게서 당신은 가족을 위해 특별 메뉴를 서비스로 제공받거나 덤으로 와인 한 잔씩을 제공받을 수도 있다.

호텔을 즐기기 위해 다양한 호텔들을 이용하는 경우를 제외하고는 당신은 여러 호텔을 이용하기보다는 한 군데의 단골호텔을 정해놓고 이용하면 보다 다양한 혜택을 받을 수가 있다. 단골호텔을 이용하는 것은 그만큼 당신에게도 호텔에게도 서로에게 득이 되는 일임을 기억해두라.

객실
업그레이드
받기

사람들 대부분은 어떠한 환경에서 자신이 좀 더 특별한 대우를 받기를 원한다. 호텔에서도 제대로 대우받는 방법이 여러 가지가 있다. 하지만 호텔에서는 모든 고객을 황제대우 해 줄 수는 없다.

모처럼 찾은 호텔에서 객실을 좀 더 나은 조건으로 업그레이드 받을 수는 없을까? 호텔은 다양한 Upgrade Roots를 가지고 있다. 가령, 예약 진행 시에 통화한 예약실 직원과 당일 체크인 시 마주치는 프런트 직원, 그리고 자신을 담당하는 세일즈 지배인 등이 당신에게 다양한 방법을 통해 업그레이드를 진행해 줄 수가 있다. 다음과 같은 방법으로 함께 알아보도록 하자.

◆ 호텔 측에 용기 있게 요청하라 ◆

용기 있는 사람만이 미인을 얻는다. 개인적으로 나는 용기가 있다고 생각한다. 때로는 조용한 성격이지만 어떨 때는 낯가림 없이 모르는 사람들과도 격 없이 지내기도 한다. 원하는 것이 있으면 상황에 따라 직설적으로 상대방에게 이야기를 한다. 무례한 부탁이나 어려운 상황이 아닌 경우 상대방은 대부분 흔쾌히 내 요청을 들어주는 편이다. 물론 상대방에게 정중히 예의를 갖춰 요청하는 것은 기본이다.

친구 중에 내성적인 성격 탓에 어디를 가든지 미적미적거리는 친구가 있다. 그는 항상 손해를 보곤 한다. 또 다른 친구는 외향적인 성격이라 어디를 가든지 적극적으로 자신의 의사를 표현한다. 개인적으로 보기에는 외향적인 친구는 손해를 보지 않을 뿐더러 항상 뭔가를 더 얻는 듯한 인상을 받는다. 양쪽의 성향을 가진 나도 어떤 궁금한 점이나 요청사항이 있으면 직설적으로 의사를 표명하는 편이다. 물론 모든 일에 그러는 편은 아니지만 이렇듯 자신의 의사를 표현하면 손해보다는 득을 보는 경우가 더 많다.

자주 출장을 다니는 김과장은 거래처가 가까운 B지역에 있는 호텔을 자주 이용한다. 가장 큰 이유는 객실요금이 출장경비와 맞고 방문하고자 하는 거래처가 호텔과 가까운 곳에 있기 때문이다. 그러나 김과장에게는 가까이 있는 다른 호텔들을 마다하고 굳이 이 호텔만을 이용하는 또 다른 이유가 있다. 바로 객실 업그레이드였.

유난히 피곤한 출장 길에 집을 대신하여 휴식을 취할 수 있는 유일한 곳은 호텔 객실이다. 자주 투숙하는 고객 정보를 미리 알고 있는 호텔에서는 김과장이 체크인을 하면 가능한 좋은 객실로 룸을 배정해준다. 물론 매번 좋은 객실로 배정받는 것은 아니지만 김과장은 호텔의 배려에 감사하며 더 자주 이 호텔을 이용하게 된다.

그렇다면 객실 업그레이드는 어떨 때 가능할까?

호텔마다 차이가 있지만 기본적으로 객실 업그레이드는 특별한 경우를 제외하고는 잘 해주지 않는다. 객실 룸배정은 보통 전날 야근이나 당일 오전에 배정을 하게 된다. 객실이 풀 상태인 경우는 대체로 야근자가 업무 중에 배정을 하게 되고 객실 상황이 여유 있을 때는 당일 오전 근무자가 배정하게 된다. 따라서 당일의 객실 예약 상황에 따라 혹은 근무자의 컨디션에 따라 객실 업그레이드 받기가 가능하다.

B대리는 베드가 하나 있는 더블 객실을 요청하였다. 그러나 요청한 날에는 이미 많은 고객이 예약을 한 상태라 원하는 더블 객실은 만실이었다. B대리는 하는 수 없이 베드가 두 개 있는 트윈 객실로 예약을 하였다.

당신이라면 어떻게 할까?

원하는 것이 있다면 포기하지 말고 호텔 예약 시에 반드시 "더블 타입객실 요청"이라고 코멘트를 한번 더 남겨 두어라. 그러나 요청을 할 때는 최대한 정중하게 예의를 다해서 부탁을 하라. 당신이 원하는 객실은 그들의 손끝에서 시작된다. 마음씨 착한 예약실 직원 혹은 프런트 직원이 예약 코멘트를 보고 살짝 더블 객실로 체인지 해놓을 수 있기 때문이다.

바닷가에 위치한 호텔이라면 오션 뷰, 호수가 있는 호텔의 경우 레이크 뷰 차지가 호텔마다 청구되어도 다시 한번 자신이 투숙하는 나름의 사연을 살짝 예약 시 직원에게 귀뜸해주면 직원은 그날의 객실 상황을 보고 당신의 객실을 추가 비용 없이 업그레이드 해 줄 수가 있다. 앞서 잠시 언급했듯이 프런트 직원들이 얼리 체크인이나 업그레이드를 해주고 싶은 고객의 유형은 호텔 직원들에게 나이스하게 대하는 마음 착한 고객이다. 직원들에게 예의 있게 대하거나 이해심이 많은 고객이라면 프런트 직원은 언제나 자신의 권한을 이용하여 고객에게 추가 서비스 할지를 고심한다.

이 밖에도 객실을 업그레이드 해 주는 기준은 다양하다.

고객이 투숙하는 객실에 문제가 발생했을 때, 기타 다른 컴플레인이 발생했을 때, 객실에 시설적인 문제가 발생하여 투숙에 지장을 초래했을 때, 회사의 VIP나 기타 대사관 혹은 중요 VIP 고객일 때이다. 그러나 이러한 경우를 제외하고는 호텔에서는 좀처럼 업그레이드를 해주질 않는다. 얼마 전 전 직장에 같이 근무하던 후배가 전화로 A호텔 예약 가능여부를 부탁을 해왔다. 물론 어렵지 않은 일이라 후배의 부탁을 들어주었다. 그리고 후배에게 몇 가지 팁을 주었다.

특별한 기념일이면 예약시 미리 예약실에 기념일에 대해 인폼을 전달해놓을 것. 예약실에서는 손님의 특별한 것을 하나하나 꼼꼼히 챙겨 고객의 정보를 기록으로 남긴다. 전화번호, 성별, 선호하는 객실 타입, 사용기록, 외모의 특징적인 것까지 심지어 고객의 생일, 결혼기념일까지도 중요한 것이라고 생각되는 것은 모두 기록한다. 예약일이 자신의 생일이나 특별한 기념일이라면 반드시 "이번에 투숙하는 날이 저의 00기념일입니다." 라는 식의 코멘트를 남겨라. 객실 키를 받고 체크인하는 순간 당신의 객실에는 과일과 조그마한 와인이 놓여져 있을 수도 있다. 당신은 이번 투숙 때 나름 즐거운 추억을 만들고 호텔을 떠날 수 있다. 퇴실 시 직원들에게 감사의 인사를 전하는 에티켓도 잊지말자.

♦ 주중에 이용하는 호텔의 이점 ♦

한번은 와이프와 함께 주중산행을 하였다. 겨울등산을 하자는 와이프와의 약속을 지키기 위해 큰맘먹고 주중에 휴가를 내어 전라북도에 있는 덕유산을 찾았다. 새벽 5시에 출발하여 8시쯤에 도착한 덕유산 등산로에는 벌써부터 산행을 준비하는 사람들로 분주하였다. 그러나 주중에 찾아서인지 덕유산은 생각보다 사람들이 많지가 않아 모처럼만의 산행은 수월하게 진행되었다.

주말에는 덕유산의 설경을 보러 오는 사람들로 발디딜 틈도 없을 정도로 인산인해를 이룬다고 한다. 직장인들이 주중에 휴가를 내기란 쉽지 않지만 나는 가급적이면 주중을 이용하기를 권한다. 그만큼 시간적으로 여유 있는 여행을 할 수 있으며 심리적으로도 안정된다. 이는 호텔을 이용할 때에도 마찬가지이다.

앞서 잠시 설명했듯 한국 대부분의 호텔들은 주말 위주로 객실 및 업장이 운영되고 있어 주중에 비해 상대적으로 가격이 높을 뿐만 아니라 방문하더라고 바빠서 제대로 고객 대접을 받기가 쉽지 않다. 반면 주중에는 특별한 경우를 제외하고는 고객들의 이용률이 낮다. 사업상의 중요한 만남을 갖기 위해 혹은 비즈니스 파트너를 접대하기 위해 주중에 이용하는 경우를 제외하고는 대부분의 개인적 행사는 주말에 이루어진다. 업장도도 가족 이벤트나 결혼식, 돌잔치, 칠순 등의 모임은 대부분 주말을 택해 진행한다. 객실은 시즌별로 진행하는 패키지도 대부분 금요일과 토요일 위주로 투숙을 하며, 레스토랑도 주중보다는 주말에 찾아오는 고객들이 많아 주말 매출이 훨씬 높다. 호텔을 여유롭고 편하게 이용하려면 주말보다는 주중에 이용하기를 권한다. 주중에는 호텔을 이용하는 고객도 적을뿐더러 가격적으로도 혜택을 누릴 수 있다. 아울러 그만큼 호텔리어들에게 레스토랑과 객실 이용에 남다른 혜택을 받을 수 있을 것이다.

◆ 기념일에 호텔 방문하기 ◆

오늘이 무슨 날이지? 현대를 살아가는 일반인들은 수도 없이 밀려오는 기념일을 챙겨야만 한다. 일년 365일 우리는 너무나도 많은 기념일과 기억해야 할 중요한 날들을 가지고 살고 있다. 마치 이러한 기념일들은 기념하기 위해 살고 있는 느낌이 들 때도 있다. 와이프의 생일, 양가 부모님의 생일, 그리고 자녀의 생일은 기본적으로 챙겨야 한다. 심지어는 직장동료 혹은 지인의 생일까지 챙겨주어야 한다.

열 손가락을 펴고 자신이 기억해야 할 특별한 날을 헤아려 보자. 심지어 발렌타인데이, 화이트데이, 빼빼로데이까지…

이처럼 우리 주변에는 사회생활을 하면서 기억해야 기념일이 늘고 있다. 우리가 자주 이용하는 페이스북에는 펫친들의 생일을 매일매일 업데이트 하기도 하고 회사에서 쓰고 있는 오피스메일 한구석에는 직원들의 월별 생일자 명단이 뜨기도 한다. 우리는 마치 기념해야 할 날을 위해 사는 듯하다.

그렇다면 이렇듯 무수히 기억해야 하는 날을 좀 더 럭셔리하게 보낼 수 있는 방법은 없을까?

호텔만 잘 이용해도 더욱 멋지고 기억에 남을 수 있는 행복한 날을 보낼 수가 있다. 같은 날, 같은 값을 주고도 호텔을 어떻게 이용하느냐에 따라 더욱 가치 있는 날을 보낼 수 있는 방법을 알려주도록 하겠다. 다음은 한 가지 예로 얼마 전 가족들과 기념여행으로 부산여행을 다녀온 공과장의 예를 들어보자.

그날은 공교롭게도 결혼기념일과 생일이 겹치는 날이었다. 결혼기념일과 생일 겸 공과장은 모처럼 휴가를 내고 부산으로 향했다. 물론 예약은 온라인 여행사를 통해 미리 저렴한 가격에 예약한 상태였다. 예약 당시 공과장은 생각지도 않았지만 혹시나 하는 마음에 예약 당시 자신의 기념일에 대해 인폼을 주었다고 한다. 객실에 들어선 순간 공과장은 자신의 눈을 의심했다. 자신의 기념일을 축하해주는 메시지와 작은 생일 케이크가 준비되어 있었다고 한다. 호텔에서 모든 고객의 요청사항을 컨펌해 줄 수는 없다. 그러나 이러한 사소하고도 잠시 동안의 시간과 노력을 들인다면 더욱 편하고 즐거운 여행을 할 수 있다. 기념일을 가급적 호텔에서 즐기기를 바란다. 호텔은 당신의 기념일을 가족처럼 챙겨줄 것이다.

◆ 가장 늦게 체크인하라 ◆

객실을 업그레이드 받는 법을 다른 시각에서 살펴보자.

A호텔은 연일 밀려오는 고객으로 인해 눈코 뜰새 없이 바쁜 하루하루를 보내고 있다. 직원들도 야간업무와 연장근무를 하며 구슬땀을 흘리고 있다. 바로 이번 주부터 진행하는 국제 컨퍼런스와 연휴 기간이 겹쳐 연일 객실이 풀 가동 상태로 진행되고 있다.

여행 목적으로 A호텔을 찾은 스미스 씨는 자정이 되어서야 호텔에 체크인을 할 수가 있었다. 물론 미리 호텔에 전화를 걸어 체크인 예정시간을 인폼하였지만 막상 자신의 객실이 일반객실이 아닌 스위트로 업그레이드 된 것을 보고 크게 기뻐하였다. 예약 당시 객실이 풀 상태임을 확인한 스미스 씨는 내심 불안했는데 생각과 달리 자신이 예약한 객실보다 좋은 객실로 업그레이드까지 되어있다니, 언뜻 생각하기에는 이해가 가질 않는 일이라고 생각했다. 그러나 이러한 일은 현장에서는 종종 벌어지는 일들이다.

호텔은 당일 아침에 객실배정을 해놓고 당일 체크인하는 고객들을 맞이한다. 객실배정은 물론 고객이 요청한 사항까지 꼼꼼하게 각 부서에서 체크를 한다. 이렇듯 모든 부서가 고객을 맞을 준비를 끝

냈지만 막상 체크인 하는 고객들은 기존에 미리 예약된 객실타입이 아닌 다른 타입으로 요청하거나 변경을 요청하는 경우가 있다.

이러한 고객을 일일이 응대하다 보면 객실 가동률이 만실 full booking 인 날은 객실타입이 오버가 될 수밖에 없다. 최종적으로 체크인을 하는 고객은 비상시를 대비해 남겨둔 스위트 객실이나 상위 그레이드의 객실을 운 좋게 배정받을 수가 있다. 물론 늦게 체크인하는 모든 고객들이 업그레이드를 받는 것은 아니다. 프런트에서는 나름의 업그레이드 하는 룰이 있다. 다음은 프런트에서 업그레이드 해주는 몇 가지 예이다.

- 숙박일수가 긴 고객보다는 숙박일수가 가장 짧은 고객
- 객실가격이 가장 높은 고객
- 호텔에 자주 투숙한 적이 있는 단골고객
- 아이를 동반한 고객
- 기념일에 투숙하는 고객
- 직원들에게 친절하게 대하는 고객
- 호텔 멤버십 가입 고객
- 기타 대사관, 여행사 VIP, 기업체 VIP 고객

위의 경우에는 프런트에서 객실을 업그레이드 해 줄 확률이 높다. 그렇지만 늦은 시간에 체크인을 한다고 모든 고객이 객실을 업그레이드 받을 수 있는 것은 아니다. 객실이 풀 상태인 날, 너무 늦은 시간에 체크인을 하면 당신은 키도 받지못하고 다른 호텔로 숙소를 옮

겨야 하는 일이 발생할 지도 모른다. 물론 타 호텔로 이동 시의 비용은 호텔에서 전액 지불한다.

4장

객실 이용 시
주의할 것들

호텔은 불특정 다수의 사람들이 이용하는 공공장소이다. 최근 늘어나고 있는 호텔이용객의 숫자에 비해 아직까지도 한국인들의 호텔이용 수준은 선진국 수준에 미치지 못하고 있다. 여행을 자주 다니는 사람들도 낯선 곳에서의 생활은 익숙하지가 않다. 집을 떠나 생활하는 타지에서의 숙박은 누구에게나 민감할 수밖에 없다. 호텔에 도착하기 전 여러 가지 호텔에 관한 정보를 미리 확인하여 도착 후 현지에서 낭패를 보는 일이 없도록 하는 것 또한 중요하다.

호텔 예약은 개인이 현지 호텔에 연락하여 직접 예약하는 방법과 여행사에 의뢰하는 방법이 있다. 개인이 예약할 경우에는 전화나 팩스, 인터넷으로 호텔에 연락하여 이름과 해당 날짜, 기간을 말해주면 된다. 단, 예약 취소 시에는 반드시 미리 통보해야 한다. 여행사에 의뢰하거나 호텔 예약 업체를 통해 예약할 경우에는 개인이 예약하는 것보다 좀 더 할인된 요금으로 이용할 수가 있다. 호텔에는 공식적인 요금이 있지만 성수기와 비수기, 방의 종류와 층수, 세금 포함 여부에 따라 요금이 달라지므로 예약 전에 반드시 확인하도록 한다. 또한 무조건 저렴한 곳을 택하기보다는 주변 관광지의 위치나 대중교통의 연계성, 픽업 서비스, 아침 식사의 포함 유무, 호텔 내부시설 등을 고려하여 택하는 것이 좋다.

이번 장에서는 호텔을 이용할 때 주의해야 할 기본적인 상식에 관해 간단히 정리해 보았다. 무작정 예약을 하고 숙박을 했을 경우 좀 더 편안한 호텔이용을 할 수 있는 기회를 놓칠 수가 있다. 다음을 참고하여 행복한 호텔이용이 되길 바란다.

예약 시 주의사항

◆ **싼 게 비지떡, 저렴한 상품은 꼼꼼히 확인하라** ◆

내가 초등학교를 다닐 무렵 어머니는 물건 하나를 사더라도 시장의 여기 저기를 기웃거리시며 발품을 팔아 물건을 사셨다. 그래야 보다 싸고 좋은 물건을 구매할 수 있었기 때문이다.

세월이 지난 지금 돌이켜 생각하면 몇 푼이라도 아끼시려는 마음에 별 차이도 않나는 물건을 좀 더 값싸게 사려고 이리저리 힘들게 다니셨나 싶다. 요즘에는 예전처럼 발품을 팔며 시간을 투자하지 않더라도 자신이 가지고 있는 모바일이나 인터넷 사이트를 검색하면 동일한 물건뿐만 아니라 최저 가격의 물품까지도 구매할 수가 있다. 그러나 넘쳐나는 정보만을 믿고 사이트에 올라온 물건을 무조건 싸다고 덥석 구매하여 결제를 해 버리면 큰 낭패를 보기 십상이다. 가끔씩 소비자보호원에는 품질에 대한 불만족으로 소비자들의 컴플레인이 올라온다.

박부장은 지난 여름휴가를 모처럼 가족들과 함께 해외로 다녀왔다. 해외 여행 준비를 하다 항공료 및 숙박료, 그리고 관광이 포함된 사이판 상품을 구매하였다. 상품가격은 파격적인 가격인 299,000원이다. 그는 가격이 저렴하다는 점에 현혹되어 덥석 예약을 하고 결제부터 하고 말았다.

옛 속담에 싼 게 비지떡이란 말이 있다. 단순히 싸다는 이유로 상품을 선택한 박부장은 사이판 현지에 도착하여 땅을 치며 후회를 하였다. 때만 되면 TV에 나오는 해외 패키지 여행의 고질적인 병폐인 바가지 요금으로 박부장은 이미 지불한 비용의 2배가 넘는 추가 비용을 현지에서 지불해야만 했다. 관광 일정이 없는 날에도 이런저런 이유로 인해 여러 가지 옵션을 강요 받았다. 물론 호텔도 초기에 투숙하기로 했던 럭셔리 호텔이 아닌 조그마한 모텔급 숙소가 배정되었다. 싸다고 덥석 예약을 한 박부장은 다시 한번 싼 게 비지떡이란 단어를 되새기며 귀국길에 올라야 했다.

K물산에 다니는 김과장은 이벤트 날에 꼭 투숙하고 싶었던 L호텔을 얼마 전 웹사이트를 통해 예약하였다. 평소 가격적인 부담에 선뜻 예약을 하지 못하였지만 워낙 저렴한 가격에 상품이 나오자 바로 예약을 진행하였다. 호텔 가격이 무조건 저렴한 요금에 나왔다고 좋은 호텔일까?

호텔상품은 당일의 객실가동률, 호텔의 컨디션, 그날의 객실상황, 객실타입 등 여러 가지의 변수에 따라 요금이 당일 당일 책정되므로 무조건 가격이 싼 호텔을 아무런 검증 없이 구매하는 것은 현장에서 큰 낭패를 볼 수가 있다. 무조건 싼 요금에 집중하기보다는 판매되는 객실의 종류, 제공되는 특전사항, 기간, 일자, 혹은 그 밖의 부수적인 제공 상황을 면밀히 확인해 보는 작업이 중요하다. 막상 투숙하게 되면 사이트에 오픈된 객실과 상이한 객실로 배정을 받을 수가 있다. 혹은 사이트에 저렴하게 오픈된 가격은 일반객실이 아닌 하위 그레이드 객실을 저렴한 요금에 오픈한 것일 수도 있다.

항공사의 경우도 예외는 아니다.

몇 년 전부터 대중적인 인기를 끌고 있는 저가 항공사의 예이다. 한·일간 왕복 요금은 일반 항공료는 30만 원을 훌쩍 넘는 비용이지만 저가 항공의 경우 보통 왕복 15~25만 원대의 요금을 제시한다. 일부 저가항공사의 왕복 항공권은 가장 저렴한 가격인 10만 원대의 요금까지 제시하기도 한다. 그러나 문제는 항공권 구매 이후부터 발생한다. 고객 사정상 날짜 변경이나 취소 요청 시 항공사는 난색을 표한다. 그리고 일정부분의 환불 수수료를 고객에게 요청한다. 항공권 취소 시 고객이 내야 하는 비용은 티켓요금보다도 비싼 취소 수수료를 지불할 수도 있다.

이밖에 저가 항공사들은 일반 항공사들에 비해 수화물 분실 및 연착, 서비스 부족 등에 대한 문제발생시 대응 시스템이 떨어질 수도 있다. 고객은 피해를 줄이기 위해서 사전에 항공 및 호텔의 취소 규정, 지불방법 등에 관해 내용을 꼼꼼히 챙기고 확인하는 것이 필요하다.

◆ 호텔 이용 후기를 꼼꼼히 챙겨라 ◆

요즘처럼 소비자가 후기를 열심히 남기는 일에 열광한 적이 없다. 꼭 후기라고 하면 특정 회사의 사이트 후기만을 지칭하지 않는다. 현대인들은 블로그에서 트위터, 페이스북과 같은 SNS를 통해 마시거나 구매한 물건 심지어 일상의 소소한 생필품까지도 평가를 하고 사진을 찍어 후기로 올린다. 그것도 모자라 물건에 대한 평가 내용을 카카오톡 등을 이용해 다른 사람에게 전달하고 또 공유한다.

영업을 하고 물건을 파는 사람의 입장에서는 비싼 돈을 주고 TV 광고나 라디오광고를 내보낼 필요도 없이 고객들이 알아서 상품을 수십 수백 킬로미터의 잠재 고객들에게까지 공짜로 퍼 날라주며 상품을 광고 해준다. 기업은 광고를 하지 않고 자신의 상품을 고객들이 알아서 선전해주니 이 얼마나 행복한 일인가.

호텔도 마찬가지이다.

고객들은 블로그나 카페, 카톡, 페이스북 등을 이용해 자신이 이용한 호텔의 레스토랑과 객실에 이르기까지 호텔 구석구석을 그들의 친구와 지인들에게 광고해준다. 이러한 광고효과로 호텔은 특별한 행사나 레스토랑의 이벤트가 있을 경우 유명 블로거들을 호텔로 초대한다. 연말이면 금융권, 서비스업종을 포함한 대부분의 기업들이 1년간 고객서비스를 얼마나 잘 실행해 왔는지를 평가 받는다. 이렇듯 호텔산업은 고객들이 평가한 후기에 목숨을 걸고 있다.

미국의 유명한 현대기업 경영의 창시자인 톰 피터스는 그의 저서

『초우량 기업의 조건』에서 초우량 기업이 되기 위해서는 8가지의 조건이 있다고 말하였다. 그 중에서 두 번째 조건이 바로 "고객에게 밀착하라"는 내용이다. 그는 비즈니스를 고객과 분리해서 생각할 수 없다는 것을 매우 당연한 말이라고 하였다.

대표적인 초우량 기업인 IBM을 보자. 그곳에서는 최고의 영업사원들이 임원들을 보좌한다. 다른 기업 같으면 임원의 여러 가지 서류 정리나 페이퍼 작업 등 그들의 스케줄을 작성하고 미팅을 위한 준비를 하지만 IBM에서는 최고의 정예 세일즈맨들이 3년 동안 임원을 보좌하며 오직 한가지의 일에만 몰두한다고 한다. 바로 고객들의 온갖 불평과 불만을 처리하는 일에 전념한다고 한다. 그리고 고객의 불평사항을 24시간 이내에 처리한다. 따라서 IBM의 고객사나 고객들은 그들의 서비스에 감탄을 금치 못한다고 한다.

다른 초우량 기업인 HP 사를 보자.

그들은 하나의 제품을 생산하기 위해 반드시 고객의 의견을 수렴한다. 그리고 얼마 뒤 고객이 원하는대로 제품을 만들어 고객들에게 시제품을 만들어 보여준다. 시제품에 만족한 고객은 영원히 HP의 고객이 된다.

호텔들도 전날 벌어진 사건 사고 및 고객의 소리에 귀를 기울인다. 그래서 특급 호텔에는 고객의 소리를 전담하는 직원이 있어 그날 그날의 고객 컴플레인을 처리하고 대응한다. 바로 공개형 인터넷 VOC^{Voice Of Customer, 고객의 소리} 운영이다. 고객의 의견 한마디에 서비스 업종인 호텔은 매출의 급격한 저하를 보일 수가 있고 매출이 폭발적으로 늘 수가 있어 그만큼 고객의 소리에 민감하게 반응할 수밖

		트립어드바이저
최강타 레벨 ① 컨트리뷰터 4건의 리뷰 22명이 도움을 받았습니다	롯데 시티 호텔 김포공항 "쇼핑과 교통이 편리한 호텔" ⊙⊙⊙⊙⊙	고객후기 인용 tripadvisor.co.kr
choebyeongryeo... 레벨 ⑥ 컨트리뷰터 70건의 리뷰 45명이 도움을 받았습니다	베니키아 프리미어 메리골드 호텔 "가격대비 매우 깨끗한 호텔" ⊙⊙⊙⊙○	
Jaeyoung L 레벨 ⑥ 컨트리뷰터 99건의 리뷰 21명이 도움을 받았습니다	꾸띠 호텔 "출장 차 머무른 꾸띠" ⊙⊙⊙⊙○	

에 없다. 호텔은 불만, 칭찬 등 고객의 소리와 함께 제안제도까지 처리하여 회사와 고객과의 상생의 기회로 삼고 있다. 최근에는 고객의 소리를 직접적으로 평가하여 호텔별 서비스에 평가를 내리는 사이트들도 등장하고 있다. 그 대표적인 사이트가 트립어드바이저이다. 호텔들은 이러한 사이트의 순위에 상당히 민감할 수밖에 없다. 트립어드바이저에는 여러 개의 기준에 맞춰 호텔들의 서비스를 평가하여 매달 호텔별 랭킹을 정한다. 당신이 호텔 서비스에 대해 자세한 평가를 얻고 싶다면 트립어드바이저의 후기나 랭킹순위를 활용해 보길 권한다. 그곳에는 수백 개 국내호텔들의 자세한 피드백이 올라와 있다.

◆ 예약을 취소할 땐 반드시 미리 알려라 ◆

얼마 전 한 일간지에 게재된 기사내용이다. 한국은 설과 추석 등 명절이 되면 고향으로 가기 위해 수많은 시민들이 귀성전쟁을 치르지만 정작 명절도 되기 전 치러야 할 전쟁이 하나 더 있다고 한다. 바로 '티켓전쟁'이 그것이다. 그러나 오랜 시간을 기다리며 어렵게 구입한 티켓은 어김 없이 대량 노쇼^{No-Show}로 이어져 정작 고향으로 가야 할 시민들은 표를 임박해서야 구하는 웃지 못할 해프닝을 벌이기도 한다. 이러한 후진국형 대량 노쇼는 한국에서 너무나도 평범한 일이 되어버렸다. 식당을 가더라도 예약을 하지 않는 것은 물론이고 미리 예약을 했더라고 취소를 하지 않는 경우도 주위에서 쉽게 보아왔을 것이다. 이미 예약문화가 정착되어 있는 일본과 같은 선진국에서는 찾아보기 힘든 일이다. 이를 대비하기 위해 선진국에서는 일찍이 '위약금 폭탄'이라는 강력한 제도를 시행하고 있다. 미국의 철도여객공사는 열차표를 예약한 1,000명의 고객 중 노쇼를 내는 고객은 단 3% 미만이라고 한다. 그러나 이러한 3%의 취소률을 더 낮추기 위해서 2014년부터는 더욱 더 강력한 취소 규정을 적용하고 있다.

호텔도 이용 시 예약보다는 취소에 더욱 더 신경을 써야 한다. 예약은 다양한 방법으로 할 수 있지만 자신의 스케줄 변경이나 천재지변으로 인해 일정이 변경되어 호텔을 취소 시에는 좀 더 신중을 기해야 한다. 호텔을 이용하는 나도 급한 개인사정으로 예약했던 호텔을 취소해 본 경험이 있다.

사정이 있어 취소를 하더라도 취소 수수료를 내라고 하면 어찌 나? 하는 걱정을 하며 전화를 걸어 숙박예약을 취소시켰다. 예약실 이나 레스토랑에 정중히 전화를 걸어 개인사정을 이야기 하며 양해 를 구했다. 다행히 호텔에서 편의를 봐줘서 예약을 취소시켜 줬지만 호텔은 예약하는 방식과 상품에 따라 취소가 까다롭거나 불가인 상 품이 있다. 일반 레스토랑이야 직접 전화를 걸어 사정을 이야기 하 고 사전에 미리 취소하면 가능하지만 객실은 상황이 다르다. 만약 취소대상 호텔을 국내외의 온라인 여행사를 통해서 예약해놓고 무 작정 넋 놓고 취소를 시키지 않았다가는 다음 달 자신의 통장에서 자동으로 카드사에 청구된 객실 값이 빠져나가게 된다.

당일 싸게 판매하는 앱(App) 상품의 경우도 마찬가지이다. 저렴 하다는매력이 있지만 반대로 취소 시에는 100% 취소 수수료를 내 야 하는 불편함도 있다. 숙박을 하지 않더라고 비용이 청구된다. 만 일 개인사정상 호텔을 이용하지 못하더라도 호텔과 여행사에는 취 소 통보를 직접 하길 바란다. 특히 여행사에는 시간적인 제약 등으 로 연결이 되질 않아 취소를 시키지 못하더라도 호텔에는 자신의 사 정을 이야기하고 사전 취소를 꼭 해줘야 한다. 그래야 다음 날 당신 은 미사용 객실의 부분 반환금을 요구할 때 호텔리어의 도움을 받을 수 있다. 여행사는 자신들의 예약 수수료를 일정부분 제하고 호텔의 예약을 대행해주는 일을 한다. 그러므로 여행사를 통해 진행된 예약 을 호텔에 직접 취소한다고 해서 취소 수수료 면제받을 수는 없다. 이럴 경우에는 여행사에 취소시켰다고 손을 놓지 말고 호텔에도 직 접 전화를 걸어 사정을 이야기해 보라.

당신의 취소 전화 한 통에 호텔은 오늘 팔지못한 잔여 객실을 판매할 수 있기 때문이다.

♦ 세금 및 봉사료 포함 여부를 확인하라 ♦

더운 여름날 밀려오는 갈증을 해소하기 위해 마시는 음료수 하나를 사더라도 구매자는 10%의 부가세를 지불한다. 아끼고 아껴 평생 처음으로 구입하는 자동차를 사더라고 우리는 부가세^{세금}를 지불한다. 우리가 구매하여 사용하는 대부분의 물건에는 부가세가 포함되어 있어 구매자는 내고 싶지 않더라도 의무적으로 이 비용을 지불해야만 한다.

호텔을 이용할 때에도 부가세 10%는 지불해야 한다. 그러나 호텔에는 의무적으로 지불하는 부가세 외에 또 다른 지불항목이 있다. 호텔에서 발행하는 Bill^{영수증}을 유심히 보라. 영수증을 자세히 들여다 본 사람은 일반 업장에서 볼 수 없던 항목을 발견할 수 있을 것이다. 바로 서비스 차지^{봉사료}이다. 그러나 대부분의 고객은 호텔에서 발행하는 영수증에 큰 관심이 없이 금액만 힐끔 보고는 버린다. 이렇듯 자신이 사용한 내역을 자세히 확인하는 고객은 그리 많지 않다. 만일 호텔을 이용할 계획이라면 받게 될 영수증을 유심히 확인해보라.

호텔에서 식사를 하거나 혹은 객실을 사용하더라도 부가세 10%와 함께 별도의 10%의 서비스 차지를 지불한다. 그러나 이러한 서비스 차지에 대해서는 대부분의 사람들은 어련히 호텔에서 계산을 해주겠거니 생각하고 지나쳐 버린다.

　주말에 가족들과 가까운 마트나 백화점에 가서 생필품을 구입하고 계산대에서 영수증을 자세히 보는 고객들을 흔히 볼 수 있다. 작은 물건을 구입하고도 이렇듯 영수증에 10원 하나 잘못 계산하지 않았나 하고 꼼꼼히 챙기는 것과는 상반된 모습이다. 우리는 예약을 할 때 무조건 일반가격으로 알고 가격을 확인하지 거기에 부가세와 봉사료가 포함된 요금인지 여부를 좀처럼 확인하지 않는다. 특히 온라인상에서 예약을 진행할 때에는 반드시 표시된 판매가격에 부가세 및 봉사료가 포함된 가격인지를 확인해야 한다. 싸다고 구매한 가격만을 보고 구매했다면 정작 요금을 지불할 때 기존요금에 별도로 21%의 가격이 추가되는 낭패를 볼 수도 있다. 대부분의 특급 호텔들은 부가세 10% 외에 서비스 차지 10%를 별도로 고객에게 청구한다. 예약 시에는 반드시 부가세 10% 및 서비스 차지 10%가 포함된 요금인지를 확인하는 꼼꼼함을 갖기 바란다.

호텔 가격의 예

객실이 10만 원에 판매됨(세금 및 봉사료 별도 부과)	
• 객실 가격	100,000원
• 서비스 차지(봉사료) 10%	10,000원
	110,000원
• 세금 10%	11,000원
실제 호텔 객실가격	121,000원

◆ 대중교통과의 연계성을 확인하라 ◆

호텔예약 시 우리가 범하기 쉬운 것이 하나 있다. 바로 호텔 홈페이지의 사진이나 웹사이트 사진만을 보고 덥석 호텔을 예약을 하는 경우이다. 정작 호텔에 가보면 사진과 다른 외관, 질적으로 떨어지는 레스토랑의 음식과 객실 상태를 보고 실망을 한다. 호텔마다 자신들의 상품, 즉 객실 및 레스토랑을 좀 더 잘 팔기 위해 전문적인 사진작가를 고용해 사진작업을 진행한다. 호텔의 시설과 기타 부대시설 등을 확인하지도 않고 멋진 조명발에 빛나는 호텔, 그야말로 작가에 의해 포장된 조명받은 사진들만을 보고 호텔을 덜컥 예약한다.

나는 직업 특성상 해외 출장이 잦았다. 그래서 다양한 호텔들에 투숙할 기회가 많았다. 세일즈맨으로서 출장을 다니며 영업을 할 때의 일이다. 투숙하는 호텔들은 대부분 가격적인 메리트와 함께 지하철 이용이 편리한 곳을 예약하였다. 일주일 이상 강행군하는 일정을 소화하기 위해서는 다음 날 방문해야 할 거래처와 가까운 곳이나 대중교통편이 편리한 호텔이어야 하기 때문이다. 낯선 곳에서의 교통편 이용에 소요되는 시간과 비용을 최대한 아낄 수 있는 방법이 바로 호텔에서 가지고 있는 여러 가지 편리성이다. 호텔을 고를 경우 호텔의 위치, 대중교통편, 그리고 호텔에서 운영하는 셔틀버스 등을 꼼꼼히 따져봐야 한다.

막상 예약을 하고 찾아갔는데 대중교통을 이용하기가 불편한 곳이거나 시내와 거리가 생각보다 멀리 떨어진 곳일 경우가 많다. 만약 해외나 지방에서 올라와 호텔을 고를 경우라면 공항과 기차, 버스 터미널과 연계된 편리한 호텔 구하기를 권한다. 자칫 호텔을 잘못 고를 경우 오히려 이동에 소요되는 시간이 지방에서 서울로 이동하는 시간보다도 더 걸릴 수가 있다. 자신이 원하는 숙박지와 비즈니스 혹은 관광 코스가 대중교통과의 연계성이 좋은 선택하는 것도 여행에서는 매우 중요한 포인트이다.

◆ 취소 수수료가 있는지 확인하라 ◆

호텔 영업을 하다보면 고객이 급한 일정으로 호텔을 이용하려고 객실이나 레스토랑을 예약해놓고 본의 아니게 취소시켜 달라고 하는 경우를 가끔씩 겪게 마련이다. 고객은 아무런 적의 없이 행한 행동이지만 정작 영업을 하는 호텔입장에서는 예약도 없이 레스토랑을 찾는다던가 예약을 하고도 취소를 하지 않아 노쇼를 내는 고객들로 인해 손해를 입게 된다.

다음의 경우를 살펴보자.

A고객은 인터넷 여행사를 통해 예약한 호텔을 자신의 개인일정 변경으로 인해 급하게 취소하였다. 그러나 아쉽게도 여행사에서 호텔투숙비용 전액을 돌려받지 못하고 지불하게 되었다. 이렇듯 고객은 인터넷 예약이라는 쉽고 편리한 예약망을 통하여 무작정 예약하였다가 낭패를 보는 경우가 수없이 발생할 수 있다.

수많은 가격비교 사이트에서 가장 싼 요금을 고르는 것은 자칫 자신의 소중한 돈을 허공에 날릴 수 있다는 것을 명심해야 한다. 그렇다면 어떻게 하면 보다 쉽고 금전적인 손해 없이 호텔을 이용할 수 있을까?

여행사별 취소 규정을 꼼꼼히 따져보고 자신의 일정이 최종 진행되기 전 가급적 취소 수수료가 발생되지 않도록 취소하는 것을 잊지 말아야 한다. 온라인으로 예약을 한다면 대부분의 여행사는 카드 개런티Deposit를 원한다. 이때 좀 더 영리한 고객이라면 자신에게 요청된 카드가 취소 시 수수료가 발생되는지를 따져 봐야 한다. 그리고 취소관련 약관이나 자료를 확인하는 것도 좋은 방법이다. 또한 여행사 이용 시 취소 수수료가 없는 여행사를 이용한다면 개인사정으로 인해 만일에 발생할 수 있는 예약취소 시 호텔에 투숙하지 못해 물게 되는 취소 수수료를 아낄 수가 있다.

그렇다면 어떠한 방법으로 가능할까?

기본적으로 불가항력적인 상황을 제외하고는 당일 취소 수수료는 100% 지불하게 되어 있다. 이것은 호텔과 고객 혹은 여행사와 고객이 맺은 계약서나 여행사의 약관에 명시되어 있다. 지진, 폭우, 폭설 등과 같은 자연적인 천재지변과 기상이변에 의한 비행기 결항 등의 사유가 발생되어 호텔을 이용하지 못할 경우는 당일 취소를 하더라도 예외이다. 그러나 고객은 즉시 여행사나 이용예정인 호텔에 직접 연락을 취하여 사정을 이야기해 놓아야 한다. 이러한 경우에는 취소에 따른 수수료가 발생되지 않는다.

천재지변이나 기상이변이 아닌 일반적인 상황에서도 취소에 따른 위약금을 물지 않는 경우가 있다. 당신이 운이 좋은 사람이라면 당일 취소를 하더라도 위약금이 없다는 호텔 직원의 친절한 안내멘트를 받을 수 있을 것이다. 단, 이때에는 개인적인 정당한 취소 사유를 반드시 호텔과 여행사에 전달하며 취소 사실을 알렸을 경우에만 가능하다.

오늘 투숙을 못한다고 포기하여 연락을 취하지 않아 이튿날 여행사나 호텔에 전화하여 취소관련 수수료를 돌려달라고 사정한다면 어느 쪽에서도 당신의 요구를 들어주질 않는다. 반드시 당일 취소라 할지라도 포기하지 말고 호텔과 여행사에 투숙불가와 불가 사유를 명확히 이야기 한 후 다음 날 차분한 상태에서 다시 한번 도움을 요청해보라. 호텔은 당신의 전화 한통으로 인해 당신이 사용 못한 객실을 기다리고 있던 다른 고객에게 판매를 하여 금전적인 손해를 면할 수 있기 때문이다.

다시 한번 알아두어야 할 것은 호텔은 일반 공산품처럼 대량으로 객실을 찍어낼 수 있는 것이 아니고 당일 그때 객실을 팔지 못하면 영원히 팔지 못하고 손해를 입는 것이다. 이 때문에 예약만 하고 취소하지 않고 사용하지 않은 객실에 대해서는 선처나 예외사항 없이 취소비용을 청구하는 것이다.

체크인, 투숙 시 주의사항

◆ 호텔 이용 시 일회용품은 별도로 사야 하나? ◆

　　　　　　　　　　호텔 숙박 시 가장 당황스러운 것 중 하나가 바로 칫솔, 치약이 없다는 점이다. 불과 몇 년 전만해도 호텔에는 1회용 치약, 칫솔이 구비되어 있어서 간단히 하루 이틀 정도 사용할 자신의 옷만을 챙겨가도 아무런 문제가 없었다.

　외국의 경우에는 따로 치약과 칫솔을 구비하지 않더라도 객실 내 1회용품이 무료로 제공된다. 그러나 2008년부터 바뀐 정부의 "일회용 사용금지" 정책, 즉《자원의 절약과 재활용촉진에 관한 법률》에 따라 객실을 7개 이상 소유한 호텔에서는 불필요한 일회용 제품을 무상으로 제공할 수 없음을 법적으로 명시하여 각 호텔들은 별도의 판매용으로만 비치하게 되었다. 따라서 대부분의 특급 호텔들은 일회용 물건을 비치하지 않고 있으며 고객은 치약과 칫솔을 따로 준비해야 하는 번거로움을 감수해야 했다. 그러나 심하게 컴플레인을 하는 고객에게는 음성적으로 1회용 치약과 칫솔을 객실로 전달해주는 해프닝도 가끔은 발생한다.

　자주 호텔을 이용하는 고객이라면 어느 정도 이러한 시책에 동참하고 양해를 해주지만 처음 호텔에 투숙하는 고객은 간간히 프런트에 왜 여관과 모텔에도 있는 무료 세면도구를 주질 않냐고 컴플레인 할 때도 있다. 이러한 고객의 컴플레인으로 인해 정부에서는《숙박업소 1회용품 사용 줄이기 및 리필제품 소비 촉진을 위한 자발적 협약》을 시행하여 호텔 및 숙박업소를 1회용품 무상제공 금지대상 업종에서 제외시켰다.

　소공동에 위치한 롯데호텔과 웨스틴조선호텔은 객실 내 무료 치약과 칫솔을 구비하고 있으며 강남 메리어트호텔도 고객들에게 무료로 제공하고 있다. 더 플라자 호텔의 경우 객실 내에 유료 칫솔과 치약을 구비하고 판매하고 있지만 고객의 요청 시에는 무료로 제공하고 있다. 이처럼 호텔마다 1회용품 사용에 대해서는 약간의 운영방식이 다르다. 이러한 차이는 객실에 구비된 1회용 치약과 칫솔 판매가 기타 매출부분 중 상당부분을 차지하기 때문일 수도 있다.

　모든 호텔에서 반드시 고객에게 무상으로 치약과 칫솔을 제공해야만 하는 것은 아니다. 치약과 칫솔을 무료로 제공하는 서비스는 호텔의 영업정책에 따라 달리 운영할 수가 있다. 이는 엄연히 호텔의 선택사항이다. 무료로 제공되지 않는다고 직원에게 컴플레인을 하기보다는 사전 호텔투숙 전 다시 한번 호텔에서 무료로 치약과 칫솔을 제공하고 있는지를 확인해 보길 권한다.

◆ 비즈니스호텔은 주차장 규모를 확인하고 예약하라 ◆

최근 오픈한 비즈니스호텔에 숙박한 경험이 있는 독자라면 다들 호텔 주차시설 부족에 관한 문제로 컴플레인을 해 본 경험이 있을 것이다. 몇 년 전만 해도 내국인 고객 비중보다 외국인 고객 비중이 상대적으로 높았던 한국의 호텔들은 주차시설 운용에 관해 특별한 문제점이 없었다. 대부분의 투숙객들은 자동차를 가지고 오지 않는 외국 비즈니스맨들이나 지방에서 올라오는 내국인 혹은 결혼기념일과 같은 이벤트를 준비하는 일부의 내국인 고객들이었다. 다만 연회 웨딩홀을 가지고 있는 특급 호텔들의 경우 행사가 주말에 집중되어 있어 행사장을 찾는 고객의 차량을 소화하지 못해 곤혹을 치르는 경우도 있었다.

외국에서 한국을 찾아오는 비즈니스 고객이나 외국의 관광객들은 조용히 캐리어를 끌고와 호텔에 체크인 한 후 체류기간 동안 업무를 마치고 다시 자신의 나라로 떠난다. 그래서 호텔에는 연회나 결혼 등의 행사를 할 수 있는 대형 호텔을 제외하고는 많은 차량을 수용할 수 있는 주차공간이 그다지 필요치 않았다. 그러나 2015년도에 발생한 메르스 중동호흡기증후군 사태 여파로 외국인들이 급감하여 한국의 호텔들은 외국인보다는 쉽게 공략할 수 있는 새로운 타겟층을 공략하였다. 바로 내국인 고객들이다.

호텔들은 발빠르게 중국과 일본여행객에 의존하던 투숙고객을 내국인 대상으로 전환하여 마케팅을 하기 시작하였다. 그리고 내국인을 대상으로 전문적인 영업을 하던 신규 모바일 업체들과의 협약을 통해 짧은 기간에 많은 내국인을 유치하여 성장을 할 수 있었다.

외국인을 대체해 내국인을 메인 대상으로 영업을 하다 보니 호텔마다 주차시설 부족현상이 발생하였다. 객실은 어느 정도 채울 수 있었으나 하루가 멀다 하고 발생하는 주차관련 고객 컴플레인을 처리하기에 분주했다. 기존의 특급 호텔들은 넉넉한 주차공간을 이미 확보해놓은 상태라 내국인 고객이 증가한다고 해서 주차문제가 추가로 발생하지는 않았지만 2012년 이후 생겨난 신규 비즈니스호텔들은 내국인을 수용하기에는 턱 없이 주차공간이 부족하였다.

단지 객실이 저렴하다는 이유로 호텔을 예약한 후 자신의 차를 가지고 호텔을 방문한 고객들은 그나마 협소한 주차장을 이용하지도 못한 채 호텔 주변의 빈 공터나 호텔에서 멀리 떨어진 별개의 부속 주차장에 차를 세우고 호텔을 다시 방문해야 하는 번거로움을 감수해야 한다. 그도 모자라 호텔주변 길가에 차를 세워뒀다가 주차위반 딱지를 떼이는 웃지 못할 풍경도 연출될 수도 있다.

그렇다면 왜 이러한 현상이 벌어진 것일까?

300객실 이상 확보한 신규 호텔들은 과연 얼마나 많은 차량을 주차할 수가 있을까? 정부는 도심 내 차량 진입을 원천적으로 제한하는 정책을 써 왔다. 더욱이 새롭게 오픈한 신규 비즈니스호텔들은 초기투자비에 대한 부담감으로 인해 주차시설에는 인색할만큼 투자비를 최소화 하였다. 따라서 주차공간도 상대적으로 협소할 수밖에 없다. 싸다고 확인하지도 않고 무작정 호텔을 예약 했다가 생각지도 못한 주차공간 부족으로 모처럼 찾은 호텔에서의 여행을 망치는 경우가 발생할 수 있다. 예약 시점에서 투숙하고자 하는 호텔의 주차가능대수를 꼭 확인하는 것이 호텔을 더욱 편리하게 이용하는 방법 중 하나이다. 다음은 기존 디럭스 호텔과 신규 비즈니스호텔의 주차대수 비교 현황표이다.

기존 호텔

호텔명	롯데호텔	웨스틴조선	플라자	신라서울	밀레니엄힐튼
객실수	1,120	462	410	464	680
주차대수	930	340	200	198	500

신규 비즈니스호텔

호텔명	포 포인츠	글래드호텔	신신호텔	스카이파크명동	신라스테이서대문
객실수	342	319	75	312	317
주차대수	56	66	4	70	32

◆ DND Do Not Disturb 버튼 함부로 누르지 마라 ◆

호텔에서 고객들이 자주하는 컴플레인 중 하나가 청소 문제이다. 출장 차 한국에 온 스미스 씨는 오전에 외부로 나갔다가 저녁 늦게 자신의 객실로 돌아왔다. 객실에 들어서는 순간 자신의 객실을 보고 기분이 몹시 상했다. 소극적인 성격의 그는 잠시 화를 참고 있다가 프런트에 전화를 걸어 컴플레인을 쏟아내고 말았다.

중국에서 한류를 만끽하기 위해 아이들과 가족여행 차 한국을 방문한 창 씨 일행 역시 외출 후 자신의 객실로 돌아와 놀라지 않을 수 없었다. 그리고 프런트에 전화를 걸어 심하게 컴플레인을 하였다.

그렇다면 이들은 왜 객실에 들어와 컴플레인을 하였을까?

외부에서 돌아온 그들을 맞이한 객실은 아마도 잘 정리되어 있었을텐데…

하얀 시트로 말끔히 정리된 침대, 먼지 하나 없이 청결한 테이블, 새롭게 셋팅된 욕실, 새하얀 타올, 그리고 호텔에서 제공되는 하루 1병의 무료 음료가 준비되어 그들을 맞이했을 것이다. 그러나 그들의 객실은 예상과 달리 청소가 되어있지 않은 상태였고 다만 하루에 필요한 욕실 타올과 무료로 제공되는 음료만 교체되어 있었다. 그들이 아침에 외부로 나갔을 때처럼 침실은 어지럽게 짐들이 흩어져 있고 아이들이 벗어놓은 옷가지는 의자 위에 마치 허수아비가 걸려 있는 것처럼 놓여져 있었다. 도대체 왜 이러한 일이 일어난 것일까?

객실에는 영어로 DND $^{Do\ Not\ Disturb}$라는 버튼이나 걸이식 카드가 있다. Do Not Disturb란 뜻은 "방해하지 마세요. 청소하지 말아 주세요." 라는 의미로 호텔에서는 이러한 요청이 있는 객실은 청소를 스킵^{skip}하고 당일 필요한 타올 정도만 교체한다. 그 외 고객의 추가요청이 있을 시 객실 밖에 수건과 음료를 호텔 봉투에 넣어 걸어둔다.

DND 버튼이 눌려져 있거나 현관 문고리에 DND 카드가 걸려있는 객실에는 호텔 스텝은 특별한 일을 제외하고는 가급적 해당 객실에 들어가지 않는다. 위 두 가지의 컴플레인 사례는 대부분 고객의 부주의로 인해 일어난다. 외출 시 실수로 키 박스 옆의 DND 버튼을 누르고 외출을 하였거나 함께 투숙한 자녀 중 누군가 버튼을 가지고 장난을 치고 나갔을지도 모른다. 사실을 모르는 고객은 일방적으로 호텔에 청소 상태에 대한 강한 불만을 쏟아낸다.

만약 어린이를 동반한 가족이라면 자녀에게 아무 버튼이나 함부로 누르지 말라고 주의를 주고, 객실 밖으로 외출할 때는 반드시 DND 버튼이 눌려져 있지는 여부를 확인해야 한다. 만일 DND 버튼을 눌러놓고 외출 후 돌아온 당신은 문을 열자마자 여기 저기 어질러진 짐들을 다시 보고 적잖이 실망할지도 모른다.

◆ 금연룸인지 흡연룸인지를 체크하라 ◆

요즘처럼 흡연자들이 사회적으로 냉대를 받는 시절도 없었을 것이다. 최근 건강을 최우선시하는 사회적 분위기로 어딜 가나 금연이라는 표어와 함께 기존에 담배를 권하던 사회 분위기가 어느새 담배를 끊어야 할 분위기로 급격히 바뀌어가고 있다.

웬만한 공공기관 건물이나 식당 심지어 길거리에서조차 무심코 담배를 피웠다가는 주위 사람들로부터 따가운 눈총과 함께 범칙금이 부과될지도 모른다. 개인적으로는 담배를 피우지 않아 이러한 사회적 흐름이 좋지만 정작 애연가들은 직장생활뿐만 아니라 가정에서도 여간 곤혹스러운 일이 아닐 수 없을 것이다. 우리 주위에는 이제 건물 1층에 나와 잠시 담배를 피우고 사무실로 올라가는 직장인들과 아파트 1층 화단 앞에서 혼자 쓸쓸히 담배를 피우는 가장들의 모습이 일상이 된지 오래다.

　이러한 현상에 대해 호텔들은 어떻게 대처할까?

　5분 전 체크인한 MR. Rohan은 다시 로비로 내려와 프런트 직원에게 컴플레인을 하였다. 자신은 담배를 피우지 않는데 체크인한 객실에서 심한 담배 냄새가 난다고 다른 객실로 바꿔 달라는 것이다. 호텔에 근무하다 보면 이러한 유형의 고객 컴플레인을 아주 흔히 겪게 된다. 고객은 예약 시 금연룸인지 흡연룸인지를 미리 호텔 측에 요청해야 한다. 담배를 태우지 않는 비흡연 고객이 흡연 객실로 배정을 받을 경우에는 객실을 바꿔야 하는 번거로움을 감수해야 한다. 그러나 반대로 흡연을 하는 고객이 흡연객실을 요청했음에도 금연객실로 배정받아 담배를 태웠다면 이후에 객실을 사용하는 고객은 담배냄새로 인한 피해를 감수해야 한다. 예약 시 반드시 금연, 혹은 흡연객실을 확인함과 함께 현장에서 체크인 시에도 반드시 자신이 담배를 피우지 않을 경우 객실이 스모킹 룸인지 논스모킹 룸인지를 확인해야 한다.

　내가 주니어 시절, 일본으로 출장을 갔을 때의 일이다. 한국보다 3배 이상 넓고 긴 국토를 가진 일본에서 지방으로 이동 할 때에는 버스보다는 빠른 신칸센을 자주 이용하였다. 당시만 해도 우리나라에는 지금의 KTX와 같은 고속철이 없던 시절이라 신칸센을 타는 것 자체만으로 신기함을 느꼈지만 무엇보다도 빠르고 쾌적함의 장점을 지닌 것에 더욱 크게 매료되었다. 보통 때는 어느 정도 좌석이 여유 있어 현장에서 티켓을 구매하였지만 주말이나 일본 연휴 때처럼 전 좌석이 매진되는 날에는 어렵게 현장에서 기다리다 다음 시간대의 좌석을 구할 수 있었다. 그런데 아쉽게도 그만 흡연석이었다. 기쁨도 잠시 도쿄에서 오사카까지 가는 시간 내내 좌석에 제대로 앉지도 못하고 객차 밖 통로를 마냥 배회해야만 했었다. 그것은 흡연객차에서 뿜어져 나오는 담배 연기 때문이었다. 얼마 전 출장 시 타 본 신칸센은 이제 예전과 달리 흡연객차가 없어지고 별도의 흡연 칸을 만들어 운영하고 있었다. 비흡연자는 더이상 나와 같은 고통은 받지 않아도 되었다.

호텔도 흡연과 비흡연에 관한 문제는 지속적으로 발생하고 있다. 흡연고객이 다녀간 흡연객실에서도 심한 담배냄새로 인해 담배를 피우지 않는 고객들은 숙면을 취할 수가 없다. 또한 흡연자들은 점점 더 흡연객실이 사라지고 있어 고층에서 저층까지 내려와 호텔 밖 흡연구역에서 담배를 피워야 하는 불편함을 겪어야만 한다.

한국은 2015년부터 발효된 공공구역 내에서의 금연이 법제화 됨에 따라 공공기관에서는 물론 공공장소에서의 흡연은 법으로 금지되어 있다. 호텔은 특수한 상황의 산업이라 호텔에서의 흡연을 법적으로 막을 수는 없다. 그러나 최근 호텔들은 호텔 내에 있는 흡연실의 숫자를 줄이고 또한 금연룸에서 흡연시에 범칙금을 부과하고 있는 추세이다. 향후에는 호텔 전체를 금연구역으로 정하는 호텔들이 점점 더 늘어날 것으로 보인다.

편안한 호텔에서의 숙박을 원한다면 미리 예약하기에 앞서 흡연, 금연 객실을 명확히 호텔에 요청하여 불편함이 없기를 바란다.

호텔에서
자주 발생하는
컴플레인

내가 어렸을 때만해도 호텔을 이용한다는 것은 특정 계층을 제외하고는 쉽게 갈 수 없는 특별한 곳이었다. 지금은 일반인들도 특별한 날에 호텔을 이용하고 직장에서도 비즈니스 목적상 호텔을 이용할 기회가 많아 호텔이 단순히 부의 상징이 아닌 이제는 일상생활의 한 부분처럼 친숙해졌다. 그러나 기대를 갖고 찾은 호텔이 기대 이하의 시설과 서비스를 제공한다면 실망하지 않을 수 없다. 배정받은 객실의 시설이 생각보다 좋지 않았거나, 체크인 시 응대한 직원이 친절하지 않았다면 실망감이 더욱 커질 것이다.

사람들은 이러한 호텔의 시설 및 서비스에 어떻게 반응할까?

호텔에 근무하는 나 또한 이러한 불만이 생겼을 때에는 귀찮기도 해서 그냥 호텔을 나오는 경우가 있다. 하지만 언제부터인가 내가 지불한 가격에 대한 물질적, 정신적 서비스를 제대로 받지 못했다고 느꼈을 때는 호텔 직원에게 넌지시 문제점을 말하고 처리해 주길 요청한다. 고객의 컴플레인이야 말로 제대로 된 서비스를 제공할 수 있는 바로미터 barometer 와 같은 것이기 때문이다.

　호텔은 고객들의 컴플레인을 하나 하나 되짚어가며 호텔의 시설, 서비스 등을 개선하려 노력한다. 고객의 한마디 한마디는 호텔의 발전과 직결된다. 그러나 가끔은 호텔에 억지 컴플레인을 하며 금전적 혹은 지불한 금액 이상의 보상을 받아내려는 고객들이 있다. 호텔은 모든 고객들이 원하는 것을 들어줄 것인가?

　그렇지는 않다.

　호텔은 각각 정해진 가이드라인의 보상이나 보험액이 한정되어 있어 해당 상황에 맞게 대처한다. 따라서 정도 이상의 터무니 없는 보상을 원하거나 납득되지 않는 비상식적인 컴플레인을 제기하는 고객에게 무한의 보상과 사과를 하지도 않을뿐더러 할 수도 없다.

　일부 대기업에서 운영하는 호텔들은 그들 기업 이미지를 고려하여 어느 정도의 고객불만과 그에 따른 금전적 정신적 보상을 해주며 고객들의 불만을 조기에 처리하기도 한다. 그러나 최근에 오픈한 비즈니스호텔들의 경우에는 무조건 고객의 불만을 100% 처리해 주지는 않는다. 일부 고객은 자신들이 '갑'이란 위치를 이용해 지나칠 정도의 보상을 요구하거나 강요한다. 호텔로서도 더 이상 들어주기 힘들 정도의 보상을 요구하는 고객의 요구를 허용하지는 않는다. 감정적인 부분에 혹은 개인적인 느낌을 컴플레인하여 보상을 받아내는 시대는 지났다.

　호텔에 대한 고객의 소중한 컴플레인은 진정성에서 나온 충고이며 이러한 고객의 불만사항을 통하여 호텔은 보다 나은 서비스를 고객들에게 제공할 수 있다. 단지 자신의 기분에 맞지 않는다고 호텔

직원을 궁지로 몰기보다는 칭찬의 말과 함께 진정한 충고의 한마디를 해주면 어떨까? 다음은 크고 작은 고객 컴플레인 사례와 그 종류들을 정리해보았다.

◆ 호텔에서 발생하는 컴플레인의 종류 ◆

- 객실 정비불량
- 이중 체크인 : 이미 체크인 한 객실에 객실을 배정함
- 늦은 체크인 수속
- 직원의 불친절
- 객실 내 직원 및 외부인 침입
- 레스토랑 음식 불만
- 화장실 불결
- 객실 내에서 전 투숙 고객의 사용한 물건 발견
- 객실의 냉난방(환절기 시 발생)
- 벌레 발생(바퀴벌레, 빈대 등)

◆ 호텔에서 발생하는 컴플레인의 사례 ◆

가정에서도 부모 자식간 혹은 부부간에도 마음에 들지 않아 다투는 일이 종종 발생한다. 하물며

서비스를 제공받기를 원해 찾아간 호텔에서도 많은 불만사항이 있지 않을까?

고객의 입장에서보면 서비스 받기를 작정하고 찾아간 호텔에서 일어나는 작고 사소한 실수 하나하나가 여간 눈에 거슬리는 것이 아닐 것이다. 나도 호텔을 이용할 때 직원들의 사소한 행동, 호텔의 시설 등을 유심히 관찰한다. 그리고 체크아웃 시에 진심어린 조언을 호텔 측에 해주고 떠난다.

식당을 찾아가도 상황은 마찬가지이다. 처음 고객을 맞는 직원의 서비스부터 서빙하는 직원들의 태도를 눈여겨보고 서비스 점수를 매긴다.

"여기는 조금 더 신경써서 관리하고, 저기는 이렇게 고쳐야 하고 직원들은 이러한 멘트 한마디를 고객들에게 하면 어떨까?"라고 혼자서 중얼거린다. 옆에 있던 와이프는 "역시 직업은 못 속이는구나."라며 내게 한마디를 한다.

다양한 국적, 인종, 성별을 가지고 투숙하는 고객들이 잠시 머물다 가는 호텔은 어떠하랴. 호텔에는 일반인들이 생각지도 못하는 다양한 컴플레인 매일 발생한다. 그렇다면 호텔에서 발생되는 컴플레인에는 어떤 것들이 있을까? 시내 몇몇 특급 호텔에서 발생하는 몇 가지 사례를 살펴보자.

<u>사례1</u> **Mr. M 고객** 손님께서 14:00pm경 벨 데스크로 찾아오셔서 스모킹룸으로 예약을 하여 스모킹룸으로 배정을 받았는데 담배냄새가 너무 심하다고 금연객실로 Room Move를 요청하셨습니다. 이에 벨

데스크 직원이 손님을 프런트에 안내하여 Room Move를 도와드렸고, 손님께서는 만족해 하시며 감사하다고 하셨습니다.

사례2 Ms. D 고객 손님께서 체크인을 하신 후 프런트로 방문하시어 객실에 이전 투숙객이 먹던 음식물이 냉장고에 있다고 하셨습니다. 이에 객실료 인하와 다음 날 조식을 무료로 달라고 요청하셨습니다. 그리고 외출예정이니 저녁에 프런트에 재방문시 결과를 알려달라고 하셨습니다.

사례3 Mr. Yoon 고객 손님께서 이불 상태 및 비품 불량에 대해 컴플레인하셨습니다. 손님께서 13일 22:20PM 경에 냉장고에서 물이 새어 나와 냉장고 근처 바닥이 다 젖었다고 하셨습니다. 객실에 올라가 직접 확인 결과 냉장고에서 조금씩 물이 새어 나와 손님께서는 그것을 막기 위해 수건을 둘러 놓으신 상태였으며, 냉장고는 시설팀에서 물이 새어 나온 것을 확인하여, 냉장고를 교체한 상황이었습니다. 해당 상황에 대하여 손님께서 대책을 마련해 달라고 하셨습니다. 손님께서는 매니저 급이 해당 상황에 대하여 해명 및 대책을 듣기를 희망하셨으며, 15일 손님께서 체크아웃 하시는 14:00PM에 해명과 대책을 듣기로 하셨습니다.

사례4 Ms. H 고객 손님께서 호텔 서비스에 대해 컴플레인하셨습니다. 손님께서 15:20pm경 프런트 방문하셔서 객실상태가 마음에 들지 않는다고 컴플레인하셨습니다. 손님께서 아이들이 객실 창문을 여는 과정에서 창문이 위험할 정도로 열리면 방충망 혹은 난간이 있어야 하지만 따로 방충망과 난간이 없는 점, 가구가 노후화되어 있는 점, 객실 바닥에 얼룩과 흠집이 많은 점, 마지막으로 손님께서 예약하신 후 성인 4명에 어린이 4명 총 8명이 투숙하나 혹 비좁진 않은지 확인 차 직접 호텔에 전화하였으나 호텔직원 중 한 명이 가능하다고 인폼하여 해당 인폼이 잘못된 점, 위와 같은 내용을 프런트 오셔서 컴플레인 및 룸 체인지를 원하셨습니다. 이에 프런트 직원이 손님께 불편을 드린 것에 대해 사과의 말씀을 드리며 손님께 바로 새로운 객실 룸쇼 후 룸 체인지를 도와드리겠다고 말씀드렸습니다. 프런트 직원이 객실 확인 후 벨 데스크 직원에게 인계하였고 손님과 동행하여 다른 객실로 룸쇼 도와드렸습니다. 손님께서 이전 객실보다 훨씬 밝고 분위기가 괜찮다고 하셨습니다.

사례5 Mr. Qin 고객 손님이 프런트로 오셔서 객실정비가 되어있지 않다고 하시면서 불평이 있었습니다. 손님께 사과의 말씀을 드리고 확인한 결과, 손님 실수로 DND 버튼을 누르신 상태에서 외출을 하여 정비를 하지 않았습니다. 손님께 상황설명을 드리고 하우스맨과 타올 및 어메니티를 교체해드렸습니다.

사례6 Ms. Park 고객 손님께서 벌레에 물리셨는지 침대에 누우니 자꾸 등쪽에 발진이 난 것 같다고 말씀하셨으며, 룸 체인지를 요청하셨습니다. 벨맨이 올라가 확인해보니 손님께서는 심각한 상황이 아니 였고, 고객께서는 괜찮다며 룸 체인지만 해달라고 부탁하셨습니다. 객실을 확인 한 후 룸 체인지를 도와드렸습니다. 명일 기존 객실 및 이동객실에 대한 방역진행 예정임을 손님께 알려드렸습니다

사례7　Mr. Wang 고객 체크인 후 객실 뷰가 마음에 안드신다며 프런트로 직접 찾아오셨습니다. 이에 프런트 직원이 컨택하여 손님께 룸무브를 해드리기로 하여 벨 데스크 직원에게 인계하였고 손님과 동행하여 다른 객실을 보여드리고 체인지를 도와드렸습니다. 이에 손님께서는 감사의 인사를 남기셨습니다.

♦ 블랙컨슈머의 등장 ♦

블랙컨슈머 Black Consumer 란 악성이란 뜻의 블랙과 고객을 뜻하는 컨슈머의 합성어로, 기업의 제품을 구매한 후 자신의 불만을 토로하고 기업을 상대로 악의적이고 나쁜 민원을 제기하여 개인적인 이득을 얻고자 하는 자를 말한다.

고객을 상대로 서비스를 제공하는 호텔로서는 호텔 이용고객 컴플레인에 속절 없이 당하는 경우가 비일비재하다. 정당한 요구가 아닌 개인적인 불만으로 인해 프런트나 현장 직원들에게 막무가내 욕설을 하거나 서비스에 대한 불만을 제기하여 자신이 지불한 호텔이용 요금에 대해 환불을 요구하는 경우도 있다. 현장에서 이러한 블랙컨슈머에 대해 적절한 대응을 하기란 여간 힘든 일이 아니다. 블랙컨슈머에 관한 문제는 비단 호텔만의 문제가 아닌 사회 전반적인 문제로 이슈화가 되었다.

얼마 전 발생한 인천 모 백화점의 "스와로브스키 고객 갑질 사건"을 기억할 것이다. 이는 블랙컨슈머의 정도를 넘어 감정노동자인 직원들의 자존심과 모멸감을 안겨준 극단적인 예를 보여준 사건이었다. 백화점에 찾아온 고객은 7~8년 전에 구입한 자신의 물건을 무상수리해 달라는 막무가내식 요구를 무상수리 불가라고 고객에게 전달하는 과정에서 사건이 발생하였다. 이 과정에서 매장 직원 2명이 고객 앞에 무릎을 꿇고 사과를 하는 장면이 SNS를 통해 번지면서 많은 사람들로부터 질타를 받게 되었다.

이처럼 우리 주위에는 자신의 우월적 지위를 악용해 약자인 상대를 비인간적인 대우를 하는 경우가 흔히 발생하고 있다. 국내에서도 점점 지능화되고 심해지는 블랙컨슈머에 대한 기업차원의 법적 대응과 감정노동자인 호텔리어에 대한 적극적인 보호가 필요하다. 그래야만 일반 선의의 고객들에 대한 좀 더 나은 서비스를 제공할 수가 있다.

5장

호텔리어가 알려주는
그들만의 팁

객실편

♦ Early Check In & Late Check Out 시 비용은? ♦

비즈니스 관계로 장기일정의 해외 출장 예정인 김대리는 ○○호텔에 예약을 하고 이른 비행기편으로 현지에 도착하였다. 김대리는 현지에 특별한 연고도 없고, 아침 일찍 일어나 공항으로 이동하느라 피곤해서 다른 오전 일정을 잡지 않고 공항 셔틀버스에 몸을 싣고 곧바로 호텔로 향하였다. 공항에서 약 한 시간쯤 버스로 이동한 후 시내에 있는 호텔에 도착한 시간은 대략 오전 10시.

체크인을 하려고 로비로 들어선 순간, 주춤거리며 호텔예약 시 호텔 사이트에 표기된 체크인 시간을 잠시 떠올렸다.

14:00시 체크인 가능

"이런 너무 일찍 도착했구나." 한숨이 나왔다. 김대리는 어찌할 수가 없어 가방은 벨 데스크에 맡겨두고 호텔 주변에서 산책을 하며 시간을 때워야 했다. 추가 비용을 내자니 돈도 아깝고 해서 호텔 주위에서 2시까지 방황을 하다가 체크인을 했다. 해외 출장이나 국내 출장으로 호텔을 가끔씩 이용해 본 경험이 있다면 누구나 이런 경험을 해봤을 것이다. 호텔에 따라 다소 차이가 있지만 대부분의 호텔 체크인 시간은 대개 12:00시 이후부터 오후 15:00시 사이가 통상적이다. 그렇다고 반드시 정해진 시간에만 체크인을 하는 것은 아니며, 규정 체크인 시간 전이라도 조금 일찍 방문한 고객에게는 상황에 맞게 체크인을 시켜 주기도 한다.

그렇다면 호텔은 왜 일찍 체크인을 해줄 수가 없을까?

객실도 많을 텐데 나 하나쯤 일찍 체크인 해준다고 큰일이 나는 것도 아닐테고, 객실을 수백 개 이상 소유하고 있는 호텔에서 한두 개 정도의 객실을 일찍 체크인시켜 줄 수는 없는 걸까? 이유는 간단하다. 대부분의 호텔들은 전날 투숙한 고객이 체크아웃을 하고 새롭게 객실을 정비하는 시간을 계산하여 운영하기 때문에 체크인 시간을 정해서 운영하고 있다. 전날 객실을 만실 Full House 로 운영한 호텔은 모든 고객들이 체크아웃을 12시에 한다면 다음에 체크인 하는 고객의 객실 배정이 불가능하기 때문에 일정한 객실 정비소요 시간을 두고 체크인을 받기 시작한다. 체크아웃 한 고객의 객실을 청소해야 하는 시간이 필요하다. 보통 특급 호텔의 경우 1개의 객실을 청소하는데 룸타입별 혹은 호텔에 따라 차이가 있지만 청소에 소요되는 시간은 짧으면 30분에서 길게는 1시간 정도가 소요된다. 하루에 룸메이드가 청소하는 객실은 보통 12개 전후이다.

  9시간 근무기준으로 점심시간 1시간을 제하고 8시간 동안 12개의 객실을 청소하게 된다. 쉬지 않고 청소만을 해도 한 객실당 40분 이상의 시간이 소요된다. 청소가 끝나야만 clean된 객실을 프런트에서 고객들에게 배정하여 판매를 시작한다. 오전 8시 혹은 9시에 왔다고 해서 그 손님만을 위해 새벽부터 청소를 준비할 수는 없다. 물론 전날 객실이 만실 Full House이 아닐 경우는 전날 판매되지 않은 객실로 체크인이 가능할 수도 있지만 체크인 하는 고객이 요청한 객실 타입과 베드타입도 맞아야 하기 때문에 쉽지 않은 것이다.

  비행기 시간이 늦은 시간대일 경우 일부 고객들은 체크아웃 시간도 연장해 달라고 은근히 떼를 쓰기도 한다. 이러한 경우 객실상황이 여유롭다면 프런트 직원의 권한에 따라 조금씩 연장을 무료로 해주긴 하지만 당일이 풀 예약이라면 이것마저도 쉬운 일이 아니다. 잘못 연장을 해줬다가는 객실 배정에 일대 혼란이 일어날 수 있기 때문이다.

  호텔에는 'Early check in & Late check out'이라는 시스템이 있다. 고객이 원해서 정해진 시간보다 미리 객실에 들어가 쉬기를 원할 경우에는 시간에 따라 비용을 호텔에 추가적으로 지불하면 된다. 호텔은 고객이 요청한 객실을 전날부터 미리 공실로 판매하지 않고 비워둔다. 호텔별로 당일 투숙비용을 체크인 시간을 기준으로 하여 적게는 20%에서 많게는 50%를 받는 호텔도 있다. 물론 여유가 있다면 추가 차지를 내고 호텔에 일찍 도착해서 체크인 수속을 마치고 객실에서 편히 쉴 수가 있다.

업무상 예정된 시간보다 늦게 체크아웃을 원하는 경우에도 객실 비용을 시간당 계산하여 호텔에 지불하면 된다. 한번쯤 Early check in & Late check out 경험을 해 본 적이 있다면 지금부터 귀를 쫑긋 세워 참고하기 바란다.

모든 경우는 아니지만 당신은 프런트에 체크인 하기 전 프런트 매니저의 얼굴을 한번 보고 그 중 가장 인상이 좋고 편안해 보이는 잘 웃는 직원을 택해 얼리 체크인을 부탁해 보라.

워커힐호텔의 H과장은 호텔직원을 감정노동자라고 칭하며 그들도 고객의 감정에 의해 마음이 동요된다고 말한다. 따라서 호텔리어는 아주 작고 사소한 것에도 마음의 동요를 일으킨다. 예를 들어 체크인 시에 어린아이를 데리고 온 가족이 있다면 그들은 가족이 좀 더 편하게 쉴 수 있도록 배려를 해준다. 다른 경우는 고객의 몸이 좋지 않아 보인다던가, 이러한 경우 일반 직원들이 바라봤을 때 감정 동요를 일으켜 얼리 체크인과 업그레이드가 가능하다. 당신은 밖을 배회하지 않고 벨맨에 의해 어느새 당신의 가방은 객실로 이동하고 있을 지도 모른다.

호텔은 정해진 룰에 의해 움직이는 조직이지만 모든 것은 사람에 의해 움직이는 가장 인간다운 면모가 드러나는 조직이다. 다음은 서울시내 주요 호텔들의 체크인, 체크아웃 시간과 추가 차지 비용이다.

주요 호텔별 Check In & Check Out 시간과 추가 비용

웨스틴조선	15:00시	체크인	12:00시	체크아웃
하얏트	15:00시	체크인	12:00시	체크아웃
밀레니엄 힐튼	14:00시	체크인	12:00시	체크아웃
더 플라자	15:00시	체크인	12:00시	체크아웃
라마다 호텔&스위트	15:00시	체크인	12:00시	체크아웃

	웨스틴조선	롯데호텔	밀레니엄 힐튼	더 플라자	라마다호텔 & 스위트
07:00 이전	1박 요금 부과	Guarantee: 1박 차지 NonGuarantee: 상황에 따라 free 체크인 가능	1박 요금 부과	1박 요금 부과	1박 요금
08:00 이전	1박 요금의 50%				07:00~ 50% 요금
09:00 이전	1박 요금의 25%				
10:00 이전	1박 요금의 20%		상황에 따라 무료	50% 차지	
10:00 이후	상황에 따라 무료				

◆ 투숙 중 호텔의 집기나 시설을 훼손했다면 ◆

K회사에 다니는 이희정 씨는 오랜만에 여고동창들과 만나기로 하였다. 설레는 마음을 갖고 10년만에 동창들과 특별한 이벤트를 준비하고 싶어 중구에 위치한 R호텔에 예약을 하였다. 나름 와인을 준비하여 친구들과 밤을 새며 이야

기 꽃을 피우고 이야기하던 중 그만 실수로 호텔에서 빌린 와인 잔을 깨트리고 말았다.

다음 날 아침 체크아웃 할 때 와인 잔을 깼다고 이야기 할까 말까 고민하다 프런트 지배인에게 사실대로 이야기 하였다.

"실수로 그만 글라스를 깼는데 어떻게 변상해야 할까요?" 하고 묻자, 친절한 프런트 직원은 오히려 "어디 다치신 데는 없으신가요?" 라고 상냥하게 물어왔다. 그리고 추가 비용 없이 체크아웃을 할 수 있게 도와주었다.

호텔은 장치산업이자 감정노동자가 근무하는 인적 서비스산업이다. 고객이 파손한 물건이 심하게 못쓰게 될 경우나 가격이 비싼 물건을 제외하고는 따로 물건에 대한 손해배상을 요구하지 않는다. 물론 회사 규정에는 손해배상을 하라는 규정이 있지만 당일 체크아웃을 맡은 지배인은 오히려 다치신 곳이 없냐고 고객을 더 걱정해 주었다. 그러나 원리 원칙을 강조하는 프런트 매니저를 만났다면 이야기는 달라질 수 있다.

대학동기인 친구와 오랜 연애 끝에 결혼에 성공한 박대리는 항상 와이프에게 잘해주지 못해 마음이 불편했다. 남들처럼 좋은 환경에서 편하게 살지 못하고 5년이 지난 지금도 서로 맞벌이를 해가며 늘 하루 하루를 바쁘게 사는 것이 미안했다. 서로의 근무시간이 맞지가 않아 하루에 서로의 얼굴을 볼 수 있는 시간도 얼마되지 않고 오히려 결혼하기 전 연애할 때가 서로에게 좀 더 충실하지 않았나 하는 생각도 들 때가 있었다. 박대리는 와이프의 생일이벤트를 하려고 P호텔 객실을 예약해 놓았다. 미리 호텔에 도착해 준비한 풍선을 불어 객실의 벽과 천정에 색색의 띠를 두르고 붙이고 하였다.
"이 정도면 와이프도 기뻐하겠지."
그리고 창 밖이 보이는 응접 테이블 위에 작은 케이크를 올려놓고 현관문에서부터 테이블까지는 작은 초를 이용하여 꽃길을 내었다. 깜짝 이벤트를 받은 박대리의 와이프는 감격에 울컥하여 눈물을 글썽거렸다. 박대리는 나름 만족한 마음을 가지고 편하고 행복한 하룻밤을 호텔에서 보낼 수 있었다.

문제는 체크아웃 하는 날에 일어나고 말았다.

간단히 조식을 마친 박대리는 짐을 꾸려 프런트에서 계산을 하려고 체크아웃을 하려던 참이었다. 전날 체크인을 받던 상냥한 직원이 체크아웃을 도와주었다. 잠시 뒤 친절한 프런트 직원은 한 통의 전화를 받고 박대리에게 난감한 표정을 지으며 객실에 문제가 있다며 확인을 부탁하였다. 순간 박대리는 어제 촛불로 길을 만드는 과정에 초가 넘어져 바닥의 카펫을 살짝 태운 일과 천정에 풍선을 붙이려다 그만 천정 벽지가 찢겨나간 일이 생각났다. 그대로 이야기 하지 않고 조용히 퇴실하려던 차에 객실을 정비하던 직원이 발견하고 프런트에 알린 것이다.

"손님 어제 투숙하신 객실의 카펫과 천정 벽지가 뜯겨져 보수가 필요합니다. 저희 호텔 측에서 최대한 수리하겠지만 벽지공사에 대한 수리비용이 발생됩니다."

순간 박대리는 망치로 머리를 두들겨 맞는 기분을 느꼈다. 박대리는 수리비용이 청구된다는 말에 놀라지 않을 수 없었다.

사실 이러한 일은 호텔에서 종종 발생하는 일이다.

이렇게 뜻하지 않은 일이 발생되면 개인은 물론이고 호텔로서도 상당히 불편하지 않을 수 없다. 호텔을 찾아온 고객에게 비용을 청구하자니 수리비용을 지불하는 고객은 즐거운 여행에서 기분이 상할 것이고 다시 그 호텔을 찾기가 쉽지 않을 것이다. 호텔 객실은 적게는 한 개의 객실당 몇 천 만 원에서 많게는 몇 억의 금액을 들여 객실을 꾸미게 된다. 호텔마다 차이가 있지만 7평~15평 미만의 작은 공간에 상상할 수 없을 정도의 비용을 투자한다. 따라서 카펫 하나 벽지 하나 가구 하나하나의 비용도 만만치 않다. 또한 수리에 필요한 기간 동안은 객실을 팔지 못해 영업적인 손해를 입기 때문에 오히려 고객이 지불하는 돈보다 호텔에서 입는 손해가 더욱 심할 수도 있다. 즐거운 추억을 만들기 위해 찾은 호텔에서 조금 더 세심한 행동이 필요하다.

◆ 투숙 중 다치거나 병이 났을 때 ◆

A부장은 늦게까지 야근을 하다가 직장동료들과 호텔에서 숙박하기로 하고 회사주변의 호프집에서 동료들과 술 한잔을 한 후에 체크인을 하였다.
  샤워를 하고 나오던 A부장은 바닥에 미끄러져 좌측 허벅지가 살짝 찢어지는 사고를 당하였다. 자신의 부주의로 인해 다친 사고라 A부장은 호텔에서 제공하는 간단한 구급약을 요청하고 아픔을 참고 밤을 새웠다.

원칙적으로는 호텔에서 고객의 부주의로 인해 다쳤을 경우에 치료비용은 본인 지불이 원칙이다. 그러나 기타 시설, 특히 위험성이 있는 시설에 대해서 호텔에서 방치하였다면 당연히 호텔에서 배상을 해야 한다. 고객의 사고방지를 위해 호텔에서도 고객의 안전에 대해 최선을 다하고 있다. 그리고 호텔은 여러 가지의 안전사고를 대비해 보험을 들어놓는다. 또한 호텔은 호텔에서 일어날 수 있는 만일의 인사사고를 대비해 각 호텔별 자매 병원을 지정해 유기적인 협조를 받는다. 호텔과 병원은 24시간 유기적으로 교류하며 외국인이나 내국인을 구별하지 않고 위급한 환자가 생겼거나 다쳤을 경우 병원에 즉시 연락하여 손님을 이송함으로써 손님이 안전하게 치료받을 수 있도록 만전을 기한다.

집을 떠나 여행을 하는 도중에 아플 때면 호텔 직원에게 도움을 요청하길 바란다. 호텔직원들은 24시간 당신을 위해 대기하고 있다. 미안하게 생각하지 마라. 당신이 원한다면 직원은 아무런 보상없이 당신을 모시고 병원으로 가서 치료를 도와줄 것이다. 호텔과 병원의 유기적인 협조로 인해 고객은 자신의 집을 떠나서도 안전한 호텔의 보호하에 숙박을 할 수가 있다. 호텔은 항상 고객의 안전을 최우선으로 하기 때문에 투숙하고 있는 동안은 마음 놓고 편안한 밤을 지새워도 될 것이다. 갑작스레 급체나 몸살이 났을 때 늦은 시간이라 병원이나 약국에 가지 못하고 위급약조차 사지 못한다면 호텔에 도움을 요청하라. 호텔에는 고객을 위해 기본적인 의약품을 항시 준비하고 있다. 오늘도 24시간 움직이는 호텔리어들이 당신의 안전을 위해 대기하고 있다.

◆ 호텔에 맡긴 물건이 손상되었을 때 ◆

정과장은 다음 주에 잡힌 중요한 계약관련 미팅 시 입을 양복을 자신이 자주 이용하는 M호텔 세탁소에 맡겼다. 결혼 때 선물로 받은 고가의 예복이라 일반 세탁소에 맡기기가 부담스러운 양복이었다. 값도 값이지만 의미 있는 양복이라 나름 조심스럽게 입었던 양복이었다. 호텔 세탁소는 항상 약속한 날짜에 말끔히 세탁을 해서 포장까지 해주었기 때문에 정과장은 항상 만족스러웠다. 다른 일반세탁소보다 정성을 들여 처리하여 가격은 조금 비싸지만 그는 M호텔을 자주 이용했다. 그러나 양복을 맡긴 다음 날 M호텔 고객서비스센터로부터 다음과 같은 전화를 받았다.

"정○○고객님! 정말 죄송합니다만 맡기신 양복이 저희 호텔직원의 실수로 훼손이 되었습니다."

오랜 기간 믿고 이용을 하던 곳이라 큰소리 한번 쳐보지 못하고 속으로 끙끙 고민만하였다. 그리고 고민 끝에 손해배상을 해줄 수 있는지를 물어보았다. 뜻밖에 호텔에서는 양복 값에 대해 전액 보상을 해준다는 연락을 해왔다. 이렇듯이 호텔은 고객 물건에 대한 파손, 분실의 사고가 발생될 경우 손해배상을 해준다. 물론 명확히 과실여부가 호텔의 잘못임이 입증되었을 때에만 가능하다. 호텔에는 고객들의 안전과 만일에 발생될 수 있는 사고에 대한 보험이 가입되어 있다. 사소한 사건에 대한 보상은 호텔에서 직접 현금 등의 보상처리를 하지만 자동차나 고가의 물건 등에 대해서는 보험처리를 하여 고객에게 손해배상을 해준다.

◆ 청소년도 호텔에 투숙할 수 있나요? ◆

최근에는 호텔을 비롯한 숙박업소를 이용하는 연령대가 낮아지고 있는 추세이다. 10년 전만 하더라도 호텔을 이용하는 연령대는 40대가 주류를 이루고 있었으나 상대적으로 가격이 저렴한 비즈니스호텔들의 증가로 인해 숙박업소를 이용하는 연령대가 그만큼 낮아진 것이 사실이다.

요즘 TV광고에 자주 등장하는 광고를 유심히 보다 보면 전에는 없던 광고들을 자주 접할 수 있다. '여기 어때' '야놀자' 등의 광고가 자칫 자라나는 청소년들에게 부정적인 관광업의 이미지를 심어줄 수 있는 오해의 소지를 낳을 수도 있다. 관광업에서 본다면 그만큼 호텔을 이용하는 연령층이 확대되어 매출을 올릴 수 있는 기회가 되었지만 다른 한편으로는 또 다른 걱정거리를 발생시키고 있다. 바로 청소년의 호텔숙박 문제이다.

그렇다면 청소년도 호텔 숙박이 가능할까? 결론부터 말하면 불가능하다. 예외 사항이 있긴 하지만 기본적으로 청소년이 호텔이나 숙박업소에 투숙하는 것은 엄격히 법으로 금지되어 있다(청소년 보호법 적용). 그러나 청소년이 부득이한 사정에 의해 꼭 호텔에 숙박을 할 경우에는 투숙하는 미성년자 부모님의 동의 혹은 성인이 동반해야만 투숙할 수가 있다.

다음은 호텔에서 발생되는 특별한 청소년의 투숙관련 사례이다.

지방에 사는 ○군은 서울의 ○○대학의 논술시험을 보러 서울로 올라와야 했다. 지방에서 살던 ○군은 마땅히 머무를 수 있는 친척

집이나 연고지가 없어 부득이 ○○학교 근처에 있는 ○○호텔로 숙소를 잡았다. 다소 가격이 비싸지만 모텔이나 여관에서 하룻밤을 지낼 수가 없어 좀 더 안전한 호텔을 숙소로 잡기로 했다. 부모님과 함께 숙박을 한다면 문제가 없겠지만 상황이 여의치 않아 부모님으로부터 '미성년자 보호자 숙박동의서'를 작성 후 체크인 할 때 호텔에 제출하였다. 물론 사전에 부모님이 호텔에 전화를 걸어 사정을 설명한 후에 숙박이 가능하였다.

성인 동반이 어려운 경우에는 보호자로부터 반드시 '미성년자 보호자 숙박동의서'를 작성받아 제출해야 숙박이 가능하다. 그러나 이러한 미성년자 보호자 숙박 동의서를 받더라도 동성끼리만 숙박이 가능하며 이성끼리의 혼숙은 불가능하다. 또한 숙박업소의 자체 숙박 규정에 따라 숙박가능 여부가 달라지므로 사전에 숙박하고자 하는 호텔에 전화로 확인하는 것이 좋다. 이러한 경우를 제외한 경우에는 미성년자를 혼자 투숙시키는 것은 법으로 금지되어 있다. 숙박업 강화에 따라 호텔에서는 미성년자로 의심되는 고객에게 자신의 신분을 증명할 수 있는 신분증을 요청할 수 있으며 자신이 미성년자가 아님을 증명하지 못하는 경우에는 강제 퇴실조치할 수도 있다. 다음은 청소년 보호법에 명시된 사항이다.

청소년 보호법 [시행 2015.6.22.] [법률 제13371호, 2015.6.22.일부 개정]
제4장 청소년유해약물 등, 청소년유해행위 및 청소년유해업소 등의 규제 30조(청소년유해 행위의 금지) : 누구든지 청소년에게 다음 각 호의 어느 하나에 해당하는 행위를 하여서는 아니 된다.

8. 청소년을 남녀 혼숙하게 하는 등 풍기를 문란하게 하는 영업행위를 하거나 이를 목적으로 장소를 제공하는 행위
여기서 '청소년'이란 만 19세 미만인 사람을 말한다. 다만, 만 19세가 되는 해의 1월 1일을 맞이한 사람은 제외한다. 위의 법을 어겼을 경우에는 제58조(벌칙)에 의해 다음 각 호의 어느 하나에 해당하는 자는 3년 이하의 징역 또는 2천만 원 이하의 벌금에 처한다.

- 모텔이나 여인숙 등의 일반 숙박업을 관장하는 법: 공중위생법적용
- 호텔을 관장하는 법: 관광진흥법적용

◆ **같은 날인데 왜 다른 요금이 적용되나요?** ◆

벌써 20년 전의 일이다. 신혼여행지로 떠난 곳은 그 해 신혼여행객들에게 가장 인기가 많았던 발리. 그때만해도 직항노선이 없어 국적기를 타고 장장 7시간 그것도 중간에 인도네시아 자카르타를 경유하는 고통을 감수해야만 갈 수 있는 환상의 섬이었다.

파라다이스와 같은 발리에서 꿈같은 일주일을 보냈다. 환상적인 해변, 고운 모래, 그리고 멋진 자연과 하나된 듯한 방갈로식 호텔객실을 스위트로 업그레이드를 해줬으니 이보다 더 멋진 곳이 어디 있었으랴. 귀국 직전 일주일을 함께한 일행들은 선물을 사기에 여념이 없었다. 그때까지만해도 발리에는 이렇다 할 선물이 없어 일행들은

매일 저녁이 되면 쇼핑센터를 찾아 헤맸다. 그리고 각자가 쇼핑해온 선물을 다른 일행들의 물건과 비교하였다. 일부는 자신들이 구입한 물건이 다른 사람이 구매한 물건에 비해 비싼 것을 알고 화를 내기도 하였다. 이처럼 같은 지역에서 판매하는 조그마한 물건조차 시간과 때에 따라 가격이 다르게 판매되기도 한다.

시스템적으로 객실을 판매하는 호텔은 어떠한가?

호텔은 똑같은 객실을 판매하면서도 같은 날, 심지어 시간대에 따라 판매요금에 차이가 발생한다. 호텔은 그날 그날 한정된 객실을 판매하는 산업이다. 판매가 잘 된다고 객실을 당장 공장에서 상품을 찍어내듯 만들어 판매할 수는 없다. 그리고 객실의 크기를 바꿔 판매 숫자를 늘리거나 줄일 수도 없다. 동일한 객실을 얼마에 판매하는지가 호텔의 매출을 좌우한다.

호텔은 동일한 객실을 마치 딜러들이 딜링하듯 실시간으로 시간별 혹은 일별 요금을 수시로 변동시킨다. 호텔에는 이러한 업무를 담당하는 전담 직원이 있어 하루 종일 모니터를 지켜보며 객실요금을 컨트롤한다. 그리고 판매되는 객실가동률에 따라 객실요금을 올리거나 내리기도 한다. 한정된 객실은 오늘 팔지 못하면 그대로 폐기하듯 남은 객실을 내일 팔 수가 없다. 오늘 팔면 돈을 벌지만 오늘 팔지 못한 객실은 그대로 버려지는 것이다. 따라서 호텔에서는 오늘 남은 객실을 최대한 소비시키기 위해 실시간으로 요금을 변경시킨다. 만일 당신이 동료보다 객실을 싸게 구매하였다면 옆에 있는 동료에게 굳이 말하지 않는 것이 좋다.

♦ 객실에서 제 물건이 사라졌어요 ♦

　　　　　　　　　　객실에서 자신의 물건을 잃어 버렸다고 생각했을 때는 한 두번 더 천천히 찾아본 뒤에 호텔에 이야기 해보길 권한다. 무조건 물건을 잃어버렸다고 호텔 직원을 의심하며 호텔에 책임을 묻는 것은 섶을 지고 불 속으로 뛰어드는 행위이다. 이런 일의 대부분은 분실물을 자신의 가방이나 객실 어딘가에서 되찾는 경우가 많다. 호텔에 근무하며 자주 접하게 되는 사건 사고중 하나가 바로 객실 내 분실물에 대해 컴플레인이다. 객실은 돈을 주고 고객이 투숙기간 동안 임대한 Private한 장소이다. 따라서 객실내에는 고객(투숙객)의 허락 없이 아무도 들어올 수가 없다. 물론 예외의 경우가 있다. 객실 청소를 위해서 룸메이드가 들어가서 청소를 한다. 또한 객실 정비 상태를 체크하기 위해서 하우스맨이 객실에 들어가 객실의 청소 상태를 다시 한번 체크한다. 이러한 일상적인 업무를 보는 것 외에는 호텔 직원 어느 누구도 임의로 객실에 들어가서는 안 된다. 일상적인 업무 외에 고객의 객실에 들어가는 일은 가정에 무단으로 침입하는 도둑의 침입과도 같기 때문이다. 이러한 일을 방지하기 위해 호텔에서는 고객의 객실에 들어갈 수 있는 직원을 철저히 시스템적으로 차단하여 운영하고 있다. 또한 객실 내에 들어갈 수 있는 부서의 직원들은 필히 신원확인 후 채용한다. 이렇듯 철저한 보안을 요구하는 객실에서 물건이 없어질 수가 있을까?

　　호텔에 근무하는 동안 자신의 물건이 없어졌다며 심하게 호텔에 컴플레인을 하는 고객을 무수히 많이 봐왔다. 방에 누군가 무단으로 침입한 것 같다며, 혹은 누군가 자신의 물건을 가져간 것 같다며 호텔에 컴플레인과 보상을 요구하는 경우를 수도 없이 목격했다. 그러나 이러한 경우의 99% 이상은 손님의 과실로 밝혀진다.

다음은 어느 투숙고객의 실제 컴플레인 사례이다.

체크아웃 하는 날 중년부부가 프런트로 내려왔다. 아내로 보이는 부인은 살짝 떨리는 목소리로 자신의 화장품이 없어졌다고 프런트에 컴플레인을 했다. 딸이 해외에서 사온 명품 화장품이라며 어제 저녁에 화장을 하고 객실 화장대 위에 놓아둔 채 외출 후 돌아와 보니 사라졌다고 한다. 호텔 측에서 가져간 게 아니냐며 룸메이드를 의심하는 말씀을 하셨다. 결론부터 말하자면 전날 화장을 하고 자신의 가방에 넣어두었다는데 실은 남편의 가방에 넣어두었던 것이다. 그리고 화장한 것만 기억하고 화장대 위에 놓아두었다고 믿고 있었던 것이다. 체크아웃을 위해 짐을 정리하며 다시 한번 객실에서 화장품을 찾던 남편은 자신의 가방 속에서 화장품을 발견했다. 아침부터 벌어진 해프닝으로 전 부서가 발칵 뒤집혔다. 하우스 키핑 직원들은 다시 한번 전날 분실물 및 버린 쓰레기통을 뒤지며 물건을 찾았고, 시설(보안)팀은 층에 설치된 CCTV를 되돌려가며 객실 내 입출입 상황을 일일이 체크하였다.

손님은 체크아웃하며 자신의 부주의로 괜히 호텔 직원을 의심하였다며 사과의 말씀을 하시며 돌아가셨지만 한바탕 소동 치고는 어이 없던 결론이었다. 본의 아니게 의심 받았던 룸메이드에게 미안했던지 침대 위에 작은 팁을 놓아두고 가셨다. 그래도 이 고객은 그나마 나은 편이다. 물건을 분실하는 경우는 이것 말고도 다양하다.

물건이 침대 밑으로 들어간 경우, 가방 속, 혹은 다른 사람이 가져간 (동숙한 친구) 경우 등 다양한 케이스가 있다. 극히 드문 일이지만 호텔 측에서도 중간 재실정비 시 버리는 물건으로 오인하여 폐기하는 경우도 발생한다. 정비 시 버리는 물건으로 오인하는 경우는 엄연한 호텔의 책임이다. 호텔은 이러한 객실 내 분실에 대한 문제를 방지하기 위해 객실에 들어가는 직원의 숫자를 제한한다. 만일 세 번 이상의 확인을 한 후에도 물건을 찾지 못했다면 그때 정식으로 호텔에 이의를 제기하고 확인을 부탁하라.

호텔은 당신의 객실에 누가 언제 들어갔는지를 정확히 확인하기 위해 보안 팀의 CCTV 확인 및 객실의 입출입을 알 수 있는 키 리더기의 확인을 통해 침입사실을 확인해 줄 것이다.

◆ 객실 안전금고 Safety Box 비밀번호를 잊었어요 ◆

긴 여행을 하다 보면 본의 아니게 현금이나 귀중품을 들고 다닐 때가 있다. 한국에서야 큰 문제가 없다고 하지만 해외 여행을 할 때는 이러한 귀중품은 여간 성가신 게 아니다. 아무리 치안이 철저한 나라라 할지라도 여러분의 귀중품이 안전하다는 이야기는 아니다. 어디선가 여러분의 귀중품을 노리고 있을지 모른다. 따라서 객실을 나서기 전 여러분은 객실 내 귀중품을 보관할 안전금고를 찾게 된다. 귀중품은 객실에 있는 안전금고에 보관해 두는 것이 좋다. 여권, 현금, 그 밖의 간단한 귀중품을 객실에 비치된 금고 Safety Box에 넣고, 나머지 가벼운 물품들은 가방과 함께 객실에 정리해둬라. 그런데 가끔씩 문제가 발생한다.

바로 객실 내에 설치된 안전금고의 비밀번호 문제이다.

몇 번씩 번호를 만지작거리다가 설정한 안전금고의 비밀번호. 외부에서 관광을 마치고 객실에 들어오면 설정해 놓은 비밀번호를 잊어버리고 진땀을 빼는 경우가 있다. 몇 번이고 숫자를 조합하여 큐브 게임을 하듯 실타래를 풀어보지만 모두 헛수고였다. 때로는 지난 주에 사뒀던 로또 번호를 누르기도 하고 때로는 본인의 생일, 아이들의 생일까지 다 입력해 본다. 그래도 열리지 않는다면 괜한 고생을 하지 말고 객실 전화기 0번을 눌러 컨시어지에 부탁해 보라.

바로 도착한 당신의 호텔리어들은 시설팀이나 하우스맨 객실로 도착하여 당신에게 비밀번호를 묻지도 않고 너무나도 쉽게 금고의 문을 열어줄 것이다. 객실에 비치되어 있는 안전금고는 출고 시부터 공통된 비밀번호를 부여 받게 된다. 비상시에는 항상 그 비밀번호를 사용하여 고객의 문제를 해결해 준다. 객실 내에서 비밀번호를 찾으려고 온 집안 식구들의 생년월일을 입력하며 진땀을 흘리지 말고 호텔에 도움을 요청하라.

◆ 객실 어메니티 가져가도 될까요? ◆

결론부터 말하면 호텔 내 어떠한 어메니티도 그냥 가져 갈 수는 없다. 기본적으로 고객이 투숙 중에 사용한 물건을 제외하고는 고객에게 제공되는 객실 내 어메니티라 해도 가져가면 안 된다. 하지만 대부분의 호텔에서는 고객이 어메니티를 가져간다고 해서 비용을 별도를 부과하거나 고객에게 반납을 요구하지는 않는다. 그렇다고 객실 내 모든 어메니티 품목에 대해서 가져가도 된다는 의미는 결코 아니다.

호텔은 객실 내 어메니티 구매비용, 청소비용 및 직원들의 인건비까지 포함된 가격을 계산하여 객실가격을 책정하고 고객들에게 판매하고 있다. 더 정확히 말하자면 자신이 투숙한 객실요금 안에 모든 어메니티 요금까지 포함되어 있다는 뜻이다.

호텔 객실 안에 비치되는 어메니티는 호텔에 따라 차이가 있지만 소모성 어메니티인 바디젤, 샴프, 린스, 비누, 슬리퍼 등 한번 투숙한 고객이 사용하여 소비되는 물품과 린넨, 베개 등 재생이 가능한 어메니티로 구분할 수 있다.

일반적으로 일회성 소모품인 어메니티는 고객이 한번 오픈하여 사용하게 되면 전량 폐기 처분하게 되어 있어 사실 가져가도 무방하다. 그러나 요즘에는 고객이 쓰고 남은 어메니티를 사회 기부차원에서 불우이웃이나 물품이 필요한 공공기관에 기부하는 나눔 행사를 통하여 자원활용 및 사회환원을 수행하고 있다.

국내 및 해외 호텔들은 그들만의 각기 다양한 어메니티를 준비하여 고객을 맞이한다. 그래서 최근에는 일부 어메니티를 수집하는 마니아층들도 생겨났다고 한다. 해외 여행 중 자신이 묵었던 숙소의 어메니티만을 취미로 모으는 사람들도 생겨났고 전문적으로 호텔의 어메니티만을 모으는 열성 마니아층도 생겨났다.

이제는 일부 고객들 사이에 해당 호텔에 자신이 묵었던 기념으로 어메니티를 모으는 사람도 있어 호텔들은 각기 특별한 어메니티를 홍보용으로도 차별화시켜 나가기도 한다. 어메니티에는 친절하게 호텔의 로고까지 새겨 있어 특히 해외 여행을 다니는 고객들에게는 필수 수집품 중에 하나가 되기도 한다. 호텔리어인 나 또한 해외 여행 중 객실 내 비치된 예쁜 어메니티를 보고 가져오고 싶은 충동을 느낄 때가 한두 번이 아니었다. 호텔에서 고객이 가져가는 호텔 물품 종류는 상상을 초월할 정도로 많다. 기본적인 어메니티로는 바디샤워, 로션, 바디젤, 헤어젤 등이며 그 밖의 호텔 비품으로는 비누, 샴프, 빗, 슬리퍼, 컵, 타올, 미니쿠션, 볼펜 등 대부분 객실 소품에 해당한다.

해외 출장을 자주 다니던 나의 집에는 호텔 일회용 비누나 예쁘게 디자인되어 있는 어느 국가의 브랜드 호텔의 일부 어메니티들이 화장실에 놓여져 있다. 물론 예뻐서 가져온 것도 있지만 샘플로 가져온 물건들이 대부분이다. 객실 내 비치된 볼펜의 경우도 분실물 상위 물품 중 하나이다. 볼펜은 고객

이 자주 사용하는 물품임과 동시에 그 호텔의 로고까지 새겨져 있어 고객들이 쉽게 습득할 수가 있다.

　호텔지배인들은 출장 중에 타 호텔 혹은 다른 국가 호텔의 어메니티를 가져와 자신의 호텔에서 사용할 어메니티를 만들 때 샘플로 활용하기도 한다. 그만큼 호텔 어메니티는 더 예쁘고 실용적으로 만들어지고 있으며 이제는 그 호텔의 수준을 가늠할 정도로 퀄리티 경쟁이 심화되고 있다. 그러나 우리가 호텔에서 아무렇지도 않게 사용되고 가져올 때 이것만은 다시 한번 생각해보자.

　고객들은 호기심에서 혹은 취미로 호텔의 어메니티들을 모으지만 실상 호텔에서는 분실된 어메니티를 구입하느라 막대한 비용을 지불하고 있다. 연간 어메니티 비용만도 수천만 원에 이를 정도로 많은 비용이 나가고 있다. 각자 한 명씩 하나의 아이템씩을 가져간다고 생각해 보라. 어메니티에 들어가는 비용이 늘어날수록 호텔은 구입에 상당한 고민을 하게 될 것이다. 더불어 정작 혜택을 보아야 하는 사회의 불우한 이웃에게 돌아갈 물건이 줄어들 수도 있다. 요즘에는 호텔마다 고객이 별도의 어메니티 구입을 요청할 경우 어메니티를 판매할 수 있도록 하는 호텔도 생겨났다. 마음에 드는 어메니티가 있다면 호텔에서 구매하는 것도 좋은 방법이다.

주요 호텔의 욕실 어메니티 브랜드

리츠칼튼	아스프레이
더 플라자호텔	에르메세, 몰튼 브라운
신라호텔	몰튼 브라운
임피리얼 팰리스	아베다
콘래드 호텔	상하이 탕

Hermes 4종

Molton Brown 4종

◆ 반려동물과 함께 투숙할 수 있을까요? ◆

몇 년 전 가족들과 함께 해외로 여름휴가를 갔을 때의 일이다. 준비과정에서 가족들에게 가장 큰 고민을 안겨준 것이 바로 집에서 키우고 있는 반려견을 어떻게 할지에 대한 것이었다. 어려서부터 유난히 강아지를 좋아하는 나는 두 마리의 반려견을 키우고 있다. 첫째 이름은 발리(신혼여행지 이름), 둘째 이름은 딸기(둘째 딸이 좋아하는 과일)이다. 올해 8살이 되는 시츄인 발리는 어느 정도 성견이 되어서인지 주인의 기분상태를 파악하고 자신이 해야 할 행동을 알아서 판단하고 행동한다. 그러나 게으르고 애교는 없다. 둘째는 올해 3살이 되는 딸기이다. 한국 토종견인 딸기는 꼬리가 없는 개로 잘 알려진 진돗개의 일종인 댕견이다. 덩치가 커서 집에서 키우기에는 조금 버겁지만 머리가 좋고 충성심이 강하다. 이런 철부지들을 두고 해외 여행을 간다는 것은 여간 부담스러일이 아니다. 집 주변에 동물병원, 애완견호텔도 있어 잠시 맡길 수 있지만 장기간 두 녀석을 맡길 경우 발생하는 비용이 만만치가 않다. 결국 생각 끝에 내린 몇 가지 아이디어는 친구 집이나, 시골에 계신 부모님 댁에 맡기는 것과 자동으로 시간에 맞춰 배식을 하는 기계를 구입하자는 것이었다. 나의 이러한 고민은 반려견을 키우고 있는 가정에서는 여행시 한번쯤은 겪었을 법한 문제들이다.

2014년 기준 우리나라 애완동물 시장 규모는 점차 확대되어 무려 1조 4천억 원에 이르고 있으며 시장은 매년 성장하고 있어 다가오는 2020년에는 6조 원에 육박할 것으로 전망하고 있다. 농림수산 검역 검사본부에서 발표한 2012년 보고서에는 전국 전체 가구의 17.9%가 애완동물을 키우고 있다고 한다. 특히 연령대가 높아질수록 반려견으로서 일생을 같이 하는 추세가 늘고 있다. 반려견만큼 사람과 가까이 생활하고 사람과 함께 삶을 살아가는 데에는 없어서는 안될 중요한 존재로서 필요성이 높아지고 있다는 것이다. 더욱이 홀로 여생을 보내고 있는 어르신들에게는 반려견만큼 의지되는 것도 없다.

회사에서의 하루 일과를 마치고 현관문을 들어설 때 아이들보다도 먼저 현관에 나와 나를 반겨주는 녀석들 또한 이 녀석들이다. 지금은 아이들보다도 이 녀석들이 더욱 귀엽고 사랑스럽다.

고3이라고 공부를 방해하지 말라는 큰딸과 질풍노도의 시기를 지나 자신만의 세상을 살고있는 듯한 둘째 딸. 퇴근하는 아빠를 반기는 것은 오히려 두 딸이 아닌 바로 요 두 녀석들이다. 그러니 어찌 이 녀석들을 귀여워하지 않을 수 있을까? 그래서인지 사람들은 자신이 점점 외롭고 힘들다고 느낄수록 의지할 수 있는 반려견을 찾고 있는지도 모르겠다. 이렇듯 늘어나는 동물 애호가들에게는 휴가시즌은 심각한 고민을 안겨준다.

휴가 때 반려견을 어떻게 해야 할까?

개인이 통째로 빌리는 펜션이 아닌 이상 반려견을 받아주는 호텔과 숙박시설은 드물다. 애견 인구는 증가하고 있는 추세지만 아직 한국의 호텔에서는 반려견을 함께 투숙시킬 기반시설은 열악하다. 설령 일부 시설이 준비되어 있는 곳이라도 여러 제약이 있어 휴가 시즌만 되면 고민의 대상이 될 수밖에 없다. 그렇다면 호텔에서는 왜 반려견을 같이 입실시키지 않는 것일까?

반려견 동반 투숙 시 소음과 객실 및 침구류의 손상, 알레르기 발생 우려 등으로 별도의 층을 운영하거나 별도의 침구시설을 갖추고 있지 않는 이상 호텔에서는 반려견을 맡아주기가 어렵다. 사정은 호텔뿐만 아니라 관광지, 캠핑장 등에서도 예외는 아니다. 대부분의 캠핑장에서도 반려견 입실금지라는 규칙이 있다. 혹여라도 호텔 투숙 시에 임의로 반려견을 데리고 숙박하지 않길 바란다. 만일에 발생될 수 있는 컴플레인에 대해 투숙객에게 책임을 물을 수 있기 때문이다. 사전에 반려견과 함께 투숙할 수 있는 호텔을 찾아 예약하는 것이 좋다. 아래는 반려견을 받아주는 국내 호텔 정보와 펫 프렌들리 호텔을 찾을 수 있는 해외 사이트이다.

펫 프렌들리 호텔(반려견을 받아주는 호텔)

서울	워커힐호텔, 플저스 플레이스서울, 카프치노호텔
인천&송도	송도에 위치한 홀리데이인과 오크우드 프레머의 경우 제한적이긴 해도 동물반입을 허락하고 있다.
그 외	한화 호텔 앤 리조트펫프렌들리 서비스
	연휴기간 한정 반려동물 동반 투숙가능 서비스 실시 사전 예약필수이며 기본 물품을 제공한다. 투숙요금은 박당 2만 원이 추가되며 소독비도 별도 추가된다.

펫 프렌들리 호텔을 찾을 수 있는 사이트

펫트래블센터	www.pettravelcenter.com
펫프렌들리 호텔	www.petfriendlyhotels.com
펫캣스테이	www.petscanstay.com
브링피도	www.bringFido.com

◆ 호텔에서 흡연할 수 있나요? ◆

일반적으로 건물규모가 1,000 제곱미터^{약 303평}의 건물은 금연건물로 운영하게 되어 있다. 따라서 특별한 공간을 제외하고 건물 내부는 전체를 금연건물로 지정 운영해야 한다. 아래《국민건강 진흥법》참조.

〈국민건강 진흥법 9조 금연을 위한 조치사항〉에 의하면 공중이 이용하는 시설의 소유자·점유자 또는 관리자는 해당 시설의 전체를 금연구역으로 지정하여야 한다고 하였으며, 이 경우 금연구역을 알리는 표지와 흡연자를 위한 흡연실을 설치할 수 있으며, 금연구역을 알리는 표지와 흡연실을 설치하는 기준·방법 등은 보건복지부령으로 정한다.

그러나 관광호텔의 경우 예외사항이 있다. 객실처럼 개인적인 공간은 금연사항에서 제외된다. 객실은 지극히 사적인 공간이므로 이러한 공간은 금연공간에서 제외되며 흡연을 할 수가 있다. 단, 대중이 이용하는 공간인 호텔의 로비, 복도, 화장실은 반드시 금연공간으로 지정하여 운영하여야 한다. 그 외의 공간에서는 호텔은 각자의 호텔 컨셉트에 맞게 금연층과 흡연층을 별도로 운영하여 판매를 할 수 있다.

지금은 호텔뿐만 아니라 어디를 가든 흡연자가 설 곳이 점점 사라지고 있는 추세이다. 심지어 내 집에서조차 담배를 함부로 피울 수가 없다. 담배를 피우려고 하면 와이프부터 아이들까지 거들며 냄새가 난다고 원성이 심하다. 혹여나 화장실에 숨어 환기구로 담배연기를 내뿜는 순간 아파트 관리실의 민원방송을 통해 경고 메시지가 날아든다. 그렇다면 호텔에 투숙해서 흡연을 하고 싶은 고객은 어떻게 해야 하나?

몇 년 전만 해도 대부분의 호텔에서는 금연층과 흡연층을 분리해 흡연고객들이 객실에서도 담배를 피울 수 있도록 배려를 했으나, 최근 오픈 하는 비즈니스호텔들과 기존의 특급 호텔에서는 아예 건물 전체를 금연건물로 정해서 객실은 물론 공용구역에서조차 금연구역으로 정해 운영하고 있다. 그렇다고 서비스 산업 특성상 비흡연 고객들만을 위해 모든 공간을 금연지역으로 지정할 수만은 없어 다시 일부 호텔에서는 금연객실과 흡연객실을 별도로 정하여 운영하고 있다. 고객이 사전에 흡연객실을 원하면 호텔에서는 가능한 범위 내에서 고객이 미리 요청한 흡연객실로 배정을 해 준다. 그러나 최근 금연 분위기로 인해 호텔에 준비된 흡연객실도 점차 줄어들고 있는 분위기라 애연가들이 흡연객실을 요청하더라도 준비된 흡연룸이 많지 않아 배정이 쉽지 않을 수도 있다.

최근 호텔에서는 담배를 피울 경우 일정부분의 추가 차지를 제시하는 호텔이 늘고 있다. 호텔에서의 기본적인 에티켓으로 잠시 호텔에 머무르고 있는 동안이라도 자신과 가족의 건강을 위해서 금연하길 바랄 뿐이다.

♦ 전망에 따라 추가 비용이 드나요? ♦

붉은 노을이 지는 멋진 바닷가를 볼 수 있는 객실에서 차 한잔 마시며 밀려오는 파도소리를 듣고 있노라면 얼마나 환상적인 밤이 될까? 달빛 촉촉한 호수를 바라보며 테라스 앉아 와인 한잔 할 수 있다면 아마도 평생 잊지 못할 추억을 만들 수 있을 것이다.

똑같은 호텔에 숙박하더라도 호텔이 가지고 있는 차별화된 객실과 객실이 가지고 있는 뷰View에 따라 당신의 여행은 하늘과 땅 차이일 것이다. 그래서 여행을 자주하는 마니아들은 호텔마다 특색이 있는 뷰를 가진 객실을 선호하고 조금 더 객실요금을 지불하더라도 가급적이면 좋은 경치가 내려다 보이는 객실을 예약한다.

각 지역에 위치한 호텔들은 저마다 환경적인 특성 view을 고려한 객실들을 가지고 있다. 심지어 지방이 아닌 도심의 호텔들조차 그 나름의 멋진 뷰를 감상할 수 있는 객실을 가지고 있다. 이러한 객실은 시티뷰, 로드뷰 혹은 마운틴뷰로 나뉘어져 일반 객실보다 비싼 추가 비용을 부담해야 한다.

경주 보문호수에 위치한 호텔들은 호수가 내려다 보이는 Lake side객실을 일반객실보다도 3만 원이 추가된 비용으로 고객들에게 판매하고 있다. 부산과 제주도에 있는 호텔들은 아름다운 제주 바다를 바라볼 수 있는 뷰를 찾는 고객이 많아 바닷가쪽 객실을 이용 시에는 오션 뷰 차지가 따로 붙는다. 무작정 싸다고 하여 호텔과 객실을 예약하고 나중에 본인이 생각했던 객실과 차이가 난다고 컴플레인 하는 일도 많다. 자신이 투숙하는 객실에서 바다나 강, 호수가 보이질 않는다고 컴플레인을 해도 소용이 없다. 예약을 하기 전 미리 호텔의 뷰에 대해 사전조사를 하고 가급적이면 원하는 객실을 예약하는 편이 낫다. 부득 원하는 뷰를 예약하지 못하고 호텔에 도착했다면 체크인 시 넌지시 프런트 직원에게 금일 호텔 예약상황이 어떤지를 물어보길 권한다. 혹시라도 운이 좋으면 호텔 당일 예약상황에 따라 일부 고객은 높은 층 혹은 전망이 좋은 쪽으로 업그레이드를 해 줄 수가 있기 때문이다.

◆ 호텔 객실 이름은 왜 다르나요? ◆

호텔별로 객실 이름이 다르기 때문에 처음 호텔을 이용하는 고객은 자신이 투숙할 객실에 대해 몇 차례 질문을 하게 된다. 서울시내에 있는 특급 호텔들은 각자의 호텔 및 컨셉트에 맞는 객실을 가지고 있다. 처음 객실 안내를 받는 경우에는 다소 어리둥절할 수가 있지만 기본적인 타입 명을 알아두면 편리하게 이용할 수가 있다.

호텔이 가지고 있는 객실 중 가장 기본적인 객실 타입은 '슈페리어superior' 객실이다. 호텔의 가장 기본이 되는 객실이며 가격도 가장 저렴하게 판매되고 있다. 다음은 '디럭스Deluxe' 객실이다. 일반 슈페리어 객실보다 한 단계 상위의 객실로 가격이 높으며 시설 및 객실 사이즈에 차이가 있다. 그 다음은 '스위트Suite' 객실이다. 일반적으로 최상의 객실타입으로 객실의 규모, 시설, 가격이 일반 객실 및 디럭스 객실에 비해 월등히 비싸다. 호텔들은 자신이 가지고 있는 몇 개 안되는 스위트 객실에 대한 자존심 경쟁을 한다. 그만큼 이름에도 신경을 쓸 수밖에 없다.

일부 호텔에서는 최상위의 스위트에 로얄 스위트, 프레지던트 스위트 등의 이름을 사용하기도 한다. 그만큼 자신의 호텔을 대표하는 상징적인 객실이 스위트 객실이라고 보면 된다. 이러한 객실은 일년에 단 몇 차례의 VIP 고객을 유치하기 위하여 정성을 들인다. 그렇기 때문에 호텔별 보유한 스위트 객실의 이름과 가격이 상대 호텔과의 차별화라고 생각하기도 한다. 스위트 룸을 배정받았다면 프런트 직원에게 다시 한번 감사의 인사를 건네고 키를 받아가길 바란다.

◆ 고객 습득물은 어떻게 처리하나요? ◆

호텔별로 다를 수 있지만 보통은 호텔 내에서 습득한 고객의 물건에 대해서는 월별 혹은 분기에 한번씩 습득물품을 정리하여 일괄 폐기한다. 고객이 찾아가지 않은 물건은 자체 분리과정을 거쳐 지역센터나, 공공기관에 보내기도 하고 불필요한 물건은 폐기처분을 한다. 고객 연락처가 있는 물건의 경우 연락을 취해서 고객에게 전달하지만 그 소유를 정확히 알지 못하는 물건이라면 3개월간 호텔에 보관한 뒤 부서장들의 입회 하에 물건을 처리한다.

나는 성격상 물건을 잘 잃어버리는 것을 이해하지 못하는 편이다. 그래서 특별한 경우를 제외하고는 거의 물건을 잘 잃어버리지 않는다. 비가 오는 날 우산을 잃어버리거나 전철에 가방을 놓고 내리는 사람을 보면 쉽게 이해가 되질 않았다.

"왜 사람들이 자기 물건을 잃어 버리지? 참 이해가 되질 않네."

나의 이런 불만에 옆에서 조용히 TV를 보던 와이프가 나에게 한마디를 던진다.

"충무로 가방분실사건 잊었어?"

그 말에 잠시 움찔하고 화제를 다른 곳으로 돌렸다. P호텔에 근무할 때의 일이다. 팀장으로 근무하던 시절, 나는 주말이면 동네 마트에 들러 과일에서 음료수까지 여러 먹거리를 구입하여 월요일 아침에 챙겨 일찍 회사로 출근한다. 그리고 그것들을 각 팀원 책상 위에 올려놓곤 했다.

가득 과일을 넣은 무거운 가방을 들고 전철을 이용해 출근하는 나를 보며 와이프는 왜 무겁게 그걸 회사에 가져 가냐고 핀잔을 주곤 하였다. 회사와 집과의 거리가 꽤 멀어, 혼잡한 출근시간에 무거운 가방을 들고 힘들게 가지고 가는 일은 지금 생각하면 여간 귀찮은 일이 아니었다.

어느 날 귤을 잔뜩 집어넣은 가방을 가지고 회사로 출근을 하다가 전철 안에 사람들이 많아 가방을 선반 위에 올려 놓았다. 그런데 내릴 때 선반 위 가방을 새까맣게 잊은 채로 전철 밖으로 나와 회사를 향해 발걸음도 가볍게 걸어갔다. 그런데 뭔가 찜찜한 이 느낌!

전철 플랫폼을 나가면서 뭔가 허전하면서도 불안한 마음에 다시 한번 뒤를 쳐다보는 순간 가슴이 철렁함을 느끼고 말았다.

아뿔싸!

전철 선반 위에 가방을 잊은 채로 내린 것이다. 결국에는 이곳 저곳에 전화를 걸어 다음 날 친절한 유실물센터 안내원의 도움으로 유실물 보관소에서 가방을 찾을 수 있었다.

자신이 투숙했던 호텔에 깜빡하고 물건을 두고 왔다면 어떻게 해야 할까? 가격이 나가지 않는 물건이라면 굳이 호텔까지 가서 찾지 않아도 되겠지만 소중한 물건이라면 귀찮더라도 호텔에 전화를 걸어 찾아야 한다. 우선 호텔에 즉시 전화를 걸어 자신의 이름 혹은 투숙했던 객실을 점검하여 물건을 찾아달라고 요청하라. 체크아웃 한 당일 요청했다면 아마도 물건은 쉽게 찾을 수 있을 것이다. 그렇다면 호텔은 고객이 놓고 간 유실물에 대해서는 어떠한 절차를 가지고 처리할까? 호텔별로 차이가 있지만 다음은 서울에 있는 어느 비즈니스호텔의 정책policy이다.

POLICY STATEMENT

1. 객실에서 발견된 고객의 분실물은 House keeping에서 관리한다.
2. 쓰레기통에 있는 것을 제외하고 객실에서 발견된 모든 것은 고객 분실물로 간주하고 즉시 사무실에 보고하며 HK Coordinator는 Front에 연락한다. 분실물이나 현금의 경우 고객 접촉을 위하여 프런트 매니저에게 반드시 보고한다.
3. 분실물 발견자는 그 분실물을 임의로 폐기하거나 사용해서는 안 된다.

4. 발견된 분실물은 가급적 빨리 사무실에 넘겨야 하며 그럴 수 없을 경우 Pick-up을 요청하거나 점심시간에 가져오도록 한다. 귀중품일 경우 방치해서는 안 된다.
5. 상하기 쉬운 식음료는 72시간 냉장고에 보관한다.
   보관가능한 식음료는 3개월간 보관한다.
   귀중품은 1년간 보관한다.
6. 고객이 위 5항에 명시한 기간 내에 찾아가지 않을 경우 최초 발견자에게 돌려주거나 폐기한다. 단, 귀중품의 경우 그 처리방법은 규정된 절차에 따른다.

호텔의 유사 업종인 항공사는 어떨까?
K항공은 고객이 잃어버린 분실물이 공항에 접수되면 물건의 사진을 찍어서 홈페이지에 있는 분실물 코너에 게재한다. 그리고 1주일 동안 게재 후 주인이 나타나지 않으면 공항경찰대에 넘긴다. 그러나 고가의 물건이나 귀중한 물건은 상기 상황을 거치지 않고 바로 공항경찰대에 넘기게 되어있다. 최상의 방법은 자신의 물건을 잃어버리지 않는 것이다.

◆ **3인 이상의 가족 투숙은 어떤 객실을 써야 하나요?** ◆

얼마 전 후배로부터 급한 전화를 한통을 받았다. 다름 아닌 호텔 객실예약에 대한 문의였다. 자신의 오랜 지인이 크리스마스 때 가족이 지방에서 서울로 여행을 온다고 하는데 객실을 사용하고 싶다는 문의였다.

"형님 4인 가족이 2박으로 투숙하고 싶다고 하는데 어떤 객실을 사용해야 하나요?"

일반적으로 4인 가족이 사용할 호텔의 객실은 그리 많지가 않다. 호텔마다 가족 숙박객을 위해 다양한 형태의 객실을 준비하고 있으나 보유하고 있는 가족형 객실 수가 그리 넉넉하지 않기 때문이다.

호텔산업이 100년 가까이 되었지만 아직까지 한국의 호텔은 비즈니스 고객 및 외국 관광객을 유치하는데 집중하고 있어 대부분이 더블과 트윈타입 위주의 객실로 구성되어 있다. 독자들도 지방을 여행하다가 가족이 함께 투숙할만한 호텔을 구하느라 애를 먹었던 기억은 없었는가? 아마도 호텔보다는 비교적 많은 사람이 투숙할 수 있는 콘도와 펜션을 주로 이용했을지도 모르겠다. 물론 호텔 이용 시에는 가족 수에 맞춰 여러 개의 객실을 사용하면 쉽게 문제가 해결될 수 있지만, 비용적인 측면을 고려한다면 그리 쉽게 여러 객실을 사용할 수는 없다.

2015년 한국의 가족 구성원은 3.5인으로 이미 핵가족화가 되었다. 부모와 어린 자녀 1명을 둔 가족의 경우에는 같은 객실에 투숙이 가능하나 성인 자녀를 둔 경우 하나의 객실을 이용하기에 여러 가지 불편함이 따른다. 그렇다고 비싼 객실료를 지불하고 객실을 하나 더 추가하여 사용하기에는 경제적인 문제와 함께 동질감이 사라진다.

그렇다면 3~4인 가족이 여행 시 어떤 객실을 이용하여야 보다 즐겁고 편안한 여행이 될 수 있을까?

호텔에는 이러한 고객을 위해 소수의 특별한 객실을 준비해 둔다. 우선 온돌객실이다. 오래 전 서울의 특급 호텔들은 호텔에 한두 개의 온돌객실을 준비하여 가족고객이나 외국인들을 대상으로 판매를 하였다. 그러나 최근에는 온돌객실을 선호하는 고객이 줄어 기존의 객실을 침대가 있는 객실로 전환하여 판매하고 있다.

투숙하고자 하는 호텔에 온돌객실이 있는지를 우선 점검하라.

다음은 4인까지 투숙 가능한 커넥팅 객실이다. 커넥팅 객실이란 평소에 2개의 객실을 각각 독립적으로 판매하지만 고객의 요청 시 2개를 하나의 객실로 묶어 판매할 수 있는 형태의 객실을 말한다. 객실과 객실 사이에 조그마한 문이 있어 고객의 요청 시 문을 개방하여 객실 간의 이동을 편리하게 한 것이다. 베드의 타입은 더블베드와 더블베드가 셋팅된 객실과 트윈베드와 트윈으로 구성된 객실도 있어 고객의 필요에 따라 선택하면 된다. 가족이용 시 또 다른 방법은 엑스트라베드를 추가하는 방법이 있다. 고객이 추가로 베드를 미리 요청하면 직원들이 고객이 체크인 전에 미리 엑스트라베드를 셋팅하여 준다. 이 객실은 일반객실에 비해 많은 투숙객을 수용할 수가 있다. 물론 엑스트라베드 추가 시 비용은 별도로 청구된다.

가격 면에서는 오히려 객실을 추가하는 것보다는 다소 비좁더라도 엑스트라베드를 추가하여 가족이 같이 숙박하는 편이 훨씬 저렴하다. 특급 호텔의 경우 추가되는 엑스트라베드의 가격은 4만 원~5만 원 선이다. 그러나 7~8월 휴가시즌과 크리스마스 및 연말연시에는 그 수요가 많아 사전에 호텔에 예약을 해 두면 더욱 편리하게 이용할 수가 있다.

다음은 호텔별 특성화 된 객실의 종류이다. 참고하면 보다 저렴한 가격에 편리한 객실을 이용할 수 있다.

트리플 객실	객실 내 기본 베드가 3개로 셋팅되어 있어 3명이 투숙가능하다.
QuadRm	호텔별로 객실 사이즈에 차이가 있지만 일반객실보다 한 단계 상위의 객실에 동일한 사이즈의 베드 4개가 셋팅되어 있어 4인이 투숙하기에 적당하다. 성인 자녀를 동반한 여행객이나 친구들끼리 숙박이 용이하다.
커넥팅 룸	2개의 객실이 하나로 연결된 객실이다. 객실과 객실 사이에 오픈 가능한 문이 있어 독립된 두 개의 객실을 하나의 객실로 사용할 수 있다. 엑스트라베드 셋팅 시 6명까지 숙박가능 하나 대개의 경우 2~4인용 객실로 사용한다.
패밀리 룸	킹사이즈 더블베드와 싱글베드가 셋팅되어 3인 가족이 사용하기에 적당하다. 호텔별로 베드사이즈의 차이가 조금씩 있다.
Baby Cot	신생아용 침대 제공을 말한다. 주로 만 3~4세 미만의 영유아일 경우에 고객 요청 시 무료로 제공된다.

◆ 캐리어 비번을 잊어 도저히 열 수가 없어요 ◆

누구나 한번쯤 회사 이메일의 비밀번호를 잊거나 페이스북의 비밀번호, 또는 주거래은행의 인증번호를 잊고 하루 종일 고민해 본 경험이 있을 것이다. 자신의 기억력만을 믿고 메모를 해놓지 않아 고생하다가 비밀번호를 찾지 못해 결국 초기화하여 다시 포맷하거나 새롭게 비밀번호를 만들어 로그인을 한다.

우리의 뇌는 읽는 것의 10~20%, 듣는 것의 20~30%를 기억한다.

그리고 보는 것의 30~50%를 기억하며 보고 듣는 것을 동시에 했을 때 50~60%를 기억한다고 한다. 이렇듯 사람은 보는 것과 듣는 것의 불과 20~30%만을 기억할 뿐 나머지는 잊고 살기에 새로운 것을 보고 들을 수 있다. 그래서 나는 자주 쓰는 비밀번호나 중요한 인증번호 등을 기억하기 위해 별도의 노트나 모바일 메모장을 활용하여 따로 기록해둔다.

수많은 기억 중 잊지 말아야 할 것이 하나 더 있다면 바로 여행지에서의 자신의 캐리어 비밀번호이다. 지난 주 신혼여행지에서 돌아온 공대리는 점심시간에 휴게실에서 직원들로부터 쏟아지는 신혼여행 무용담을 전하느라 바빴다. 그 중에서도 자신의 캐리어 소동에 관한 이야기는 듣고 있던 모든 직원들의 귀를 솔깃하게 했다.

신혼여행 시 사용할 캐리어를 새로 장만한 공대리는 이것저것 신혼여행에 사용할 짐을 챙긴 후에 공항으로 출발하였다. 귀중품과 여권, 현금은 별도 힙색에 넣고 다른 모든 것을 캐리어에 넣어두었다. 그리고 무심결에 번호를 돌려 가방을 잠갔다. 문제는 현지 호텔에 도착해서 발생하였다. 아무리 번호를 돌려도 캐리어는 열리지 않았다. 하는 수 없이 첫날 밤은 짐을 꺼내지도 못한 채 하룻밤을 지냈다.

이튿날이 되서야 호텔 측에 사정을 이야기하여 도움을 받아 캐리어를 열 수 있었다. 자신의 가방이 잠겼을 때는 호텔에 도움을 요청하라. 간단한 자물쇠의 경우 호텔에서 열 수가 있지만 열 수 없는 가방의 경우는 외부에 있는 별도의 열쇠업체를 불러야 한다. 물론 외부업체를 통해 가방을 열려면 별도의 요금이 청구된다. 이러한 일은 우리의 주변에 의외로 빈번하게 발생되는 일이다.

호텔에서 제공하는 여러 가지 서비스 중에 잘 알려지지 않은 열쇠 서비스가 있다. 지금은 호텔에 상주하는 키맨이 없어진 지 오래 되었지만 기존 특급 호텔들은 자체 키맨을 두고 고객들에게 잠긴 가방을 열어주는 서비스를 제공하여 왔었다.

중구에 위치한 L호텔에는 키맨이 따로 있어 금고에 문제가 발생하면 즉시 해결 해준다. 타 호텔은 모두 외주로 해서 고객이 건당 출장비를 지불하면 키 출장 서비스로 이용할 수가 있다. 키 서비스는 호텔에서 직접 제공하는 서비스가 아닌 외부 대행업체를 불러주는 대행 서비스이므로 3만 원 정도의 출장비를 지불해야 한다. 혹시라도 호텔 객실에 앉아 열리지 않는 당신의 캐리어와 열심히 씨름하고 있다면 즉시 호텔에 도움부터 요청해보자.

♦ 호텔이 선호하는 예약 방식은? ♦

얼마 전까지만 해도 연일 밀려오는 중국과 일본의 관광객들을 수용하기 어려울 정도로 많은 외국인들이 한국의 관광지를 점령하였다. 관광공사 발표에 의하면 2013년을 기점으로 한국을 방문하는 외국인이 1,000만 명을 넘었다고 한다. 그만큼 한류 붐을 타고 한국을 방문하고 싶어하는 많은 외국인들이 줄을 지어 서울을 찾아온 것이다.

이들이 한국을 찾는 주된 예약 루트는 인바운드 여행사(외국인을 유치하는 여행사)들을 통한 예약이 주를 이루었다. 호텔에서는 이들에게 OTA

온라인 여행사에게 주는 높은 수수료를 지불할 필요도 없으며, 체크인 시 많은 고객을 한명 한명씩 대응해서 체크인시킬 필요도 없다. 그만큼 호텔에서도 업무도 간편하고 이익도 증가한다. 불과 2년 전부터 이러한 인바운드 시장을 온라인 여행사OTA:Online Travel Agency라는 시장이 성장하면서 점차 축소되었다. 수수료가 없는 인바운드 여행사와 달리 온라인 여행사에게는 적게는 10% 많게는 18%라는 예약 수수료를 지불해야 한다.

2015년도에 불시에 찾아온 메르스중동호흡기증후군 사태의 여파로 호텔들은 높은 수수료를 지불해서라도 OTA온라인 여행사의 물량을 받아 매출을 올려야만 했다. 시장이 어느 정도 안정된 지금 각 호텔들은 이러한 OTA에 주는 높은 수수료에 부담을 느끼고 있다.

중요한 점은 여기에 있다.

다소 높게 책정된 OTA온라인 여행사의 수수료가 이제는 일시적인 객실 과다공급으로 인해 영업적자에 시달리는 호텔들의 적자폭을 점점 늘려만 가고 있다는 점이다. 호텔로서는 이러한 문제를 해결하기 위해 고객들을 자신의 사이트로 직접 끌어 들여 매출을 올리려 하고 있다. 그리고 일정부분의 손해가 발생하더라도 고객에 맞는 시즌별 패키지 상품을 구성하여 손님을 호텔로 직접 유도하고 있다.

호텔은 조식가격을 객실요금에 포함시켜 판매하고 있으며 호텔이 운영하는 사우나, 휘트니스 그 밖의 부대시설을 활용하여 객실을 직접 판매하려고 노력하고 있다. 이러한 노력으로 인해 호텔로서도 일반고객들을 직접 호텔로 유치함으로써 OTA에 나가는 수수료*를 절약할 수 있으며 향후 재방문율을 높여 일반고객을 단골고객으로 만들 수 있는 장점이 있다. 현재 고객이 지불한 객실료의 일부는 호텔의 주머니에서 OTA로 이동되고 있다. 그만큼 호텔과 OTA는 뗄래야 뗄 수 없는 상호 의존적 관계가 형성되었다. 향후 OTA는 호텔과의 긴밀한 협조를 통해 호텔이 지속적인 영업을 할 수 있도록 도와야 한다.

- **수수료는 호텔에 따라 달리 책정될 수 있음**

레스토랑편

◆ 호텔 레스토랑이 비싼 이유 ◆

　　　　　　호텔은 장치산업임에도 불구하고 타 업종에 비해 기계화를 거부하고 인간미를 추구하는 산업군 중 하나이다. 그러다 보니 점원들의 서비스 수준이 타 업종에 비해 높아야 하고 자연스럽게 서비스 현장에 고급 인력을 많이 투입하게 된다.

　모든 것이 자동화 되고 있는 세상이지만 호텔 레스토랑처럼 사람의 손 끝 하나하나에서 만들어지는 음식을 기계화시키기는 어렵지 않을까? 맥도널드처럼 패스트푸드를 시간대별로 찍어내는 음식이 아닌 사람의 손 끝에서 우러나는 손 맛이 있는 곳이 호텔 레스토랑이다. 수년을 주방에서 살아오며 익히고 공부한 전문 쉐프들의 실력을 어찌 인스턴트 음식과 비교할 수 있을까?

　이렇듯 호텔에는 다양한 국적의 음식을 요리할 수 있는 우수한 쉐프들이 고객을 위해 항시 대기하고 있다. 또한 서비스 관리 차원에서 정규 호텔관련 학과 졸업생을 고용하여 서비스의 질을 높이고 있다. 굳이 윗분들을 모시는 자리가 아니더라도 우리는 특별한 날 한번쯤은 마음먹고 호텔 레스토랑을 이용한 적이 있을 것이다. 혹은 결혼 전 애인과 데이트를 위해 이벤트 장소로 호텔 레스토랑을 선택한 경험도 가지고 있을지도 모르겠다. 당시 레스토랑 음식에 대한 만족도는 높았겠지만 그 비용을 지불하고 나올 때는 지불하는 입장에서 부담이 클 수밖에 없는 것은 부인할 수가 없다. 그렇다면 호텔 음식은 왜 비싼 것일까? 호텔리어로서 답을 한다면 결코 호텔 음식은 막연하게 비싸다고 말할 수 없다.

우선 호텔에서 만드는 식재료부터 보자.

호텔에서 구매하는 식재료는 그야말로 최고의 재료를 선별 구매하여 사용한다. 호텔에는 재료를 구입하는 구매팀이 있어 구매팀 직원들이 식재료를 일일이 검수하여 구매를 한다. 또한 정기, 부정기적인 식재료 검사를 통하여 엄격한 품질관리를 수행한다. 품질이 검증된 업체나 유기농농장이라고 인증받은 지방의 농장에까지 직접 가서 검사를 하여 납품을 받는다. 이렇듯 호텔에서는 자체적으로 철저한 식재료 관리를 통해 재료를 관리한다.

전에 근무하던 호텔에서 호텔 음식을 드신 고객이 식중독이 발생하는 사건이 있었다. 호텔에서 식중독이 발생했다는 것은 치명적인 실수일 수밖에 없다. 식약청의 검사는 물론 자체 검사, 그리고 고객이 드신 기존의 음식까지도 역학 조사를 진행했다. 다행히 호텔의 과실이 아닌 것으로 판명되긴 하였지만 호텔로서 식중독이란 호텔 이미지에 치명적인 오점을 남기는 사건이 아닐 수 없다. 우리는 가끔 뉴스를 통해 "서울 모 특급 호텔 ○○레스토랑에서 식중독 발생"이란 기사를 접할 수가 있다. 그만큼 호텔 레스토랑은 사회적으로도 이슈가 될 수밖에 없다.

다음으로는 서비스를 하는 직원들의 퀄리티에 있다. 그들은 정규 호텔관련 학과나 항공학과를 졸업한 우수한 인재들이다. 이들은 항시 서비스 교육을 받고 있으며, 이들이 제공하는 서비스를 일반 업장 직원들의 서비스와 비교해보라. 그들의 서비스가 마음에 들지 않는다면 당신은 매니저를 불러 얼마든지 컴플레인을 해도 좋다. 그리고 호텔 음식에는 일반 음식점에서 붙지 않는 또 다른 비밀이 있다. 바로 봉사료다. 호텔에서는 봉사료라는 명목으로 음식값에 10%의 별도 비용이 추가된다. 만일 당신이 먹은 음식이 10만 원이었다면 10만 원에 대한 세금 10%와 봉사료 10%가 추가되어 121,000원이 된다. 최근 오픈한 비즈니스호텔에서는 일반 디럭스호텔에서 받는 10% 봉사료에 대한 부분을 받지 않는 추세로 변해가고 있다.

◆ 직영인지 외주 업체인지를 확인하라 ◆

모처럼 가족행사로 호텔 레스토랑을 찾은 김대리는 적지 않은 실망을 하였다. 기대에 부푼 마음으로 호텔 레스토랑을 찾았지만 호텔 음식과 직원들의 서비스 수준에 실망을 하였기 때문이다. 호텔 레스토랑임에도 불구하고 외부의 고급 레스토랑에 비해 가격이 싸다는 이유로 가족모임을 주선했다가 괜한 낭패를 당하고 만 것이다. 고층에 자리잡은 레스토랑은 시내를 한눈에 내려다 볼 수 있는 멋진 뷰와 최신의 인테리어가 김대리의 기분을 만족시켰으나 시설적인 만족감은 순간의 기쁨일뿐 업장에 입장하는 순간부터 고개를 갸우뚱하는 일들이 벌어졌다. 호텔임에도 불구하고 드라마나 영화에서 흔히 보았던 호텔 입구에서 좌석을 안내해 주는 직원들도 볼 수가 없었다. 고객이 들어오는 것을 보고도 멀리서 휴대폰 통화를 하는 직원의 통화를 끝날 때까지 입구에서 기다려야 했다. 긴 통화가 끝나고 나서야 김대리 일행을 발견하고 안내 데스크로 다가왔다. 데스크로 다가온 직원은 김대리 일행을 안내하지 않고 "그냥 편하신 곳에 앉으셔서 식사하시면 됩니다."라는 짧은 멘트의 인사를 할 뿐이었다. 창가쪽 뷰로 자리잡은 김대리 일행은 제공되는 음식에 다시 한번 실망을 하였다. 종류만 많을 뿐 먹음직스럽거나 손이 가는 것이 없을 정도로 부실했다. 곳곳에서 고객의 주문을 받는 직원은 소매를 걷어 부치고 이리저리 몸만 분주하게 움직이고 있었다.

이렇듯 호텔에서의 행사에 기대 이하의 실망감을 가지고 가는 고객들이 왕왕 있었을 것이다. 최근에는 많은 사람들이 호텔 레스토랑을 이용한다. 그러나 최근엔 호텔 레스토랑을 호텔에서 직접 운영하기도 하지만 인력 및 비용적인 측면에 부담을 느껴 외부업체에 운영을 의뢰하여 임대업장으로 운영하는 곳도 늘고 있다. 즉 호텔 직영의 경우 음식의 질적 관리 및 위생 직원들의 서비스까지 호텔에서 직접 관리할 수 있으나 외부업체에 임대를 준 업장의 경우는 임대수익 외에는 따로 업장을 관리할 수가 없어 고객들에게 질적, 인적 서비스에 대해 개런티를 보장할 수 없다는 것이다. 모처럼 가족이나 고객을 모시고 식사를 할 기회가 있어 호텔 레스토랑을 이용할 기회가 있다면 가급적이면 호텔에서 직접 운영하는 업장을 이용하길 권한다. 무조건 호텔에 있다는 것만으로 서비스와 음식의 질을 보증할 수는 없다. 물론 호텔에서 직접 운영하는 직영 레스토랑의 수준이 외주 레스토랑보다 높다고는 할 수는 없다. 외주인 업장이라도 잘만 골라 이용하면 좀 더 저렴한 가격에 양질의 음식을 즐길 수가 있다.

◆ 와인 활용하기 ◆

　　얼마 전 친구로부터 저녁식사와 함께 와인을 마실 수 있는 멋진 곳을 추천해 달라는 부탁을 받았다. 내가 가끔씩 찾는 호텔의 이태리 레스토랑과 외부에서 운영하는 전문 레스토랑을 비교하여 추천해 주었다.

　와인을 즐기는 것은 단순히 술을 즐기는 것 이외에 사람을 더욱 친근하게 사귀는 것에 도움을 주며 당신이 원하는 분위기를 띄우기 위해서도 더 없이 좋은 방법이다. 그러나 단순히 와인을 마신다는 개념을 넘어 특별한 기념일을 기념하기 위해 새로운 관점에서 접근하여 이를 독자들에게 알려주고자 한다.

　서울 중구에 위치한 웨스틴조선호텔 식음팀에 근무하는 박항원 지배인은 우리가 알고 있는 와인을 새로운 관점에서 활용한다. 늘 업장에서 와인을 접하는 그는 단순히 와인을 마시는 개념이 아닌 기념일에 구매하는 기념품의 하나로 구매한다. 그는 자신이 태어난 해에 생산된 와인을 구매하여 보관하며, 자녀가 태어날 때마다 그 해에 생산된 와인을 어김 없이 구매한다. 마치 우리가 어렸을 때 수집하는 우표나 동전 혹은 다양한 컨셉트의 프라모델을 모으듯 나름 기념할만한 날이 되면 그 해에 생산된 와인을 반드시 구매한다. 하지만 와인은 일반 주류와 달리 보관이 까다롭다. 한국처럼 사계절이 뚜렷한 기후에서는 일반인들이 와인을 보관하기란 여간 힘든 일이 아니다. 한번 사서 진열장에 보관하는 나와는 달리 그는 구입한 와인의 숙성을 돕기 위해 전문샵에서나 볼 수 있는 와인셀러를 구입하여 와인을 숙성시킨다고 한다. 그리고 와인을 구매하여 장기 숙성시킨 후 자녀들이 컸을 때 마시려고 장기간 보존을 한다고 한다. 이제는 단순히 구매해서 마시기 위한 와인이 아닌 하나의 기념일을 위한 와인을 구매해보는 것도 권할만하다. 언젠가 나의 집에도 와인셀러가 놓여져 있을지도 모르겠다.

◆ 업장에서의 코키지 차지 Corkage Charge ◆

20년 전의 일이다. 첫 아이의 돌잔치를 멋지게 해주고 싶어 동료 호텔리어에게 부탁해 호텔 연회장에서 행사를 진행하였다. 첫 아이라는 생각에 비용도 생각지 않고 무작정 호텔을 예약하였지만 행사비용은 호텔리어인 내게도 경제적인 부담이었다. 음식요금은 지인을 통해 할인을 받아 지불하였지만 음식값 못지않게 추가 지불해야 할 비용이 바로 음료수 및 주류 값이었다.

　호텔에서 기본 연회행사를 진행 시에는 호텔의 음료만을 사용하게 되어있다. 특별한 경우에는 외부에서의 음료를 반입을 허용하지만 대부분이 호텔에서 판매되는 음식과 음료를 이용해야만 한다. 음료와 주류를 외부에서 반입할 시에는 병당 추가 비용을 호텔에 지불해야만 반입이 허용된다. 요즘에는 웬만한 일반 레스토랑에서도 자신이 좋아하는 와인이나 술을 반입하면 병당 추가 비용을 지불한 후에 가볍게 마실 수가 있다. 개인은 비싼 호텔의 음료나 주류 값에 대해 비용을 아껴서 좋고 호텔은 추가로 지불하는 비용을 받아 서로간에 경제적인 부담을 줄이고 이득을 취할 수가 있다. 또한 자신이 선호하는 술이나 음료를 마실 수 있다는 장점이 있어 요즘에는 일반인들에게도 코키지 차지 Corkage Charge 가 유행하고 있다. 적은 비용으로 실속 있는 호텔 행사를 하고 싶다면 코키지 차지를 적극 활용해보길 바란다. 호텔에 따라서 차이는 있지만 서울의 특급 호텔에서는 4인까지 병당 5만 원부터 10만 원을 코키지 차지로 받고 있다.

　예전에는 호텔에서 판매되는 금액의 30%를 받기도 하였다. 고객이 호텔에 최대 반입할 수 있는 병의 수는 호텔마다 정해져 있다는 점도 잊지 말길 바란다.

코키지 차지(Corkage Charge)
와인이나 주류를 레스토랑에 가져가 마실 때 지불하는 서비스 비용.

◆ 호텔 뷔페 이용의 팁 ◆

호텔을 자주 이용하는 고객들도 많은 호텔의 업장들 중 특히 뷔페 레스토랑을 선호한다. 나도 특별한 고객을 만나지 않는 이상 일반인들이 선호하는 뷔페식당을 주로 이용한다.

뷔페식당은 상대방의 음식 기호에 대해 일일이 신경 쓸 필요 없이 서로가 편한 취향에 맞는 음식을 선택하여 부담 없이 식사할 수 있다는 장점이 있다. 뷔페식당은 일식, 한식, 양식 그리고 외국의 특별한 이벤트 음식까지 다양한 컨셉의 음식들로 준비된다. 나는 군 생활을 마치고 복학하기 전까지 뷔페식당에서 아르바이트한 적이 있다. 당시만 해도 한국에는 뷔페라는 개념의 식당이 보편화되질 않은 상태라 뷔페식당에는 연일 식사를 하려는 고객들로 문전성시를 이루었다. 특히 고기 뷔페식당의 인기는 실로 엄청났었다. 이른 아침부터 출근해 홀을 청소하고 전날 사용한 불판을 닦고 손님이 먹은 음식을 치워주고 요청 시에는 불판을 갈아주는 일을 반복하였다.

주말이면 동네의 잔치란 잔치를 다 진행할 정도로 뷔페식당에는 행사들로 줄을 이었다. 돌잔치에서 회갑연, 칠순, 그리고 동네의 조그마한 소모임들까지 진행해야 하는 주말은 그야말로 눈 코 뜰새 없는 하루하루였다.

복학 전 뷔페식당 사장님은 여러 가지 조건을 내세우며 좀 더 아르바이트를 연장해 주길 원하실 정도였다. 당시 내가 느낀 뷔페식당의 이미지는 지금의 느낌과도 별반 차이가 없다. 보편적으로 뷔페에 오시는 손님들은 새롭게 접하는 뷔페식당에서 무조건 본전을 뽑기 위해 많이 먹어야 한다는 생각을 가지고 있다. 이렇게 수십 가지나 되는 음식이 차려진 뷔페식당은 어떻게 이용하면 좋을까?

　무작정 많은 음식을 섭취하려고 먹지도 않는 음식을 많이 담았다가는 포만감으로 다른 음식은 맛조차 못보고 나와야 한다. 보통 성인의 경우도 두 세번 정도의 음식을 섭취하면 배가 불러 포만감을 느낀다. 그렇다면 많은 산해진미 중에 어떤 음식을 먼저 먹어야 할까. 뷔페식당을 이용할 시에는 우선은 가장 비싼 음식부터 시작하기를 권한다. 뷔페식당의 음식 중 가장 단가가 비싼 음식은 바닷가재와 양고기이다. 양고기는 구매단가가 피스당 7천 원 정도로 비싼 음식에 속한다. 처음 뷔페를 이용할 때 국수나 빵처럼 포만감을 주는 음식보다는 스시나 바닷가재, 양고기와 같은 음식부터 스타트하는 것이 유리하다. 그리고 음식을 조금 일찍 가서 가져오는 것이 좋다. 일찍 음식을 가져오면 주방에서 바로 만들어져 나온 신선한 음식을 먹을 수 있기 때문이고 다른 고객이 가져간 음식을 중간이나 마지막에 가져오게 되면 그만큼 음식의 신선도는 떨어질 수밖에 없다.

　그 외 음식 중에서도 비타민이 풍부하고 칼로리가 낮은 야채를 먼저 먹고 단백질, 탄수화물 순으로 먹으면 포만감이 커져 과식을 피할 수 있다. 또한 온도에 따라 섭취하는 것도 좋은 방법이다. 아무리 맛있는 음식이 나왔더라도 더운 음식과 찬 음식을 섞어먹지 않고 온도 차이가 나는 음식은 피하는 것이 좋다. 자칫 고객의 상태에 따라 몸에 탈이 날 수가 있어 가급적이면 좋은 요리라도 음식의 온도를 조절해가며 천천히 식사하는 것이 현명하다.

미슐랭 가이드

최근 한국은 맛집열풍에 빠졌다. 이러한 열풍은 방송에도 소위 '먹방'이라는 신조어를 낳을 정도로 먹거리와 관련된 프로그램이 대세가 되어버렸다. 심지어 예능 프로그램에서도 유명 아이돌스타 대신에 호텔의 쉐프가 나올 정도로 그 인기는 식을 줄 모르고 계속되고 있다. 예전에는 맛보다는 단지 양으로 승부하던 시대였으나 이제는 양보다는 음식의 질로 승부를 하는 시대로 바뀌었다. 고객은 비싼 가격을 지불하더라도 좀 더 맛있는 집, 좀 더 정갈하고 멋진 집, 그리고 기왕이면 유명 스타 쉐프가 있는 집을 찾아 전국을 뒤지고 다닌다. TV를 보다보면 가끔씩 호텔에서 같이 일하던 쉐프들이 출연하는 것을 볼 수가 있다. 스마트 폰 앱에는 먹방, 맛집이란 이름의 수많은 레스토랑들이 고객을 기다린다.

호텔에 근무하던 쉐프가 이제는 방송의 메인 게스트로 출연하고 그들의 손끝 하나 하나에 방청객들은 열광한다. 그러나 정작 레스토랑에 대한 무수한 정보를 접하고 있지만 좋은 레스토랑을 선택하기란 여간 어려운 일이 아니다. 선택은 늘 우리의 몫이지만 선택에는 고민이 동반한다. 이러한 일은 비단 우리만의 일이 아니다. 세계를 여행하는 트래블러들에게도 그 나라의 맛집을 선택하는 일은 늘 어려운 일이다. 이러한 어려운 선택을 좀 더 쉽게 할 수 있는 가이드 역할을 하는 바로미터가 바로 '미슐랭 가이드

한국의 블루리본 서베이

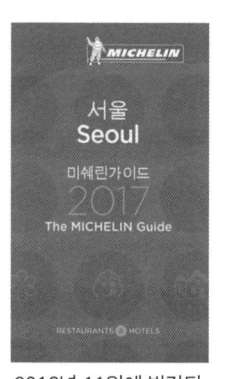

2016년 11월에 발간된 서울 미쉐린 가이드북

Michelin Guide'와 '자갓 서베이Zagat Survey'이다.

이 두 레스토랑 가이드북은 세계 각지에 있는 유명한 레스토랑을 나름의 평가기준에 맞춰 평가한다. 미슐랭의 출발 계기를 알게 되면 많은 사람들이 "정말이요?" 할 정도로 놀라는 모습을 보이곤 한다. 미슐랭의 시작은 타이어 회사로 유명한 프랑스의 미슐랭영어로 Michelin 미쉐린 이라는 회사에서 만든 무료 가이드북을 시작으로 탄생하였다. 이 회사의 창업주인 미쉐린 형제는 자신들이 만든 타이어 판매를 좀 더 늘리고 싶은 욕심에 무료 여행 안내서를 제작하였다. 자동차를 이용해 이곳 저곳을 다님으로써 타이어를 좀 더 소모하여 타이어 판매를 늘릴 목적에서 시작하였다고 한다. 가이드북에는 자동차와 관련된 내용과 함께 타이어 교체 방법 및 자국 내 여러 레스토랑 정보들을 소개함으로써 자동차 여행객들에게는 여행 가이드북 역할을 하게 하였다.

이렇게 시작된 미슐랭 가이드는 세계적 여행 안내지로써의 유명세보다도 오히려 각국의 유명 레스토랑의 음식을 평가하고 등급을 매겨 알려주는 "미식가들의 성서"로 일반인들에게 더 알려져 있다. 가까운 일본에서는 2008년도에 처음으로 일본어판 미슐랭 가이드북이 나왔을 때에 일본 국민들의 관심도가 높아 20만 부가 팔리는 기록을 세웠다고 한다. 미슐랭 가이드는 그린과 레드로 구분 발간되며 그린은 주로 관광지, 레드는 식당위주로 소개한다. 우리나라는 현재 그린가이드와 함께 2016년 11월 세계에서 28번째로『미슐랭 가이드 서울판』이 발간되었다. 이번 발간에는 한국에서는 처음으로 신라호텔의 한식당 '라연'과 청담동에 있는 한식당 '가온'이 미슐랭 3스타를 받았다.

미슐랭의 등급은 별의 숫자로 등급을 정하며 최고 등급인 3스타는 '요리가 매우 훌륭해 맛을 보기 위해 특별한 여행을 떠날 가치가 있는 식당', 2스타는 '요리가 훌륭해 찾아갈 가치가 있는 식당', 1스타는 '요리가 훌륭한 식당' 등으로 구분된다. 이 밖에도 미슐랭과 같은 전문적인 레스토랑 평가지로는 한국의 미슐랭 가이드라고 하는『블루리본 서베이』도 있다.

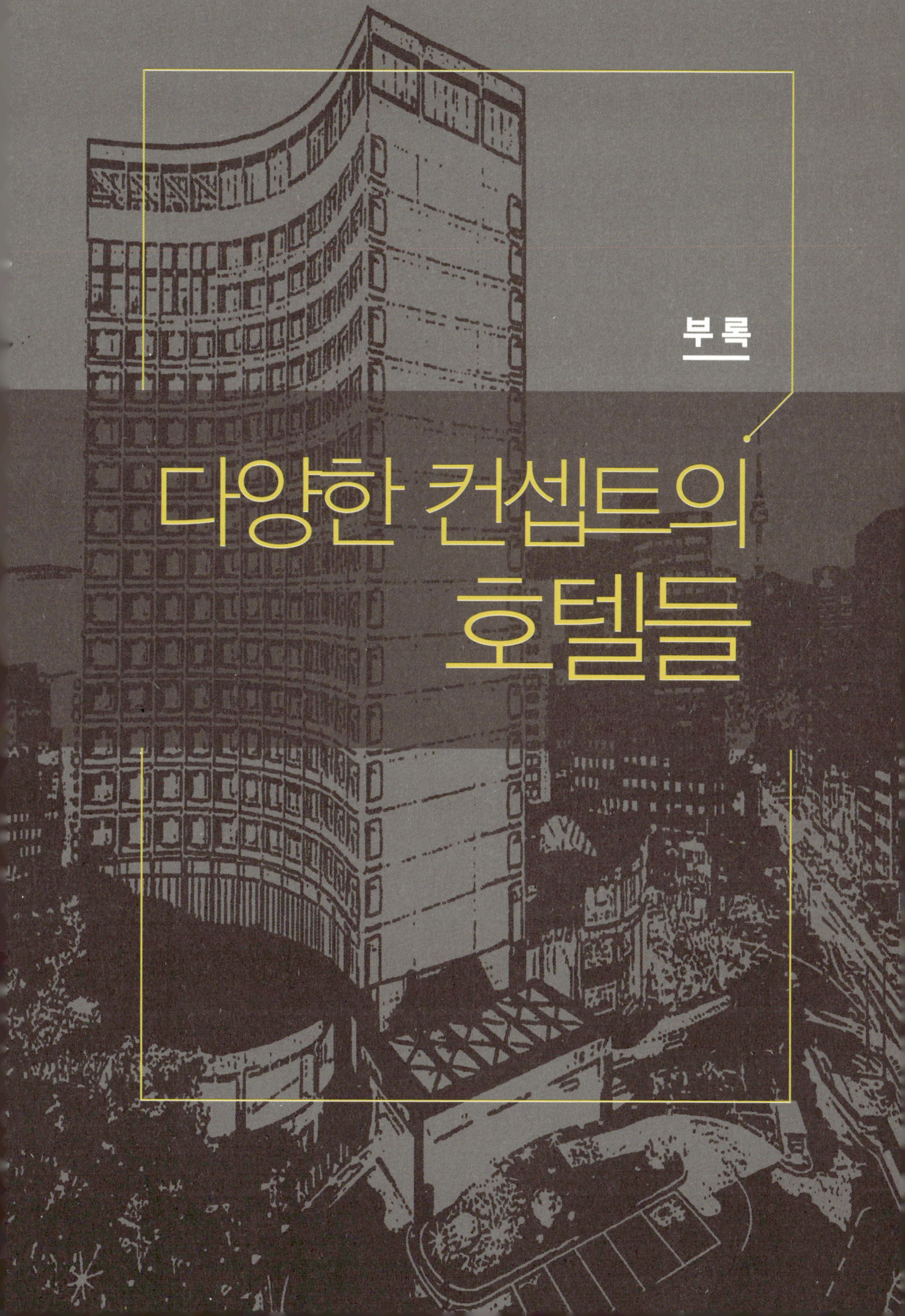

부록

다양한 컨셉트의 호텔들

◆ 한국의 특색 있는 호텔들 ◆

더 플라자호텔 THE PLAZA Seoul 뜨거운 더위의 어느 여름 퇴근길. 약속이 있어 시청광장을 지나다가 우두커니 호텔을 바라보며 발걸음을 멈추었다. 광장을 묵묵히 지키고 있는 더 플라자호텔을 바라보노라니 가슴이 뭉클해짐이 전해온다.

내 생애 첫 이미지의 호텔이자 10년간 내 젊음과 열정을 녹여 놓은 곳. 1976년 한국의 로컬 브랜드로 오픈하였고, 이후 노후화된 시설의 보수를 위해 업계 최초로 전관 Close라는 결정을 내렸다. 그렇게 고객의 불편을 최소화하기 위해 2010년 6개월간의 리뉴얼 공사가 시작되어 그 해 11월 새로운 브랜드에 새로운 컨셉트로 호텔을 재오픈하였다. Close한 6개월 동안 직원들은 자신의 능력향상을 위해 해외 연수 등의 시간을 보낼 수 있도록 배

려하여 또 한번 업계의 화제가 되기도 하였다. 짧은 기간이라도 손실을 감수하면서 진행한 리뉴얼 공사는 많은 고객들에게 감동을 주었다. 오픈 직전 2010년 어느 늦은 여름 날 밤을 나는 아직도 기억하고 있다. 오픈 전 시설 점검차 모든 직원들이 호텔의 전 객실에 불을 켜놓고 반대편 시청광장에서 호텔을 바라보았다. 모두의 노력에 의해 오픈하는 호텔은 정말 아름다웠고 뭉클함이 느껴졌다. 지금은 매리어드 계열 브랜드 오토그라프 컬렉션과 전략적 제휴를 맺고 브랜드를 변경하였으나 더 플라자 호텔은 여전히 마음의 고향과도 같은 존재로 남아있다.

해비치호텔 & 리조트 제주 왜 제주를 찾는가? 천혜의 자연환경, 이국적인 풍경 그리고 해비치 호텔 앤 리조트가 있기에 제주를 찾는지도 모르겠다. 제주와의 사랑은 해비치 호텔을 방문하고 나서 더욱 깊어졌다. 신혼 초부터 한동안 1년에 한번씩 제주

를 찾았던 나는 직업특성상 제주도 대부분의 호텔에 숙박한 경험이 있다. 제주를 방문한 여행객들은 대부분 제주시나 중문 혹은 서귀포의 호텔들을 선호한다. 반면 해비치호텔은 관광과 교통이 애매한 표선해변에 위치하고 있으나 나는 오히려 사람들이 붐비는 관광지보다 해비치처럼 섬 속의 섬에 숨겨진 해비치와도 같은 호텔을 선호하는 편이다.

해비치호텔 앤 리조트의 이름은 '해가 비친다'라는 어원에서 호텔 이름을 따왔다고 한다. 이곳은 한국 유일&제일의 럭셔리 리조트형 호텔이라는 찬사와 함께 현대자동차 그룹에서 운영하고 있다. 또한 제주 표선해변에 위치하고 있으며 호텔 주변에는 제주민속촌, 영화 〈아이리스〉 촬영지 등이 있다. 누가 내게 제주의 호텔 중 고객에게 추천하고 싶은 호텔을 묻는다면 단연 해가 비치는 '해비치호텔'을 추천한다.

경원재 앰버서더 인천 다양한 컨셉트의 고층건물로 가득한 신도시 송도는 어린시절 부모님과 여름휴가를 즐기던 추억의 장소였다. 그러나 지금의 송도는 옛 모습을 찾아볼 수 없을 정도로 변화하였다. 그 중심에는 대한민국 최고 한옥호텔 경원재 앰버서더 인천이 있다.

송도 센트럴파크의 고층건물들 사이에 위치에 한옥 호텔 경원재는 2015년도에 오픈한 인천의 랜드마크이자, 앰버서더호텔 그룹의 야심 찬 호텔이며, 고려시대 인천을 부르던 옛 명칭으로 '경사를 불러오는 곳'이란 속뜻이 있다. 아마도 한국에 첫발을 딛는 외국인들을 경사스럽게 맞이 한다는 뜻에서 붙여진 이름이 아닐까. 전통한옥을 모티브로 한 국내 최대의 전통한옥 호텔로서 이를 짓기 위해 명장 5명이 참여하였다니 얼마나 많은 정성이 들어갔는지 짐작할 수 있는 대목이다. 교통도 인천공항과 서울에서 1시간 내에 위치하고 있다.

웨스틴조선호텔 부산 한국에서 가장 아름다운 해변 해운대와 동백섬 입구에 위치한 웨스틴 조선부산호텔은 사계절 고객들에게 최고의 전망을 제공하고 있다. 부산지역 최초의 특급  호텔로서 세계 최대의 호텔 체인그룹인 스타우드 호텔앤 리조트의 체인 호텔이다.

　2005년 APEC 기간엔 미국 조지 부시대통령이 투숙했고 다양한 국제적인 행사를 개최하며 부산 최고의 호텔로서 명성을 더해가고 있다. 객실은 방향에 따라 해운대와 광안대교 전경을 아름답게 느낄 수 있게 배치되어 있으며 객실에는 헤븐리 베드 Heavenly Bed를 갖춰 고객들에게 편안한 휴식을 즐길 수 있게 배려를 하였다. 언제나 변함없이 계절의 변화를 지켜보며 다양한 국적의 고객들을 편하게 맞이한다. 여름이면 해운대 백사장을 가득 메운 피서객들과 함께 다양한 관광지가 호텔 가까이 있어 부산을 찾을 기회가 있다면 꼭 방문해 보길 권한다.

강릉 씨 마크호텔 동해 바다는 서해와 또 다른 느낌이 있다. 잔잔함이 주는 감동이 서해의 느낌이라면 동해는 맑고 깊고 푸른 시원한 느낌을 준다. 동해

를 따라 늘어선 해변을 달리다 보면 언제나 여느 해변과는 다른 상쾌함이 감돈다. 누가 겨울바다를 시련의 차가움의 바다라고 하였나. 강릉 여름바다는 시원함을 선사하며 겨울바다는 한해동안 나를 돌아볼 수 있는 사색의 시간을 던져준다.

피곤이 밀려오는 한낮. 바다를 지켜온 해송 아래 흔들의자에 몸을 맡기고 바다를 바라보는 느낌은 더할 수 없는 평온함과 감동을 선사한다. 그렇게 해송을 따라 걷다보면 만나는 강릉 씨 마크호텔. 강릉의 랜드마크로서 경포대에 위치하며 호텔 전면이 아름다운 동해바다와 마주하고 있다. 세계적인 건축가 리처드 마이어가 새롭게 설계하여 오픈한 국내 최초의 럭스티지 Luxury + Prestige 호텔이다. 자연을 품은 독특한 디자인으로 2016년도 한국건축문화대상 민간부문에서 대상을 수상하였다. 해변을 거닐다 바다를 보며 사색에 잠기고 싶다면 씨 마크 호텔이 제격이다.

경주 힐튼호텔 내 기억 속 경주는 학창시절 수학여행지로써 추억을 품은 곳이다. 지금이야 중고등학교 수학여행을 경주가 아닌 제주나 해외로 갈 정도로 시대가 변했지만 당시 경주는 수학여행의 성지와도 같은 곳이었다.

현대적이면서 자연적인 경주, 천 년의 문화가 녹아있는 곳. 시간이 멈춘 듯한 경주 보문단지에 자리잡은 경주 힐튼호텔은 거대한 현

대식 건물과 자연미를 잘 조화시킨 예술적인 호텔이다. 옛 대우그룹 시절 오너가 남다른 애착을 가지고 직접 운영할 정도로 곳곳에는 아직도 신경을 쓴 흔적들이 남아있다. 서울의 밀레니엄 힐튼과 자매호텔로서 1991년에 오픈한 경주힐튼호텔은 로비에 처음 들어서는 순간, 그 웅장함에 가슴이 멎게 된다. 4월의 경주는 아름답다못해 찬란하기까지 하다. 3월 말부터 보문호수에 하얗게 피어오르는 벚꽃과 불국사와 석굴암 등 세계문화유산, 그리고 천년고도 신라의 유적들을 관람할 수 있는 최적의 상품을 출시하며 그밖에도 다양한 부대시설을 보유하고 있어 국제행사나 크고 작은 국제 비즈니스 행사를 유치에도 손색이 없다.

강원랜드 강원도 정선, 그리고 카지노하면 생각나는 호텔이 바로 강원랜드이다. 강원랜드에 근무하는 지인 덕분에 호텔 오픈 초기 가족과 함께 숙박할 기회를 가졌다. 지금도 앨범에  는 당시 호텔을 배경으로 아이들과 함께 찍은 사진이 남아있다.

2000년 폐광지역의 경제 활성화를 위해 오픈한 강원랜드는 오픈 초기부터 호텔리어 및 대중들에게 많은 이슈가 되었던 호텔이다. 한국 최초의 내국인 전용 카지노, 최고의 연봉을 자랑하는 호텔이라는 수식어가 붙기도 하였다. 그러나 카지노라는 부정적인 이미지와 여러 가지 사건으로 한 때 매스컴에 오르내리기도 하였다. 오픈 16년이 지난 지금의 강원랜드는 매년 270억 이상의 예산을 별도로 배정하여 강원도 지역 내 봉사활동, 사랑나눔행사, 그리고 미래를 위한 장학활동 등 사회공헌 활동에 많은 노력을 기울이고 있다.

네스트호텔 인천에 숨은 보석이 있다면 영종도에 위치한 네스트호텔을 꼽을 수가 있다. 가을에 찾은 호텔의 느낌은 드러나지 않은 숨은 진주 같은 수줍은 느낌이다. 영종도 끝단에 자신을 드러내지 않고 수줍게 서 있는 호텔은 사람들에게 알려지지 않은, 자신의 모습을 일부러 드러내지 않는 Hidden Castle이다. 저녁 노을 드리우는 호텔 주변를 산책하다보면 병풍처럼 호텔을 감싸안은 갈대숲과 바다 그리고 하늘에 펼쳐지는 아름다운 파노라마를 감상할 수가 있다. 바쁜 일상 속에서 잠시 나를 잊고 조용히 휴식을 취할 수 있는 안식처를 찾는다면 서울에서 한 시간 거리의 네스트를 추천한다. 외관과 로비에서 주는 Dark하면서도 단조로운 느낌은 방문객들에게 여유로움과 함께 어린시절 나만의 비밀 장소에 찾아온 듯한 친근한 느낌을 준다.

네스트호텔의 독창적인 건축, 디자인, 서비스는 세계적으로 권위 있는 호텔 플랫폼 '디자인호텔스'로부터 한국 최초의 디자인 호텔로 선정되었다.

◆ 해외의 특색 있는 호텔들 ◆

세계의 땅끝호텔 로더샌드호텔 Rother Sand 육지의 가장 끝자락에 위치한 호텔은 어디일까?

독일의 유명한 항구 브레머하펜이란 곳에 가면 세계적으로 유명한 특색 있는 호텔을 볼 수가 있다. 바로 등대호텔로 잘 알려진 로더샌드호텔이다. 로더샌드호텔은 처음엔 망망대해를 지나가는 수많은 배들의 길잡이를 하는 조그마한 등대에 불과했다. 그러나 수명을 다해 폐쇄된 등대를 리뉴얼하여 호텔로 사용하자는 아이디어에서 재오픈을 하게 되었다. 로더샌드호텔을 보려면 항구에서도 바다로 30마일을 더 가야 만날 수 있다.

바다 한 가운데 위치한 이 호텔을 이용하기 위해서는 항구에서 별도의 배편을 이용해야 호텔로 들어갈 수가 있다. 때로는 기상 악화로 투숙객들은 예약을 해놓고도 태풍이나 바람이 강한 날에는 배가 뜰 수 없어 호텔을 이용할 수가 없다. 그러나 이러한 악조건에도 불구하고 세계의 모험심이 강한 여행객들은 땅끝 등대호텔을 이용하기 위해 예약을 하고 투숙할 날을 기다리고 있다.

세계에서 가장 높은 두바이 버즈 알 아랍 Burj Al Arab Hotel

세계 여행을 즐겨 하는 여행마니아들이 꼭 가보고 싶어하는 곳이 있다면 아마도 아랍에미리트 UAE의 두바이 일 것이다. 이곳에는 '아랍의 탑'이라 불리는 거대한 호텔이 하늘 높이 그 위용을 자랑하고 있다. 바로 세계 최고의 수식어가 붙은 "두바이버즈 알 아랍 호텔"이다. 여행객들은 부의 상징, 그리고 세계에서 가장 높고 비싼 호텔인 두바이버즈 알 아랍호텔에 숙박하고 싶어한다.

이 호텔은 설계 초기단계부터 세계인들의 관심을 한 몸에 받았다. 모래뿐인 바닷가에 인공섬을 만들고 인공섬 위에 호텔을 건설하여 모래 위의 기적을 만들었다.

"321미터로 세계에서 가장 높은 호텔"
"세계에서 가격이 가장 비싼 호텔"
"세계의 유일 7성급을 표방한 호텔"

이렇듯 수도 없이 많은 세계 최고라는 찬사를 받았다. 최근에는 이 호텔에 투숙하기 위해 두바이를 찾는 신혼여행객들이 늘어날 정도로 그 명성은 대단하다. 각 층마다 개인별 리셉션 데스크와 버틀러 서비스를 제공한다.

수족관을 가지고 있는 래디슨 사스호텔 RadissonSASHotel

호텔로비를 걷다가 2,500마리의 다양한 물고기들이 자유롭게 헤엄치고 있는 모습을 볼 수 있다면….

상상만해도 환상적이지 않은가? 이러한 상상을 현실로 재현해 낸 아주 특별한 호텔이 독일 베를린에 있다. 바로 래디슨 사스호텔로 호텔의 로비 중앙에는 높이 25미터의 거대한 수족관이 설치되어 있다. 그리고 수족관 안에는 50종의 2,500마리가 넘는 다양한 물고기들이 살고 있다.

호텔에 투숙하는 고객들은 일부러 아쿠아리움을 찾을 필요도 없으며 수많은 바닷물고기를 보기 위해 바닷가에서 스노우쿨링을 할 필요도 없다. 단지 호텔을 예약하기만 하면 원 없이 물고기들을 관람할 수가 있다. 독일 여행을 한다면 한번쯤 꼭 들러보아도 좋지 않을까.

바닷 속의 호텔, 탄자니아 펨파섬의 만타리조트 Manta Resort

아름다운 물고기들이 헤엄치는 언더 워터룸에서 잠을 자면 어떤 느낌일까? 동화 속의 인어공주가 되거나 바다의 왕자 마린보이가 되어 바닷 속을 헤엄치는 꿈을 꾸지 않을까?

탄자니아 펨파섬 해안에 만들어진 이 수중 호텔에 숙박을 하면 금방이라도 창문 밖으로 뛰쳐나가 물고기들과 춤을 추고 싶은 충동이 들지도 모르겠다. 실제로 이러한 특별한 경험을 즐길 수 있게 만든 바닷 속 용궁호텔이 바로 만타리조트이다.

이곳은 죽기 전에 가봐야 할 세계 10대 호텔에 오를 정도로도 유명하다. 바다 위에서 보는 호텔은 그저 작은 오두막집에 불과하지만 바닷 속에는 아기자기한 침실이 만들어져 있다. 물론 잠도 바닷 속에서 물고기들과 함께 자야 한다. 이 호텔은 스웨덴의 유명한 건축가가 만든 특색 있는 호텔로 고객들은 매일 다양한 바닷속의 물고기들 관람할 수가 있다.

세계에서 가장 못생긴 건물, 류경호텔 CNN이 운영하는 여행정보웹사이트 'CNNGO'가 북한의 류경호텔을 세계에서 가장 추악한 건물로 꼽았다. 류경호텔은 버드나무가 많아서 류경柳京이라고 칭했던 평양의 옛이름을 따서 지었다. 330m에 달하는 피라

미드 모양으로 1987년에 북한과 프랑스의 합작으로 짓다가 1992년 자금부족으로 공사가 중단되었다. 류경호텔은 당시만해도 세계에서 가장 높은 호텔 건물, 아시아에서 가장 높은 건물, 그리고 세계에서

7번째로 높은 건물로 주목을 받았다.

　이후 북한은 호텔 건설을 재개하기 위해 일본, 싱가폴, 한국, 이집트 등의 기업과 협상을 벌였으나 실패하여 지금까지 공사가 중단된 상태로 방치되고 있다. 공사 당시만 해도 평양의 랜드마크로 건설하려고 계획하였으나 지금은 평양의 애물단지가 되었다.

그리스 산토리니의 안드로니스부티크호텔 Andronis Boutique Hotel

여행마니아들은 그리스를 여행의 끝판왕이라고들 한다. 그만큼 그리스 여행이 기대이상의 아름다운 추억을 담을 수 있는 곳이기 때문이다. 이곳은 최근 신혼여행지로서도 더욱 인기가 많다.
사진에서나 볼 수 있는 새파란 바다와 어울려 나란히 줄지어 서 있는 파란 지붕과 앙증맞은 작은 창 너머로 바라 볼 수 있는 끝없이 펼쳐진 에게해의 푸르름.

　바로 이러한 매력 때문에 세계의 여행객들이 그리스로 몰려오는 듯하다. 눈 닿는 곳, 셔터가 터지는 곳 모두가 예술인 산토리니의 절벽은 옛날 그리스 신화에 나오는 신들이 살다간 듯한 느낌이다. 절벽마을에 자리잡은 안드로니스부티크 호텔은 사람들이 살 수 있도록 동굴을 개조하여 만든 호텔로 역사와 만나고 신과 만나는 추억을 남기기에 충분하다.

에필로그

고 2때 문예창작반 활동을 하며 가을 축제 때 시화전을 연 기억이 있다. 1년간 작업한 많은 습작들을 모아 그 중 가장 좋은 작품 하나를 골라 미술반 친구에게 그림을 부탁하여 작품을 전시했다. 내리쬐는 가을 햇살아래 교정을 수놓은 수많은 이젤들. 그 중에는 나의 습작도 있었다. 그후 나는 마음에 맞는 동아리 친구들과 틈틈히 작업한 작품들을 모아 작은 시집을 출간하기로 약속을 하였다. 그 후로 28년이란 세월이 흘러 학창시절 친구들과 간절히 원했던 출간의 약속을 이렇게 문학이 아닌 실용서를 통해 이루게 되었다.

이 책은 2년간의 긴 작업시간을 거친 책이지만 주위의 많은 분들의 도움을 받지 않았다면 출간할 수 없었을 것이다. 특히 내가 한화 그룹 팀장으로 재직시절 처음으로 인연을 맺게 된 더 퍼포먼스의 류랑도 대표의 도움이 컸다. "자네 글쓰는 재주가 있어 한번 책을 써보지 않겠나." 하시며 내게 책을 써보라고 권했던 우연한 계기로 책을 쓰게 되었다.

책을 쓰기 시작한 이후로부터 나의 생활과 저녁시간은 전쟁터를 방불케 할 정도로 정리가 되지 않고 실타래처럼 엉켜가기 시작하였다. 지인들의 많은 조언에도 불구하고 얼마간은 책을 제대로 시작조

차 못하였다. 대학원 공부와 함께 시작된 새로운 호텔로의 이직, 그리고 졸업시즌을 맞아 시작된 논문작업, 절대적으로 부족한 시간과 싸우며 나의 저녁시간은 이미 나만의 시간이 아니었다.

인생은 작은 점을 찍는 과정이라고 하지 않았던가.

출퇴근 시간 모바일 수첩에 조금씩 아이디어가 떠오를 때마다 적어놓은 메모들을 모아 다시 책을 쓰기 시작했다. 책을 쓰기 시작한 다음부터 시작된 후 나를 사랑하는 많은 사람들은 너무나도 많은 고통을 감수해야만 했다. 그리고 드디어 그 습작들을 모아 한 권의 책으로 정리를 했다. 이 책을 만들기까지 가장 많은 희생을 감수하며 나를 도와준 아내이자 인생의 조력자인 희정에게 감사한다. 퇴근 후 함께 저녁시간을 보내지 못하고 새벽 늦은 시간까지 진행된 나의 작업을 아무런 불평 없이 묵묵히 옆에서 지켜주며 수정된 글을 몇 십 번이고 확인하며 수정해주는 데 도움을 주었다. 와이프는 몸이 좋지 않음에도 불구하고 길고 힘든 시간이었을 2년이란 시간을 나와 함께 끝까지 같이 해 주었다. 그리고 자신의 친구들에게 호텔에 대한 궁금한 점들을 찾아 아빠의 글쓰기에 도움을 준 나의 사랑스런 큰딸 경아와, 자신을 아빠의 우렁각시라고 칭하는 작은딸 도희에게 고맙다는 말을 전하고 싶다.

　마무리 단계에서 전체적인 내용정리가 되질 않아 힘들어할 때 책의 목차와 내용을 일일이 확인하면서 책의 방향성과 뼈대를 잡아준 공&박 출판사의 공경용 대표와 출판사 관계자께도 감사의 말을 전한다. 또한 각 장을 쓸 때마다 많은 호텔리어들의 도움이 있었다. 귀찮을 정도로 자주 호텔을 찾아가도 싫은 기색 없이 호텔 구석구석까지 투어를 시켜주며 서로의 의견을 나누던 롯데호텔의 조종식 상무님과 나의 든든한 후배인 신라스테이의 정준 총지배인, 식음에 대한 전문적인 지식이 부족했던 나에게 식음관련 조언을 해주던 40년 지기 절친 웨스틴조선의 박항원 지배인. 이 밖에도 많은 분들의 도움으로 인해 한 권의 책을 완성할 수가 있었다. 그 외에도 중단 없이 글쓰기를 지속할 수 있게 해준 나를 아끼는 모든 분들에게 감사의 인사를 드린다.

　"책은 자신의 전문 지식을 종이에 옮기는 단순작업이 아닌 다양한 사람들의 도움으로 이루어낸 한 편의 기록이다."

2016. 8월 무더위가 계속되는 밤을 보내며